LE BRIANÇONNAIS

FORESTIER ET PASTORAL

ESSAI DE MONOGRAPHIE

Par PIERRE BUFFAULT

INSPECTEUR DES EAUX ET FORÊTS
CORRESPONDANT DU MINISTÈRE DE L'INSTRUCTION PUBLIQUE
LAURÉAT DE LA SOCIÉTÉ NATIONALE D'AGRICULTURE DE FRANCE

AVEC 3 CARTES ET 22 VUES PHOTOGRAPHIQUES

BERGER-LEVRAULT, LIBRAIRES-ÉDITEURS

PARIS	NANCY
5-7, RUE DES BEAUX-ARTS	RUE DES GLACIS, 18

1913

LE
BRIANÇONNAIS

FORESTIER ET PASTORAL

LE BRIANÇONNAIS FORESTIER ET PASTORAL

ESSAI DE MONOGRAPHIE

Par PIERRE BUFFAULT

INSPECTEUR DES EAUX ET FORÊTS
CORRESPONDANT DU MINISTÈRE DE L'INSTRUCTION PUBLIQUE
LAURÉAT DE LA SOCIÉTÉ NATIONALE D'AGRICULTURE DE FRANCE

AVEC 3 CARTES ET 22 VUES PHOTOGRAPHIQUES

BERGER-LEVRAULT, LIBRAIRES-ÉDITEURS

PARIS
5-7, RUE DES BEAUX-ARTS

NANCY
RUE DES GLACIS, 18

1913

Extrait des *Annales de la Science Agronomique française et étrangère*

LE
BRIANÇONNAIS
FORESTIER ET PASTORAL

ESSAI DE MONOGRAPHIE

> « Dans les pays tels que les Alpes, il faut combattre tour à tour la nature et les habitans. »
>
> Delafont.

AVANT-PROPOS

La montagne attire, intéresse de plus en plus, et, avec elle, les problèmes qui s'y posent, dont un des plus importants et des plus ardus est celui de la restauration forestière et pastorale.

Savants, géologues, géographes, agronomes, économistes, insistent pour avoir sur la montagne des documents nouveaux, des observations nombreuses. « Il faut faire connaître davantage encore la montagne », s'écrie le Touring-Club de France, préoccupé non seulement d'y développer le tourisme et les sports, mais aussi de contribuer au relèvement économique des pays de montagne et à leur restauration sylvo-pastorale (Lettre du président du T.-C.-F., du 9 février 1909, aux autorités des départements montagneux).

C'est une réponse partielle à ces demandes, à ces vœux, que nous présentons en cette étude un peu spéciale, relevant de l'agronomie et de la géographie humaine, avec le dessein d'être une monographie sylvo-pastorale. Nous souhaitons en même temps faire partager à d'autres les sentiments d'admiration pour ses beautés naturelles, de sympathie pour ses qualités morales, d'intérêt pour sa situation économique, que le Briançonnais nous à laissés, durables et profonds, après un bref séjour.

Deux années passées dans le service des Eaux et Forêts de Briançon et une rapide tournée ultérieure nous ont permis d'apprécier ce pays rude et splendide, extraordinairement attachant, encore peu ou mal connu au point de vue forestier, et de rassembler les notes et observations dont est fait ce travail. Celui-ci n'est qu'un « essai » incomplet et hâtif, une simple collection de faits et de documents. Nous nous en excusons. Mais une région, comme le Haut-Dauphiné, à hiver long et rude, de parcours pénible et, surtout, prodigieusement fertile en sujets de recherches, demande de longues années pour une connaissance détaillée et complète.

Telle qu'elle est, cette étude aura encore, nous l'espérons, son utilité, bien que résumant trop sommairement les éléments multiples et divers de géologie, de phytogéographie et de géographie humaine dont le forestier — et avec lui tout agronome montagnard — a besoin pour remplir sa haute mission, qui le met aux prises avec les choses et les hommes, qui l'oblige à les « combattre », mais en les aimant et pour les améliorer.

Nous en avons établi le cadre en nous inspirant des programmes de monographies donnés par M. L. A. Fabre (à la suite de son étude sur l'*Exode montagneux en France*) et par M. le professeur Flahault.

Et, dès maintenant, nous avons à cœur d'exprimer publiquement notre reconnaissance à ceux qui nous ont obligeamment aidé en complétant plusieurs de nos propres renseignements et observations : en première ligne à M. Joseph Pons, pharmacien, ancien maire de Briançon et président du Syndicat d'initiative du Briançonnais; puis à MM. W. Kilian, professeur à l'Université de Grenoble; David Martin, conservateur du musée de Gap; de Carmantrand, inspecteur des Eaux et Forêts; O. Reynaud, inspecteur adjoint des Eaux et Forêts; Roux, secrétaire de la sous-préfecture de Briançon; Serres, commis-rédacteur à la préfecture des Hautes-Alpes; et, enfin, à M. Joseph Durand, brigadier sédentaire à l'inspection des Eaux et

Forêts de Briançon, qui nous a continué, malgré la distance, les bénéfices de sa collaboration assidue et dévouée.

Nous ajouterons que l'accueil bienveillant fait à ce travail par notre ancien maître, M. le professeur Henry, et l'honneur de sa publication dans les *Annales de la Science agronomique française et étrangère* sont notre meilleure et plus précieuse récompense.

PREMIÈRE PARTIE

ÉTUDE DU LIEU

CHAPITRE I

SITUATION

§ 1 — *Situation géographique*

Le nom de *Briançonnais* s'applique à la partie du versant occidental de la chaîne des Alpes qui forme le bassin supérieur de la haute Durance, y compris la majeure partie du bassin du Guil, premier affluent important de gauche de la Durance.

Ce pays, qui constitue une entité géographique assez nette et qui a constitué une entité historique et administrative absolument spéciale, se subdivise ainsi en deux contrées, se différenciant à certains points de vue physiques et moraux, savoir : le *Briançonnais* proprement dit ou bassin de la haute Durance, le *Queyras* ou bassin du Guil.

Le Briançonnais est une partie, la partie extrême, du Haut-Dauphiné. Il confine, au nord, à la Savoie (Maurienne); à l'est, à l'Italie; au sud, à la Provence (vallée de Barcelonnette et Embrunais); à l'ouest, au surplus du Dauphiné.

§ 2 — *Situation administrative*

Administrativement, le Briançonnais appartient au département des Hautes-Alpes dont il est la partie la plus élevée. Il coïncide assez exactement avec l'arrondissement de Briançon. Celui-ci, toutefois, le dépasse un peu en englobant : 1º le canton de La Grave (vallée de la haute Romanche) qui dépendait jadis de l'Oisans; 2º la moitié environ de la commune de L'Argentière-la-Bessée (ancienne paroisse de L'Argentière) et la commune de La Roche-de-Rame, qui appartenaient à l'Embrunais.

Pratiquement, le Briançonnais est l'arrondissement de Briançon, et nous le considérerons ainsi dans le cours de cette étude où nous laisserons de côté cependant le canton de La Grave, qui s'en distingue trop nettement au point de vue géographique. La superficie de l'arrondissement est de 163.819 hectares, dont 23.947 pour le canton de La Grave, soit 139.872 hectares pour le Briançonnais géographique.

Avant le traité d'Utrecht (1713), le Briançonnais comprenait, en outre, les vallées piémontaises de Bardonnèche, Exilles, Oulx-Cézanne, Fénestrelle, Pragelas et Château-Dauphin, cédées par Louis XIV au duc de Savoie contre celle de Barcelonnette. Et cet ancien Briançonnais était le reste du petit royaume de Cottius, à cheval sur la ligne de faîte gallo-latine. C'est seulement depuis 1713 que « la crête des eaux pendantes » fait frontière internationale.

Avant 1789, les paroisses de La Roche et de L'Argentière appartenant à l'Embrunais, la limite entre ce pays et le Briançonnais était formée par le seuil rocheux situé entre Queyrières et la Bessée, au travers duquel la rivière s'est creusée une gorge étroite, que la route franchit en lacets et que le chemin de fer perce en tunnels. Ce défilé-frontière, appelé *Pertuis Rostang* au Moyen Age et complété par la muraille d'origine romaine, dite « mur des Vaudois », qui barrait l'entrée de la Vallouise, fermait ainsi à l'aval le Briançonnais proprement dit, géographiquement et administrativement.

Le Queyras était pareillement limité à l'aval par la gorge longue (15 kilomètres), étroite et pittoresquement sauvage, dite « La Combe », dans laquelle le Guil entre au Veyer (1) et

---

(1) De *Viaherium*, résidence d'un employé chargé de l'entretien de la route (*Viarius*). (M. BOURCIER et R. VILLAN, *Guide illustré du Briançonnais*, 1906).

d'où il ne sort que près de Guillestre. Ce pays formait ainsi lui-même « une petite unité géographique et historique » (1), un des districts ou « escartons » du Briançonnais.

§ 3 — *Communications*

Les voies d'accès en Briançonnais sont actuellement : les routes nationales de Grenoble à Briançon (par le Lautaret), de Gap à Briançon, de Briançon en Italie (par le mont Genèvre); les routes de Mont-Dauphin-Guillestre à Abriès, de Briançon à Château-Queyras, de Saint-Michel-de-Maurienne au Lautaret (par le Galibier); enfin la voie ferrée de Gap à Briançon, ouverte à l'exploitation en 1883 et qu'on voudrait prolonger sur la ligne Lyon—Turin (vers Oulx). En outre, le pays est sillonné de nombreuses voies de petite vicinalité et de routes stratégiques ouvertes par l'autorité militaire avec la main-d'œuvre militaire. Les unes et les autres rendent les plus grands services et assurent remarquablement la desserte de ce pays si accidenté. Elles remplacent les anciens chemins du pays, muletiers ou à peine carrossables, haut suspendus souvent au-dessus des vallées, et dont plusieurs datent de l'époque romaine (2).

Il faut ajouter à ces voies de communication essentielles les nombreux chemins muletiers qui franchissent les cols de la montagne, reliant les vallées entre elles par leur sommet, aussi bien les vallées françaises et piémontaises que les vallées françaises intérieures. Ces chemins, fort anciens, ont été pendant des siècles les seules voies de circulation du pays (3). Ils étaient très fréquentés, même en hiver, comme le montrent les vieilles chro-

---

(1) Raoul BLANCHARD, *L'Habitation en Queyras* (*La Géographie*, 1909, I, p. 15).

(2) Voir entre autres CHABRAND, *Les Escoyères en Queyras*, Grenoble, Drevet, 1881.

(3) Le tunnel de la Traversette, ouvert en 1480 pour faciliter le passage en chemin muletier de la vallée de Ristolas dans celle de Paesana (longueur : 250 mètres; altitude : 2.915 mètres), obstrué depuis longtemps, vient d'être rouvert et rendu de nouveau praticable, avec le concours pécuniaire du Touring-Club de France (1908).

niques (notamment les « Transitons » de Molines). Ils ont été le résultat et des barrages du Pertuis Rostang et de la combe du Queyras qui s'opposaient aux communications faciles avec le bas pays, et des relations naturelles que l'exploitation des pâturages faisait naître par les cols de vallée à vallée. Ils ont favorisé ou accompagné ce groupement politique, à cheval sur une ligne de faîte et embrassant deux versants opposés, dont l'ancienne principauté briançonnaise continuant le royaume de Cottius offre, avec les États de Savoie, un type très particulier (1).

Nous verrons plus loin (chap. III) quels efforts sont faits pour compléter les moyens de communication actuels.

---

(1) Voir P. GIRARDIN, *Des Conditions de la Vie dans les hautes vallées alpestres* (*Bull. géogr. de Fontenay*, janvier-août 1901)

PLANCHE I

La haute vallée de la Guisanne, vue de la montagne du Pervou. Dans le bas, à gauche, le village du Lauzet (1.700m), le plus haut de la vallée; au fond, le pic des Trois-Évêchés et le Galibier.

La cluse de la Durance à Briançon; le pont d'Asfeld entre la citadelle et le fort des Têtes
(Cliché V. Fournier, à Gap).

CHAPITRE II

PHYSIOGRAPHIE

§ 1 — *Aspect du pays*

L'aspect du pays est celui de la haute montagne : cultures rares, réfugiées dans les vallées ou sur les plateaux et versants bien ensoleillés; forêts de résineux et pelouses; rivières torrentielles; cimes élevées, nues, érigées en pics, aiguilles ou crêtes, qui émergent parfois de neiges éternelles et de glaciers; versants déclives ou abrupts que raient des ravins et des couloirs d'avalanches.

Apre et grandiose, n'ayant pas le charme délicat des Pyrénées, ce pays n'est cependant pas vraiment sauvage dans son ensemble. Et cela parce que les vallées principales en sont larges, peu déclives sur leur profil en long et assez habitées. Telle est la vallée de la Durance, où il ne semble pas que le chemin de fer monte de 976 mètres d'altitude, à Gap, à 1.203 mètres (gare de Briançon); telles encore la vallée de la Clarée et celle de la Guisanne, très aisément « cyclables ».

Ce qui le caractérise le mieux, c'est la nudité pierreuse de beaucoup de versants, le délabrement des forêts ou pelouses qui ne forment qu'un manteau troué et déchiré de toutes parts, le dessin inégal et aigu des crêtes et des sommets; enfin la sécheresse qui règne sur tout cela. Encore le Queyras, presque tout entier assis sur des schistes lustrés mésozoïques, est-il plus vert et mieux enforesté que le Briançonnais, dont il se distingue nettement.

Quand on vient du Dauphiné ou de la Savoie, dès le Lautaret ou le Galibier, on se trouve sous un climat nouveau, dans un pays plus sec et plus pierreux, qui n'est pas encore la Provence, mais qui l'annonce. C'est la transition entre les Alpes du Nord et celles du Midi (1). Cependant le Briançonnais (et surtout le Queyras) est encore relativement verdoyant et boisé et contraste heureusement avec les ruines de l'Embrunais et de la vallée de l'Ubaye. Caractéristiques aussi sont les habitations, généralement pauvres, où le bois domine, où les greniers et les balcons ont une importance considérable, et qui sont groupées en de nombreuses agglomérations peu étendues (2).

§ 2 — *Hydrographie*

Dans les Alpes — comme dans les Pyrénées — le pays c'est la *vallée*; et celle-ci est l'unité ultime ayant l'individualité, les limites définies et immuables, c'est-à-dire la permanence de la région naturelle (3). C'est par la vallée qu'on pénètre dans le pays, c'est par elle qu'on le définit et qu'on le décrit.

Le Briançonnais, bassin de la haute Durance, est donc un groupement de vallées. Essentiellement, il se compose : 1º d'une part, d'une sorte de patte d'oie formée par la convergence, à Briançon, des trois vallées de la Guisanne, de la Durance-Clarée et de la Cerveyrette, patte d'oie qui se prolonge en aval jusqu'à La Roche-de-Rame par une première section de la vallée de la haute Durance, section sur laquelle se branche la vallée de la Gyronde (Vallouise), affluent de droite; 2º d'autre part, des

---

(1) Déjà « la Savoie est le trait d'union entre le climat sec de la Provence et le climat brumeux, humide du Nord » (P. MOUGIN, *La Neige en Savoie*, La Géographie, 1911, 15 août).

(2) Pour la description du pays, voir Élisée RECLUS, ARDOUIN-DUMAZET, etc., et pour le Queyras spécialement : Raoul BLANCHARD, *op. cit.* et TIVOLLIER, *Monographie de la Vallée du Queyras*, Gap, Jean et Peyrot, 1897.

(3) P. GIRARDIN, *op. cit.*

deux tiers supérieurs de la vallée du Guil (Queyras), affluent de gauche de la Durance.

L'orientation générale de ces vallées est N.-E.—S.-O. ou N.-O.—S.-E. et la direction générale du collecteur, la Durance, est N.-E.—S.-O. Ce sont des conséquences de l'orientation de la chaîne des Alpes et des grands plissements qui la constituent.

La Durance prend naissance vers 2.000 mètres, dans le vallon de hautes pelouses qui se trouve entre la cime du Gondran, le Grand-Charvia et le mont Janus, à 3 kilomètres au sud du village du Montgenèvre, à 2 kilomètres de la frontière italienne. Humble ruisseau, coulant d'abord du sud au nord parmi les pelouses, elle tourne brusquement à l'ouest à côté du village du Montgenèvre et, parfois à sec en été, elle tombe, petit torrent, avec une pente brusque et par une gorge étroite, dans la plaine des Alberts. Là, après un cours d'environ 6 kilomètres, elle reçoit son premier affluent de droite, la Clarée ou Clairée (1), beaucoup plus forte qu'elle, qui a déjà un parcours de 28 kilomètres et qui l'entraîne dans sa direction nord-sud. En réalité, la Clarée est le cours d'eau principal et la Durance du mont Genèvre est l'affluent; aussi les géographes appellent-ils souvent la première : Durance-Clarée.

Il est curieux que les anciens n'aient fait de la Clarée qu'un affluent et aient continué le nom de Durance au modeste torrent du mont Genèvre. La raison peut en être que les premiers géographes surent simplement d'abord que la Durance avait sa source sur l'*Alpis Julia*, et que ce nom d'*Alpis Julia*, commun, à l'origine, aux cols des Alpes Cottiennes (mont Genèvre, Échelle, etc.), ayant été plus tard restreint au col du mont Genèvre, passage le plus fréquenté et le plus connu, entraîna avec lui le nom de Durance et le fit rapporter au torrent de ce col. Mais, coïncidence étrange, il est démontré aujourd'hui que cette Durance du mont Genèvre avait, à un âge géologique antérieur, beaucoup plus d'importance et un bassin plus étendu à l'est.

---

(1) Ainsi nommée à cause de ses eaux ordinairement claires et limpides.

Un affluent du Pô, la Doire, l'a captée en partie, l'amputant de son cours supérieur et repoussant à l'ouest la ligne de partage des eaux (1). Les hommes du quaternaire, témoins de ce fait, en auraient-ils perpétué la mémoire dans une confuse tradition qui a fait conserver à l'humble torrent réduit le nom fameux du terrible affluent du Rhône? Cela n'aurait rien d'invraisemblable. N'a-t-elle pas d'ailleurs un sens analogue — et peut-être la même origine — cette légende en faveur chez les Anciens (Pline, Apollonius, Appien), d'après laquelle les eaux du Rhône et du Pô communiquaient entre elles à leur source?

La Clarée a ses sources, dont la principale est le lac de la Clairée ou « Mère de l'Eau », vers 2.500 mètres d'altitude, à la périphérie d'un bassin de réception, placé tout contre le mont Thabor et borné par les crêtes qui font limite avec l'Italie et la Maurienne (2.480 à 2.948 mètres d'altitude).

Traçant d'abord un arc de cercle du nord-ouest à l'est dans une haute vallée spacieuse, où abondent des traces d'une glaciation récente et des gradins successifs, elle s'infléchit brusquement ensuite vers le sud dans un défilé rocheux et s'unit à la Durance après un parcours dans les vertes prairies de Val-des-Prés. « Rien de plus frais, de plus séduisant que cette vallée », l'une des plus charmantes du Briançonnais, d'ailleurs relativement boisée. La pente en long, d'abord très forte naturellement, dans les cinq premiers kilomètres de la haute vallée, est ensuite de 3,3 % et de 1,25 % seulement dans les huit derniers kilomètres (2).

Des Alberts (altitude : 1.423 mètres), la Durance-Clairée coule sur le palier presque horizontal de la Vachette, puis, entre deux très hauts versants boisés, atteint Briançon qu'elle contourne en se précipitant dans l'étroite gorge rocheuse du pont du Diable (ou pont d'Asfeld), « cran de descente » qui réalise une dénivel-

---

(1) W. KILIAN, *Bulletin du Service de la Carte géologique de France*, 8ᵉ année, nº 53, 1898, et *Notes pour servir à la géomorphologie des Alpes dauphinoises* (*La Géographie*, VI, 1902); E. HAUG, *Traité de Géologie*, Paris, A. Colin, 1907.

(2) Voir dans la *Géographie*, VI, 1902, *loc. cit.*, une description géomorphologique remarquable de la vallée de la Clairée par M. W. KILIAN.

lation de près de 200 mètres. Grossie de la Guisanne, puis de la Cerveyrette, elle retrouve, après un cours de 7 kilomètres dans la large vallée de Briançon et du Villard (pente 2,5 %), une gorge rocheuse ou « cluse », celle du Pertuis Rostang, qui provoque une nouvelle « rupture » de pente d'environ 200 mètres. Au sortir de ce défilé, à l'altitude de 976 mètres (la Bessée), elle divague sur un large lit de cailloutis, dans une vallée toujours encadrée de hautes et âpres montagnes, et commence à revêtir ce faciès de la rivière torrentielle qui est si net déjà sous Mont-Dauphin et qu'elle conservera jusqu'à la fin de son cours. La pente, de la Bessée, en dessous de La Roche-de-Rame, n'est que de 0,8 %.

La Guisanne naît tout à côté du célèbre col de Lautaret, au pied des pics de Combeynon, vers 2.100 mètres d'altitude, parmi des vestiges de récentes glaciations. Elle tourne dans les prairies et, grossie du torrent de Roche-Noire descendu du pic des Trois-Évêchés, elle se dirige franchement vers le sud-est, direction qu'elle conserve jusqu'à son confluent avec la Durance sous Briançon. Bien que née près des glaciers du massif de la Meije, aucun d'eux ne l'alimente, la Romanche emportant toutes leurs eaux. A peine reçoit-elle l'écoulement de quelques névés et deux affluents descendus des glaciers d'Arsine, du Casset et du Monêtier (massif des Écrins), les deux torrents de Tabuc. Elle coule suivant une pente générale et assez uniforme de 3,45 %, dans une vallée âpre, d'une grandeur et d'une beauté sauvages, dont presque tous les versants de rive gauche, exposés au midi, sont nus, arides, désolés et ravagés par des torrents, dont les versants de rive droite, regardant le nord, sont généralement boisés, mais déchirés par les avalanches et dominés par les imposants glaciers du massif des Écrins.

La Cerveyrette, affluent de gauche, descend du col de Malrif, entre le Briançonnais et le Queyras (altitude 2.913 mètres), dans une haute vallée généralement déboisée, aux pelouses surmontées de pentes et de cimes rocheuses, de « casses » et d'éboulis. Après avoir reçu sur sa gauche un petit torrent dévalé, au milieu de pentes boisées, du col d'Izoard (altitude 2.360 mètres, principal passage du Briançonnais en Queyras et l'un des sites les plus imposants et les plus sauvages de tout ce pays), la Cerveyrette s'engage dans une vallée resserrée et boisée.

Elle en sort pour tomber dans la « plaine » de Briançon, en franchissant le seuil rocheux du pont Baldy qui forme un « cran de descente » des plus caractéristiques. La direction générale est de l'est à l'ouest.

La pente est, dans l'ensemble, de 5,75 %.

La Vallouise, ou vallée de la Gyronde, est, elle aussi, une réunion de plusieurs petites vallées.

De chaque côté de l'énorme môle du Pelvoux coulent deux petits torrents : l'un, le Saint-Pierre, né en haut du « Pré-de-Madame-Carle » (1) des eaux de fusion des glaciers Noir et Blanc; l'autre, la Celse-Nière, né au pied des glaciers d'Ailefroide et du Sélé. Réunis dans la « plaine » d'Ailefroide (2), ils forment le torrent de ce nom, dont les eaux grondent au bas d'âpres versants de schistes noirs où verdoient quelques rares mélèzes. Puis le torrent reçoit sur sa gauche le torrent de l'Eychauda, issu du glacier et du lac du même nom, et qui lui arrive près du village des Claux avec un « cran de descente » extrêmement prononcé. Cette rupture de pente provoque une cascade, une « pisse », suivant le terme local, qui avait donné son nom à la commune (La Pisse), laquelle prit, il y a peu d'années seulement, le nom plus noble de Pelvoux. Dénommé dès lors Gyr, le torrent coule dans une vallée dont le fond est cultivé, mais dont les versants sont bien dénudés. A Ville-Vallouise, il reçoit un affluent de droite, presque son égal, l'Onde, descendue par la sauvage vallée d'Entraigues des petits glaciers de Joceline et de Bonvoisin. C'est alors la Gyronde qui arrose une vallée admirablement riante et fertile, aux versants vêtus de belles pelouses et de forêts, et

---

(1) Ce « pré » est un vaste palier de cailloutis glaciaire qui tire son nom de son ancienne propriétaire seigneuriale, Louise Sarrazin, veuve d'Antoine Carle, seigneur des Vigneaux, de 1516 à 1532 (J. ROMAN, *Étymologies des noms de lieux du département des Hautes-Alpes*, Gap, impr. et libr. alpines, 1904).

(2) *Aile-froide* est pour *Aire-froide*, plaine froide. On a donné de ce nom beaucoup d'étymologies, toutes fantaisistes.

dominée par la fière crête déchiquetée de Montbrison. Au moment de rejoindre la vallée de la Durance, la Vallouise se referme et c'est encore dans un défilé rocheux, sous la Bâtie-des-Vigneaux, que passe la Gyronde pour se perdre dans la Durance. La direction générale de la Vallouise est N.-O.—S.-E., la pente d'ensemble de la Gyronde est de 3 %.

Deux autres petites vallées secondaires, affluant à celle de la Durance, sont à citer : le vallon des Ayes sur la gauche, à côté du Villard, très boisé, allant du sud-est au nord-ouest; le vallon du Fournel, sur la droite, extrêmement sauvage et dont le torrent, descendu du Pas-de-la-Cavale (2.455 mètres), gagne encore la Durance à côté de l'Argentière, par un défilé très rétréci, avec une pente générale d'à peu près 10 %.

Le Queyras est, lui aussi, une réunion de vallées. Le Guil a sa source au pied du massif du Viso; il se dirige d'abord au nordouest dans la vallée de Ristolas, fraîche, aux âpres versants et aux beaux bois de mélèzes. A Abriès, recevant le torrent du Bouchet venu en sens inverse des vallons du Roux et de Valpreveyre aux gais pâturages, il s'infléchit et prend sa direction définitive vers le sud-ouest. Il arrose le cœur du Queyras, la vallée d'Aiguilles et de Ville-Vieille, verdoyante et riante, aux magnifiques mélézaies, aux belles prairies, admirable pays, « Engadine française », où la vue cependant s'attriste de trop de croupes nues et stériles sur les versants de rive droite. Au delà, il s'engage bientôt dans la sauvage et grandiose gorge de « la Combe », « très resserrée et des plus affreuses » (1), l'un des plus beaux passages des Alpes françaises, non sans avoir franchi, sous le fort Queyras, contre le roc de l'Ange Gardien, deux « cluses » très nettes. Sa pente générale est, dans le Queyras, de 2,8 %.

Le versant de droite de la vallée du Queyras, exposé au midi, très déclive et de peu de largeur, se subdivise en une série de vallées secondaires qui ont quelques kilomètres seulement de longueur (vallons du Roux, de Malrif, de Lombard, de Souliers),

---

(1) De Montannel, *Topographie militaire de la frontière des Alpes* (*Mém. de l'Acad. delphinale*, t. III, Grenoble, 1875).

sauf la vallée d'Arvieux plus importante. Commençant aux pelouses de l'Agnelil, près du Col des Ayes, cette petite vallée, riante et fertile (1), est orientée du nord-ouest au sud-est. Les versants, où les cultures et les pâturages alternent avec les bois, sont eux-mêmes fractionnés par de petits ravins affluents dont l'un, au haut de la vallée, descend des grandioses « casses désertes » du col d'Izoard.

Par contre, le versant de gauche du Queyras, très vaste (15 kilomètres de largeur à vol d'oiseau), est formé de grands mouvements, de hauts reliefs, comprenant trois vallées principales, longues et encaissées entre de hautes crêtes. La vallée du Guil supérieur ou de Ristolas, dirigée du sud-est au nord-ouest, constitue, en somme, l'une d'elles. Les vallées de Molines et Saint-Véran sont les deux autres. En réalité, la vallée de Saint-Véran ou de l'Aigue-Blanche est un affluent de celle de Molines ou de l'Aigue-Agnelle. Ces deux « aigues » sont des eaux remarquablement vives, limpides et cristallines, coulant avec une forte pente (en moyenne 6,4 %, abstraction faite, comme précédemment, de la partie tout à fait supérieure du cours), dans des vallées profondes aux aspects grandioses, aux pentes vêtues de vertes prairies et de trop rares forêts.

Ces vallées secondaires du Queyras, de part et d'autre du Guil, présentent cette particularité d'avoir le versant de l'adroit en pente assez douce et le flanc de l'envers en pente raide; cette dissymétrie provient de ce que les schistes qui constituent le sous-sol ont un pendage uniforme vers l'ouest; le plat des strates forme le versant de l'endroit, leur tranche celui de l'envers.

L'une des caractéristiques des vallées briançonnaises, comme de beaucoup d'autres vallées des Alpes et des Pyrénées, est de présenter des étranglements ou « verrous » plus ou moins prononcés, allant jusqu'à la gorge étroite ou cluse, et alternant avec des élargissements ou épanouissements plus ou moins importants eux aussi. Ces étranglements coïncident, en outre, avec des « ruptures de pente » ou « crans de descente ». Nous avons cité, pour

---

(1) *Arvieux*, de *Arveolum*, petit champ, petite culture (J. ROMAN, *op. cit.*)

la Durance, les cluses du mont Genèvre, du pont du Diable et du Pertuis Rostang ; pour le Guil, celles du fort Queyras, du roc de l'Ange Gardien et de la Combe. Rappelons, pour les affluents de ces deux rivières, que les mêmes accidents marquent leur débouché dans la vallée principale : le seuil du pont Baldy pour la Cerveyrette, celui de la Pisse pour le torrent de l'Eychauda, le défilé de la Bâtie pour la Gyronde, la gorge de l'Argentière pour le Fournel. De même, la rivière d'Arvieux ne rejoint le Guil qu'après avoir franchi le défilé du Pas-du-Déserteur, le torrent des Acles ne rejoint la Clairée qu'après avoir traversé la cluse de la Cléda. On retrouverait pareille disposition dans d'autres torrents ou ravins secondaires. Et il n'est pas jusqu'à la Guisanne qui ne passe par une petite cluse terminale pour laquelle elle a abandonné le thalweg principal, et dont la vallée au débouché sur Briançon ne soit resserrée et encaissée entre des versants plus abrupts qu'en amont (le versant nord surtout, formé par les escarpements de la Croix de Toulouse et des Eytieux) (1).

§ 3 — *Orographie et altitude*

Lorsqu'on reste dans les vallées, il semble naturellement que le pays est constitué uniquement par les versants qui les encadrent et dont la pente semble, en gros, uniforme du thalweg aux crêtes limites. Mais, si l'on s'élève sur les hauteurs, on s'aperçoit que cette apparence est tout à fait trompeuse et que le relief du sol est tout autre. De vastes espaces se montrent entre les sommets ou les crêtes véritables et ce que, de la vallée, on prenait pour le haut des versants. La pente de ceux-ci n'apparaît plus uniforme, mais brisée. De hauts plateaux, de hauts vallons même se révèlent, et la partie inférieure des versants qui, d'en bas, semblait constituer tout le relief, n'apparaît plus guère que comme formant une fente basse et étroite au pied des puis-

---

(1) Sur l'origine glaciaire ou torrentielle de ces paliers, crans et cluses, voir l'exposé et les références donnés *infra* à l'article 6, Géologie.

sants massifs invisibles du thalweg. M. Kilian appelle « zone inférieure » cette partie basse dont il attribue le creusement à l'érosion glaciaire ou postglaciaire et la distingue de la « zone moyenne » ou partie supérieure de la vallée qui serait préglaciaire (1).

Le système orographique du Briançonnais se compose d'une chaîne principale que suit la frontière franco-italienne, du Thabor au Viso, et de laquelle se détachent des contreforts nombreux et ramifiés dont l'un relie la chaîne à l'énorme massif du Pelvoux.

Du mont Thabor (3.165 m.) au Viso (3.843 m.), c'est une série de sommets et de dépressions dont l'altitude varie entre 3.086 (rocher des Grands-Becs) et 1.860 mètres (mont Genèvre), à côté de laquelle se dresse, en Italie, le Chaberton (3.138 m.) et qui offre, outre le mont Genèvre, plusieurs passages (col de l'Échelle, 1.790 m.; col Saint-Martin, 2.050 m.; col Lacroix, 2.300 m.; col de la Traversette, 3.051 m.).

Trois principaux contreforts sont à citer : 1º celui qui, se détachant du Thabor et suivant une ligne fort sinueuse par Roche-Château (2.909 m.), Tête de la Moulinière (2.936 m.), roche du Grand-Galibier (3.242 m.), col du Galibier (2.658 m.), pic des Trois-Évêchés (3.120 m.), sépare le Briançonnais de la Maurienne, puis, se continuant en quelque sorte par les cols du Lautaret et d'Arsine, aboutit au massif du Pelvoux (Pelvoux, 3.954 m.; Barre des Écrins, 4.103 m.; la Meije, 3.987 m.; Bonvoisin, 3.506 m.), énorme borne entre le Briançonnais, l'Oisans et le Gapençais, dont les sommets et glaciers sont célèbres dans l'alpinisme; 2º le contrefort qui, partant de la chaîne principale à Malrif, entre les vallées de Cervières et de Malrif, sépare le Briançonnais du Queyras et porte : le pic de Rochebrune (3.324 m.), qui domine tout le Briançonnais, le col d'Izoard (2.360 m.), où passe la route stratégique de Cervières à Château-Queyras, communication immédiate et directe entre Briançon et le Queyras, puis une série de sommets et de cols entre les

---

(1) W. KILIAN, *L'Érosion glaciaire et le Creusement des terrasses* (*La Géographie*, XIV, 1906, p. 260).

territoires de Saint-Martin-de-Queyrières et La Roche-de-Rame, d'une part, et d'Arvieux d'autre part (2.700 m. en moyenne); 3° le contrefort qui, détaché de la chaîne au Visoulet, limite au sud le Queyras par le pic Asti et l'Aiguillette (3.168 m.), le col Agnel (2.699 m.), la Tête des Toillies (3.179 m.).

Les altitudes indiquées montrent qu'il s'agit tout à fait de la « haute montagne ». Mais ce qualificatif embrasse tout le pays, les vallées elles-mêmes. Les altitudes des localités qui suivent le prouvent et indiquent que l'on n'a pas, comme en Maurienne et en Tarentaise, par exemple, des vallées profondes entre de hauts sommets, mais de hautes vallées relativement proches des sommets : La Roche-de-Rame (950 m.), Ville-Vallouise (1.150 m.), Sainte-Catherine-sous-Briançon (gare) (1.206 m.), Briançon (1.321 m.), Le Monêtier-les-Bains (1.470 m.), col du Lautaret (2.075 m.), Névache (1.641 m.), Montgenèvre (1.860 m.), Château-Queyras (1.383 m.), Aiguilles (1.460 m.), Ristolas (1.633 m.), Molines (1.765 m.), Saint-Véran (2.050 m.).

Voici, d'après le *Service d'Études des grandes forces hydrauliques dans la région des Alpes* (1), quelle est la répartition suivant les altitudes des divers bassins qui composent le Briançonnais (les limites de ces bassins allant jusqu'à Mont-Dauphin dépassent un peu celles du Briançonnais) (Voi · le tableau, p. 24).

On voit par ces chiffres que la presque totalité du Briançonnais (près des neuf dixièmes) est comprise entre les courbes de 1.500 et 3.000 mètres et que la zone de 2.000 à 2.500 mètres est la dominante (environ 40 % du territoire), surtout dans le Queyras (environ 45 %) un peu plus élevé dans l'ensemble que le reste du Briançonnais. Toutefois, c'est la Vallouise qui, avec le massif du Pelvoux, renferme la plus forte proportion de terrains au-dessus de 3.000 mètres.

TABLEAU.

---

(1) *Compte rendu et résultats des études et travaux*, ministère de l'Agriculture, *Annales de la Direction de l'Hydraulique et des Améliorations agricoles*, Impr. nationale, 1908.

BASSINS COMPOSANTS	SURFACES DES BASSINS			RÉPARTITION DES SURFACES D'APRÈS LES ALTITUDES (entre parenthèses le pourcentage)				
	isolés	par groupe	cumulés	De 500 à 1.000	De 1.000 à 1.500	De 1.500 à 2.000	De 2.000 à 2.500	De 2.500 à 3.000	Au-dessus de 3.000
	hectares	hectares	hectares	hectares	hectares	hectares	hectares	hectares	hectares
Clairée.	»	19.279 (100)	»	»	693 (3)	4.206 (22)	9.041 (47)	5.285 (28)	54
Guisanne.	»	20.218 (100)	»	»	1.831 (9)	5.226 (25)	7.898 (39)	4.313 (22)	970 (5)
Durance (de la source au confluent de la Cerveyrette). .	3.263	»	»	»	558	1.584	1.094	67	1.024
Bassin de la Durance au confluent de la Cerveyrette	»	»	42.780	»	3.082	11.016	18.013	9.645	1.024
Cerveyrette.	»	11.750 (100)	»	»	332	2.134	5.823	3.225	236
Gyronde.	»	24.074 (100)	»	32 (1)	2.902 (12)	5.523 (23)	6.087 (25)	5.439 (22)	4.091 (17)
Durance (de la Cerveyrette à la Bessée).	»	11.805	»	34	2.592	3.322	4.372	1.485	»
Bassin de la Durance à la Bessée	»	»	90.409 (100)	66	8.908 (10)	21.996 (24)	34.395 (38)	19.704 (22)	5.351 (6)
Fournel.	5.145 (100)	»	»	38 (1)	359 (8)	1.599 (31)	1.811 (35)	1.338 (25)	»
Durance (de la Bessée à Mont-Dauphin)	13.899 (100)	»	»	1.891	3.106	3.618	4.316	968	»
Guil (de la source à la Ville-Vieille). .	»	21.150 (100)	»	»	719 (3)	5.598 (27)	11.001 (52)	3.832 (18)	»
Aigue-Blanche.	10.254 (100)	»	»	»	46	1.556 (16)	4.597 (45)	4.033 (39)	22
Guil (de Ville-Vieille à Mont-Dauphin). .	24.777 (100)	»	»	462 (2)	3.747 (15)	7.534 (31)	9.393 (38)	3.417 (13)	224 (1)

§ 4 — *Expositions*

Un relief aussi accidenté donne toutes les expositions. Cependant, dans l'ensemble, et comme les vallées sont généralement orientées : N.-E.—S.-O. et N.-O.—S.-E., les versants ont quatre expositions principales : N.-E., S.-E., S.-O., N.-O., qui peuvent se ramener à deux au point de vue de l'insolation : nord et sud, côté de l'ombre et côté de la lumière. Les gens du pays disent en leur langue expressive : *envers* et *endroit* (ce que la langue d'oc dénomme : *ubac* (*ad opacum*) et *adrech* (1); nous userons souvent nous-même de ces deux expressions caractéristiques.

L'influence de l'exposition — sensible dans tous les pays — est considérable dans des montagnes à climat rude comme celles du Haut-Dauphiné. Elle a sa répercussion dans le règne végétal et dans mille manifestations de la vie humaine, ainsi que nous aurons à le signaler plus loin.

§ 5 — *Climatologie*

On classe le département des Hautes-Alpes dans les pays de climat dit *rhodanien*. En réalité, dans les Alpes « il y a autant de climats que de vallées ».

Pris dans son ensemble, le Briançonnais a un climat plutôt méditerranéen, mais transposé par l'altitude, ou, si l'on préfère, aggravé dans le sens continental. Même en hiver, le soleil y brille habituellement et le ciel y a ce bleu limpide et enchanteur qu'on ne trouve qu'en Provence et en Italie.

« Je ne douteray point, dit à juste titre le P. Fornier, d'appeler une chose rare en ce ciel, la sérénité qui le tient pour l'ordinaire balié » (2).

L'hiver y est de sept mois, commençant en octobre et ne finis-

---

(1) *Ubac* paraît déjà dans la vallée de Molines, dans celle de Cervières, à l'Argentière et à Vallouise.

(2) P. Marcellin Fornier, *Histoire générale des Alpes Maritimes ou Cottiènes*, 1625-1643, édition de M. P. Guillaume, 1890. Paris, Champion; Gap, Jouglard. *Balié* est pour *balayé*, net.

sant qu'en mai (1). Mais ce n'est pas l'hiver maussade et humide du nord ou de l'ouest de la France; c'est un hiver sec et ensoleillé, un hiver gai; on ne peut lui reprocher que sa longueur. Il y a généralement chaque mois deux jours de tempête et de chute abondante de neige : celle-ci tombe alors à gros flocons, chassée souvent par un vent impétueux, et atteint en quelques heures 50, 70 centimètres, 1 mètre même. Les vingt-huit autres jours du mois, le ciel est serein; le soleil radieux et chaud fait miroiter la neige, scintiller le grand manteau blanc qui revêt toutes choses. En décembre et janvier, on peut tenir souvent ouvertes les fenêtres des appartements exposés au midi. Mais la neige ne fond pas, l'air est froid et, dès que le soleil disparaît derrière la montagne voisine, c'est un froid de glace, implacable, qui vous enveloppe et vous pénètre. Quelques hivers sont exceptionnels : les uns par leur enneigement précoce ou extraordinaire et tel qu'à Briançon, par exemple, les rues sont emplies jusqu'au premier étage des maisons, obligeant les habitants à communiquer entre eux par de petits tunnels percés dans la neige; les autres, par leur absence presque complète d'enneigements (2). Le printemps est extrêmement court et se distingue peu de l'hiver. Dès la fonte des neiges (avril-mai), presque subitement, la végétation se développe, comme se hâtant et pressentant la brièveté de la belle saison. Tout verdit; les fleurs apparaissent presque aussitôt, nombreuses et merveilleuses d'éclat et de coloris, dans les forêts et surtout sur les pelouses alpestres. Et déjà c'est l'été, avec un soleil brûlant, des sécheresses, des orages fréquents en juillet, mettant parfois de la neige sur les sommets. Mais, surtout, bien entendu, aux grandes altitudes, l'atmosphère reste fraîche, légère et agréable.

---

(1) D'après B. CHAIX (sous-préfet de Briançon à la fin du Premier Empire), *Préoccupations statistiques, géographiques, pittoresques et synoptiques du département des Hautes-Alpes* (Grenoble, Allier, 1845), la neige arrive entre le 15 et le 25 octobre et fond du 25 mars au 5 avril. Une année sur quatre, elle n'apparaît qu'à la Noël.

(2) Notamment les hivers de 1629, 1812, 1818, 1819. De semblables variations sont rapportées par les auteurs du dix-septième siècle. Cf., pour la Savoie, *Les Variations de l'Enneigement depuis 1172*, P. MOUGIN, op. cit.

L'automne est bref, la neige apparaissant souvent en octobre quand les arbres ont encore leurs feuilles. Aussi serait-on fondé à n'admettre dans le Briançonnais que deux saisons : la saison froide, la saison chaude (1).

Une caractéristique de ce climat est la pureté et la sécheresse de l'atmosphère, sécheresse qui éprouve parfois en été la santé des habitants non indigènes, mais qui fait aisément supporter les froids de l'hiver. Aussi le brouillard est-il un phénomène, sinon inconnu, du moins rare. On sait d'ailleurs que, dans les montagnes élevées, l'humidité relative et la nébulosité sont moindres que dans les plaines voisines, surtout en hiver.

Les observations scientifiques de météorologie (barométrie, thermométrie, hygrométrie, pluviométrie, nivométrie, etc.) manquent encore à peu près totalement pour le Briançonnais. À peine commence-t-on quelques observations pluviométriques (Service d'études des grandes forces hydrauliques). Nous ne pouvons donc, à cet égard, pour le moment, que rapporter des chiffres peu nombreux et de valeur diverse, colligés de côtés et d'autres.

D'après des observations faites de 1889 à 1891 (2), la pression atmosphérique annuelle est en moyenne de 640 à 650 millimètres à Briançon (3). L'écart des moyennes annuelles est de $1^{mm}1$; l'amplitude des variations dans une même année de $30^{mm}8$. L'écart journalier varie de $1^{mm}4$ à $1^{mm}6$ en juillet, septembre et mai; de $2^{mm}9$ à $3^{mm}8$ en janvier, avril et mai. L'écart absolu est de $8^{mm}5$ à $9^{mm}6$ en juin; de $8^{mm}8$ à 12 millimètres en juillet, de 20 et 22 millimètres en janvier et mars.

D'après les mêmes observations, les températures moyennes, à Briançon, sont : année, 7° 1; hiver, — 0° 7; printemps, 5° 8;

---

(1) Voir, sur le climat du bassin de la Durance : IMBEAUX, *La Durance* (*Annales des Ponts et Chaussées*, 7° série, III, 1892).

(2) In FALSAN, *Les Alpes françaises*, Paris, Baillière, 1893, I, p. 265 et suivantes.

(3) Les relevés du Bureau central météorologique de France (ministère de l'Instruction publique) donnent à peu près la même valeur, ainsi que pour la température.

été, 15°3; automne, 8°1; écart, 16° (1). Au Lautaret, la moyenne annuelle est de 3°. A Aiguilles, la température moyenne de décembre-janvier est 5° 5. Les températures maximales ont une moyenne de 13° seulement; l'écart des températures extrêmes observées est 46°. En été, la température moyenne du jour est de 18 à 20°; de la nuit, 10 à 12°.

A ces hauteurs et dans cette atmosphère pure et sèche, l'insolation diurne est intense, le rayonnement nocturne l'est aussi. Il en résulte une élévation relativement considérable de la température du sol pendant le jour, un grand refroidissement la nuit et d'énormes différences entre les températures de l'air diurne et nocturne. Il y a plus de cent cinquante jours de gelée par an dans le Briançonnais (175, observés à Barcelonnette) (2).

La tension de la vapeur d'eau diminue beaucoup aux hautes altitudes. De là divers phénomènes qui s'observent nettement dans le Briançonnais : diminution de la perspective des paysages en raison de la transparence de l'air, bleu intense du ciel, impression de vide. Cette faible tension de la vapeur d'eau, avec la faible pression atmosphérique, active l'évaporation; c'est un fait important pour la végétation et dont la manifestation se retrouve dans mille détails de la vie matérielle.

Le nombre des jours de neige et de pluie serait de quatre-vingt-dix par an à Briançon, d'après certains auteurs, et la nappe formée par les eaux météoriques aurait une hauteur de 522 millimètres (Gap, 763 mm.; France, en général, 770 mm.).

Suivant d'autres, la région Savoie—Pelvoux a une moyenne annuelle de 1.100 millimètres; au sud et à l'ouest, jusqu'au col de Tende, est une région sèche, ne recevant guère que 800 à 900 millimètres. Ainsi le Briançonnais recevrait en moyenne

---

(1) D'autres auteurs donnent 8° à Briançon pour la moyenne annuelle. CHAIX, *Préoccupations statistiques*, dit qu'elle est à Briançon de 9° R. (12° C.) et que, pour le pays, la température moyenne d'hiver a été — 17° R. (— 22° C.) en 1810 et 1826, et la température moyenne d'été, 25° R. (32° C.). Tout cela dépend du nombre d'années d'observations et de ces années elles-mêmes.

(2) On sait qu'à une élévation en altitude de 180 mètres correspond, en moyenne, une baisse thermométrique de 1°.

786 millimètres d'eau avec 108 jours de pluie, dont 36 de neige, soit, par saison : hiver, 17 jours et 66 millimètres; printemps, 34 jours et 219 millimètres; été, 26 jours et 165 millimètres; automne, 31 jours et 336 millimètres (1).

Il résulte d'observations faites, de 1882 à 1888, au Montgenèvre et à Aiguilles et, de 1886 à 1888, au Lautaret (2), que la tranche d'eau moyenne annuelle a été en ces différents points, et pour la période considérée qui a été relativement humide :

    Lautaret (alt. 2.058). 1.082
    Montgenèvre (alt. 1.856) 847
    Aiguilles (alt. 1.452). 1.051

Les différences de pluviosité des divers points, à années égales, s'expliquent, dit M. Imbeaux, conformément à la loi de Belgrand, par la variation de l'altitude, de la distance à la mer, de l'orientation. L'altitude joue un rôle prépondérant. La rapidité des pentes influe beaucoup aussi et la pluie est d'autant plus intense que le courant atmosphérique, arrêté par un obstacle, est obligé de s'élever plus rapidement et plus haut (3).

On sait, en outre, qu'à partir d'une certaine altitude qui présente le maximum de précipitations atmosphériques, celles-ci décroissent très rapidement à mesure que l'altitude augmente, de sorte que la haute montagne présente vers les sommets une zone plus ou moins sèche. En Savoie, le Service forestier a déduit de nombreuses observations : que le maximum des précipitations correspond à la cote 2500, qui serait la limite supérieure *normale* de la zone subalpine définie par M. le professeur Flahault (4). Il nous semble, en l'absence de mensurations et d'observations

---

(1) In Falsan, *op. cit.*

(2) In Imbeaux, *op. cit.*

(3) Imbeaux, *op. cit.*

(4) Ch. Flahault, *Les Limites supérieures de la végétation forestière* (*Revue des Eaux et Forêts*, 1901); P. Mougin, *Variations des précipitations atmosphériques d'après l'altitude, au Mont-Blanc*, et *Le Reboisement en Savoie* (*Congrès de l'Assoc. fr. pour l'avancement des Sciences*, Lyon, 1906).

précises, d'après la flore, que dans le Briançonnais ce maximum se produit plutôt au-dessus de la cote 2500.

Comme dans toutes les régions méridionales à haut relief, les pluies d'orage (été) dans le Briançonnais sont violentes, soudaines et très abondantes.

La nivométrie, qui est depuis quelques années l'objet, en Savoie, de mensurations précises et scientifiques de la part du Service forestier, sous la direction éclairée de M. P. Mougin, inspecteur des Eaux et Forêts à Chambéry, n'a encore malheureusement donné lieu en Dauphiné à aucune étude semblable. Cette question est pourtant d'un haut intérêt.

On ne possède à cet égard que des chiffres partiels et épars. De 1903 à 1907, la quantité de neige tombée à Aiguilles durant l'hiver a varié entre $4^m 70$ (1905-1906) et $1^m 40$ (1904-1905) (1). En novembre 1910, la neige atteignait déjà $1^m 10$ d'épaisseur en quinze jours au mont Genèvre; dès le 4, elle couvrait le sol au Monêtier; durant la seconde quinzaine, elle s'amoncelait de plusieurs mètres au Lautaret (2).

On est sans donnée précise sur la quantité de neige qui tombe annuellement dans le bassin de la haute Durance pendant les sept mois d'hiver. En tout cas, les enneigements, forcément abondants, de cette région accumulent sur le massif le plus élevé du pays, celui du Pelvoux — ou des monts de l'Oisans — des neiges éternelles ou glaciers qui « peuvent rivaliser en magnificence avec ceux de la Suisse » (3). Nous n'avons pas à les décrire ici. Rappelons seulement qu'ils étaient, depuis 1890, l'objet d'observations méthodiques de la part de la Société des Touristes du Dauphiné (4) et que, depuis 1901, la *Commission française des glaciers* continue ces études avec plus d'ampleur et plus de suite (5). Le résultat des observations de ces dernières années

---

(1) Raoul BLANCHARD, *L'Habitation en Queyras.*
(2) *Revue alpine* du 1er décembre 1910.
(3) Élisée RECLUS, *La France.*
(4) Le *Bulletin* de cette Société, année 1904, a publié le plan des glaciers de Vallouise.
(5) Voir *Observations glaciaires dans le massif du Pelvoux*, rapport de M. Ch. Jacob (*Bull. de Géogr. hist. et desc.*, 1906, p. 35).

est que les glaciers du Briançonnais — comme ceux de toutes les Alpes — après une crue prononcée au dix-neuvième siècle (1), sont en décrue très accentuée, mais sans synchronisme rigoureux même dans les appareils glaciaires d'un même massif (2). Le glacier Blanc et le glacier Noir, au fond de la plaine d'Ailefroide et du Pré-de-Madame-Carle, sont un exemple devenu classique de cette régression. Joints par le bas en 1855, comme en témoignent des dessins et des photographies de l'époque (3), ils sont séparés aujourd'hui par quelques centaines de mètres de distance et s'arrêtent sur le flanc des versants qui les portent. Les causes de ces variations ne sont pas encore démêlées (4). Mais la régression actuelle pourrait, en France, être une conséquence du déboisement, celui-ci ayant réduit les précipitations atmosphériques (5), ou favorisé leur réduction. Notons que des précipitations atmosphériques abondantes, comme celles de 1910 et du début de 1911, pourraient amener une crue des glaciers.

Il n'y a jamais eu de débâcle glaciaire dans le Briançonnais et il n'y en a pas à redouter.

Mais les enneigements souvent abondants, la déclivité des versants et l'action du vent du sud et des relèvements passagers de température provoquent fréquemment des avalanches (6). C'est surtout vers la fin de l'hiver que celles-ci se produisent.

---

(1) Voir dans B. CHAIX, *op. cit.*, divers exemples d'accroissement des glaciers vers 1845 et l'obstruction par les glaces de divers passages entre le Monêtier et la Bérarde, Vallouise et la Bérarde, etc.

(2) Voir W. KILIAN, *Les Glaciers du Dauphiné* in *Grenoble et le Dauphiné*, 1904, et *La Houille blanche*, oct. 1904; P. GIRARDIN, divers articles (*La Géographie*, 1905 et 1907). Cependant, d'après M. David Martin, ces glaciers entreraient dans une nouvelle phase de crue. Cette crue se réalise déjà en Norvège (*Ann. de Géogr.*, 15 mars 1910, p. 184). Les pluies de 1909-1910 ont dû agir dans ce sens.

(3) Voir B. TOURNIER, *Annuaire du C. A. F.*, 1901, p. 86.

(4) Voir Ch. RABOT, *Revue de Glaciologie* (*Annuaire C. A. F.*, 28e et 29e années).

(5) Voir W. KILIAN, *op. cit.*

(6) Dans l'idiome local : *lavanche* (italien, *valangha*) ou *chalanche*. Originairement au moins, la *chalanche, charance, challenge* est la pente roide et nue où se forment l'avalanche, le torrent, la ravine.

Elles sont souvent dangereuses, causant des dommages aux forêts, aux champs, aux routes même, aux habitations, aux hommes et aux animaux. Pendant la belle saison, les couloirs qui raient nombreux, du haut en bas, tant de versants boisés — notamment ceux de l'envers de la vallée de la Guisanne, depuis le Lauzet jusqu'à Saint-Chaffrey et ceux de l'Infernet et du Janus, entre Briançon et le mont Genèvre — attestent la fréquence de ce phénomène qui est un danger perpétuel pour les populations de ce pays et contre lequel celles-ci ont toujours cherché à se prémunir par la conservation de certaines de leurs forêts (1). De tout temps, les passages du mont Genèvre et de Clavières (2) ont été, en hiver, sous la menace de deux ou trois avalanches connues et dénommées.

B. Chaix parle assez longuement des avalanches de la fin du dix-huitième siècle et du commencement du dix-neuvième. Il cite, notamment, celle de 1757 en Vallouise et celles de 1755 et 1793 à la Monteyte en Queyras. De son temps encore, on tire des coups de fusil ou de pistolet avant de passer aux endroits dangereux, pour éprouver l'état d'équilibre des masses neigeuses.

Bien avant lui, l'avocat briançonnais Froment nous a laissé des descriptions imagées des avalanches de son époque (3). « L'avant-veille doncques de Pasques 1630, dit-il, l'Avalanche courut du haut de l'envers du Monestier de Briançon, et remontat si impétueuse, si haut de l'autre costé, qu'elle comblat (cas qui n'estoit jamais arrivé), acrasat l'Hospital de la Magdeleine, la Chapelle et les cahuëttes d'alentour, avec ceux et tout ce qui estoit au dedans. » Dans le « désert et destroit de la descente du Mont Genèvre aux Italies » il y a deux avalanches (couloirs du Chaberton traversés par la route de Césanne), l'une « la Perensière », l'autre « la Rousse, plusieurs fois plus espouvantable que

---

(1) Voir Pierre BUFFAULT, *Les Forêts et Pâturages du mandement de Guillestre* (*Bull. de Géogr. hist. et desc.*, 1910, n°s 1 et 2).

(2) Premier village italien au delà de la frontière.

(3) « *Essais d'Antoine Froment, advocat au Parlement de Grenoble, sur l'incendie de sa patrie, les singularitez des Alpes* », etc., 1635. Édition A. Albert.

la susdite et laquelle ne fît que belle peur à l'Armée d'Annibal »,
qui descendent constamment, causant de grands dégâts, emportant en 1633 le second consul de Briançon et son valet. Le fond
du vallon est exhaussé et changé par leurs débris. La Rousse,
ajoute-t-il, est encore descendue dernièrement si impétueuse
qu'elle a remonté sur l'autre versant, « elle y a troussé une
aisle de la forest, rompu, froissé environ deux mille pièces
d'arbre d'haute-fustaye. »

Les vents dominants sont : celui du nord-est, appelé « la Lombarde » à Briançon, où il vient d'Italie par le col du mont Genèvre, vent violent, âpre et glacé par son passage sur les versants des Alpes piémontaises; ceux du nord-ouest et de l'ouest-nord-ouest, également froids et presque aussi violents, qu'à Briançon on distingue en « vent du Galibier » et « vent du Lautaret ». Enfin, souffle quelquefois le vent du sud, chaud, vecteur de la pluie ou du dégel (1).

§ 6 — *Géologie*

1. Stratigraphie

La constitution géologique du Briançonnais, extrêmement complexe, comme celle de toutes les Alpes, a été progressivement débrouillée et est aujourd'hui connue, grâce aux savantes recherches de Ch. Lory et de MM. Kilian, Haug et Termier (2). Bien des problèmes cependant restent encore à résoudre dans cette région si bouleversée, aux âges géologiques antérieurs, — ainsi que toute la chaîne alpine — par de multiples phénomènes de plissement et de dislocation, de métamor-

---

(1) Sur les vents, cf. IMBEAUX, *op. cit.*

(2) Voir notamment : Ch. LORY, *Description géologique du Dauphiné*, Grenoble, Maisonville, 1861; W. KILIAN, *Note sur l'Histoire et la Structure géologique des chaînes alpines* (*Bull. Soc. géol. de France*, 3ᵉ série, XIX, 1891 et *Bull. Serv. carte géol. de France*, n° 53, 8ᵉ année, 1898); P. TERMIER, *Sur les Terrains cristallins des montagnes de l'Eychauda, de Serre-Chevalier et de Prorel* (*Bull. Soc. géol. de France*, 3ᵉ série, XXXIII, 1896); *Sur la Tectonique du massif du Pelvoux*, *ibid.*, XXXIV, 1897; *Les Nappes de recouvrement du Briançonnais*, *ibid.*, XXXVII, 1899; E. HAUG, *Traité de Géologie* et *Bull. Soc. géol. de France*.

phisme et d'éruptions volcaniques, des phases successives d'immersion et de sédimentation, puis d'émersion et d'érosion, enfin des périodes de glaciations et de ruissellement. Le cadre de cette étude ne nous permet de donner qu'une énumération sommaire des diverses assises géologiques constituant les Alpes briançonnaises (1).

Réduite à ses traits essentiels, la géologie du Briançonnais peut s'esquisser ainsi : une bande de terrains sédimentaires — du permo-carbonifère à l'éocène — d'allure très mouvementée, dite *zone du Briançonnais* (Diener), orientée à peu près nord-sud, qui vient de la Maurienne, est resserrée entre l'énorme môle cristallin du Pelvoux et le massif des schistes cristallins et lustrés du Piémont et du Queyras, puis s'épanouit dans l'Embrunais. Les sédiments de cette bande ont été ployés en une suite de plis formant des crêtes élevées ou se creusant en vallées profondes. D'après M. Kilian, on peut classer tout cet ensemble comme suit, en allant de l'est à l'ouest :

1° Zone du Piémont (4° zone alpine de Lory)	Anticlinal de schistes cristallins et lustrés (Mont-Cenis, Queyras, versant italien).
2° Zone du Briançonnais. (2° et 3° zones alpines de Lory)	Synclinal à calcaires triasiques dominants (Névache, Briançon, Queyras). Anticlinal en éventail du houiller avec bandes triasiques et jurassiques (Maurienne, Briançon, 3° zone). Synclinal nummulitique (zone des Aiguilles d'Arves de M. Haug) avec plis anticlinaux secondaires de terrains plus anciens (Lautaret, Vallouise, 2° zone).
3° Zone du Mont-Blanc (1re zone alpine de Lory).	Anticlinal et massif amygdaloïde cristallin (Pelvoux).

Passons rapidement en revue, par ordre chronologique, les diverses assises qui affleurent dans le Briançonnais.

---

(1) Tirée en majeure partie de l'excellent « Aperçu géologique sur le Briançonnais », inséré dans le *Guide du Touriste dans le Briançonnais* (Itinéraires Miriam, Paris, Rondelet) et dû à la plume savante de M. Joseph Pons.

Terrains primitifs. — Représentés par le puissant massif amygdaloïde du Pelvoux et par la série cristallophyllienne de la zone piémontaise.

Le premier est un énorme épanouissement de roches primitives et éruptives, gneiss, micaschistes, granite, protogyne, pegmatite, porphyrites, etc. Ces roches doivent, à leur dureté et à leur résistance aux agents externes de destruction, de se dresser en cimes majestueuses, les plus élevées des Alpes, couronnées de glaciers.

La zone piémontaise est formée de schistes sériciteux avec filons et nappes de roches éruptives (euphotides, serpentines, variolites), qu'accompagnent des schistes gris lustrés et calcaréotalqueux, peut-être triasiques, peut-être plus anciens, et fortement métamorphiques. Ces roches forment les crêtes élevées et abruptes du haut et moyen Queyras (en amont du fort du Château) et de la frontière italienne, notamment le Viso (schistes lustrés mésozoïques, à *pietre verdi* des Italiens).

Le Queyras présente donc une uniformité géologique qui contraste avec la complexité du Briançonnais.

Houiller. — Cet étage paraît commencer dans le Briançonnais la série sédimentaire. Il y forme, de Saint-Michel-de-Maurienne jusque vers Guillestre, par Briançon, une importante bande de schistes et de grès fins, renfermant plusieurs couches de houille, souvent plissées, disloquées, métamorphisées en anthracite, même en graphite, traversées par des filons de roches éruptives. Cette houille est exploitée (vallée de la Guisanne, rive gauche; Puy Saint-Pierre, Puy Saint-André, Villar-Saint-Pancrace, Saint-Martin-de-Queyrières, etc.).

Permien. — Phyllites, grès argileux, conglomérats bigarrés (L'Argentière, Bouchier, col des Rochilles).

Trias. — Par son étendue et sa puissance, cet étage constitue, avec le jurassique, la majeure partie de la zone du Briançonnais, à laquelle il donne son aspect caractéristique de montagnes ruiniformes et déchiquetées, à teintes claires et à grands escarpements (Thabor, Grand-Galibier, Infernet, Chaberton, Montbrison, Pierre-Eyrautz, etc.).

A sa base, il présente des quartzites, grès généralement blancs, très durs, saccharoïdes, avec grains de quartz roses ou verdâtres et qui forment au pied de beaucoup d'escarpements (notamment : Casse blanche du Lautaret, Croix de Toulouse, Croix de Bretagne, Bouchier, Saint-Martin, etc.) ces éboulis de débris blancs, prismatiques, si pénibles à traverser, appelés *casses* dans le pays.

Au-dessus, sont des cargneules et gypses inférieurs, puis des calcaires schisteux et phylitteux (Grande-Cucumelle, Gondran), et les calcaires dolomitiques à gyroporelles ou *calcaires du Briançonnais* (1). Ces calcaires, qui dominent dans l'étage et constituent tant de massifs rocheux du pays, pittoresques répliques des dolomites du Tyrol, de même âge et de même origine, sont jaunâtres, grisâtres ou noirâtres, à reflets moirés, quelquefois bréchiformes, souvent feuilletés et schisteux (route d'Italie, entre Briançon et la Vachette).

Enfin, la partie supérieure de l'étage est composée de cargneules et de gypses souvent très puissants (col du Galibier, environs du Monêtier-les-Bains, col des Thures, forêt de Château-Ville-Vieille, col d'Izoard (2), etc.) accompagnés parfois de schistes lilas ou verdâtres (Saint-Martin-de-Queyrières, Vallouise) (3).

Jurassique. — Le Briançonnais présente d'abord sur quelques rares points des calcaires noirs en dalles de l'infralias (col Néal). Puis le Lias, beaucoup plus développé, se montre, sous forme de

---

(1) Dénomination donnée par Lory qui les avait crus liasiques et y comprenait les calcaires amygdaloïdes du jurassique supérieur (KILIAN, *op. cit.*).

(2) Cargneules jaunâtres, quelquefois cloisonnées, ayant aussi souvent la structure de poudingues ou de brèches avec des fragments de calcaire bleu (Observations de M. David Martin).

(3) Dans ces gypses triasiques se sont formés souvent, ou se forment encore, des entonnoirs de dissolution, semblables à ceux signalés par M. Haug au Mont-Cenis (montagne de Dormillouse, versant d'envers de Névache).

calcaire schisteux, mêlé à des schistes noirs du jurassique moyen (près de la Grave), de calcaire noir et compact à veines spathiques (près de la gare de l'Argentière et près de Vallouise, traces de coralligène), mais surtout sous forme d'une brèche calcaire caractéristique, dite *brèche du Télégraphe* par M. Kilian (Galibier, col des Rochilles, Infernet, la Salcette de Montbrison, Eychauda, l'Argentière, etc.).

Le jurassique supérieur forme, près de Guillestre, une puissante masse de marbres rouges bréchiformes ou « amygdalaires » à teintes vives, qui continue sur les hauteurs de la rive gauche de la Durance jusqu'à La Roche-de-Rame. On le retrouve dans le massif de Montbrison, puis, près de Briançon, au-dessus de Villar-Saint-Pancrace, sur la route de la Croix-de-Bretagne, à la batterie de la Lame et, en face, au-dessus de Malefosse et de la Vachette, puis au Grand-Aréa, au Grand-Galibier (calcaire à entroques), etc. Cette assise, qui constitue un horizon très constant, est caractéristique par sa teinte rouge lie de vin.

Tertiaire. — Des couches éocènes et oligocènes à nummulites constituent les assises les plus récentes de la zone du Briançonnais et occupent dans leur ensemble un immense pli synclinal de la Tarentaise aux Basses-Alpes. Ce sont souvent de véritables nappes de charriage superposées et plissées. Dans la partie inférieure, elles renferment des brèches formées de débris arrachés à tous les étages préexistants (col de l'Eychauda); pour la partie supérieure, ce sont des schistes noirs micacés, tantôt pourris, tantôt ardoisiers (Vallouise), du Flysch (Lautaret, La Madeleine, col de l'Eychauda, Alp-Martin, Pas de la Cavale). Des micaschistes, résultant du métamorphisme de semblables dépôts tertiaires, ont été trouvés à Prorel et Serre-Chevalier ainsi qu'à l'Alpet près du mont Genèvre.

La majeure partie des assises géologiques du Briançonnais est ainsi plus ou moins imperméable (granites du Pelvoux, schistes lustrés du Queyras, schistes et marnes du carbonifère, du trias et du jurassique); sont perméables les terrains de transport et, relativement, certains calcaires.

2. Pléistocène. Érosion glaciaire et torrentielle

Après le dépôt du nummulitique se produit la dernière et principale phase du plissement des Alpes, qui donne au pays son relief définitif. La mer se retire sans retour et il n'y aura plus de dépôt marin dans le Briançonnais.

Mais alors interviennent, dès le début de la période pléistocène et même dès la fin du tertiaire, les glaciations répétées (1), les grands ruissellements. Le relief récemment formé va être profondément modifié, au moins dans les détails. C'est durant cette période que se forment et se déposent les moraines, les boues glaciaires, les alluvions fluvio-glaciaires, les stratifications de graviers et de sables, que se surcreusent les vallées, s'approfondissent des ravins, se comblent des dépressions, s'ouvrent des cluses, se décapent des pans de montagne, toutes modifications dues aux perturbations atmosphériques et aux agents de dynamique externe et dont nous constatons aujourd'hui les résultats divers.

Les glaciers de la Durance quaternaire sont descendus depuis le Thabor, le mont Genèvre, le Pelvoux et le Viso jusqu'à Sisteron, emplissant la vallée principale et les vallées affluentes (2). Ce sont des torrents formidables qui naquirent de la fonte de ces énormes glaciers et l'on conçoit avec quelle puissance ils purent remanier le relief d'alors, soit en creusant les vallées, soit en les remblayant.

Les divers phénomènes du quaternaire, notamment les glaciations et les érosions consécutives, le surcreusement des vallées, la formation des terrasses, les dépôts résultant soit des glaciations, soit des érosions torrentielles, ont donné lieu et donnent lieu encore à de nombreuses controverses.

Autrefois on n'attribuait que peu d'importance au rôle des

---

(1) Au moins d'après MM. Penck, Bruckner, de Lapparent, Haug, Kilian, etc., qui admettent quatre glaciations successives.

(2) On sait qu'un abaissement de 1°5 dans la température moyenne de l'année et d'abondantes précipitations atmosphériques suffiraient à reproduire certaines de ces glaciations pléistocènes.

glaciers quaternaires et les paliers si fréquents dans les vallées alpines, formées de bassins successifs alternant avec des étranglements (1), étaient considérés comme d'anciens lacs comblés ou à barrage rompu. Depuis, les professeurs allemands Penck et Bruckner (2) et M. W. Morris Davis ont tout rapporté à la glaciation; les dépôts sont glaciaires ou sous-glaciaires, et c'est à l'action excavante des glaciers qu'il faut attribuer le surcreusement des vallées et la forme en U de leur section (3).

Mais actuellement se dessine une réaction de plus en plus prononcée contre cette prédominance — presque cet exclusivisme — de l'action glaciaire, et on tend à rendre à l'érosion aqueuse, au ravinement torrentiel, une grande partie des effets attribués aux glaciers. Après M. J. Vallot, MM. Jean Brunhes (4), Carez, Stanislas Meunier, A. Guébhard, P. Girardin, Ch. Rabot estiment que l'action glaciaire a été fort exagérée et font ressortir l'importance de l'érosion aqueuse (5). M. Kilian partage cet avis

---

(1) De même beaucoup de vallées pyrénéennes.
(2) Penck, *Die Alpen im Eiszeitalter*, Leipzig, 1901-1905.
(3) M. Haug, *Traité de Géologie*, estime que le « surcreusement glaciaire peut seul expliquer la concavité et la contrepente du thalweg des vallées alpines », les contre-pentes notamment de certains lacs alpins, semblables à celles des fjords de Norvège.

On sait que le *surcreusement* est l'élargissement en forme de U de vallées ouvertes d'abord en forme de V par l'érosion fluviatile, en même temps que les vallées affluentes restent « suspendues » et doivent ensuite, pour se raccorder à la vallée principale, adoucir leur « rupture de pente » ou « cran de descente » et se creuser ainsi une gorge ou cluse à leur débouché sur la vallée principale.

(4) *Comptes rendus de l'Académie des Sciences*, 28 mai et 5 juin 1906.
(5) Voir notamment : Ch. Rabot, *Les Glaciers polaires et les Phénomènes glaciaires actuels* (*Revue scientifique*, XLVI, n° 3, 1890); P. Girardin, *Les Phénomènes actuels et les Modifications du modelé dans la haute Maurienne* (*La Géographie*, 2ᵉ série, 1905, p. 1); L. Carez, *Note sur les Enseignements de la catastrophe de Bozel* (*Bull. Soc. géol. de France*, Paris, 4ᵉ série, V, 1905, p. 519); H. Douxami, *Observations sur quelques phénomènes torrentiels du bassin de l'Arve* (*Annales de la Soc. linnéenne de Lyon*, XL, 1906). Voir aussi : D. Martin, *L'Ancien Cañon de la Blache* in *La Géographie*, 1906, XIV, p. 11.

La question a été discutée au Congrès de l'Association française pour l'Avancement des Sciences de Lyon, août 1906, et au Congrès international de Géographie de Genève, juillet-août 1908.

et déclare que les manifestations dont il s'agit, et notamment le surcreusement des vallées, ne peuvent être « exclusivement » attribués à l'action glaciaire, dont il ne « discute pas l'existence même », mais à côté de laquelle il met en lumière « la part prépondérante de l'érosion régressive purement torrentielle » (1). M. E.-A. Martel va beaucoup plus loin : il tient pour fort peu de chose l'action des glaciers, leur action érosive surtout, et attribue à la seule *érosion aqueuse* les manifestations en question (2). L'éminent spéléologue base son opinion principalement sur « les faits d'érosion aqueuse incomparablement gigantesques et convaincants » découverts par lui dans le cañon du Verdon et sur ses observations récentes du Briançonnais et du Dauphiné. Il fait, en outre, et avec beaucoup de justesse, remarquer que bien des dépôts glaciaires ont été remaniés, déplacés et rendus méconnaissables par des phénomènes purement torrentiels subséquents.

Nous ne saurions élever la voix après tant d'autorités du monde scientifique, ni prendre part à une controverse aussi savante et ardue. Cependant, les forestiers ont si souvent à constater les étonnants effets de l'érosion « aqueuse », les affouillements torrentiels, ils en connaissent tant par métier la puissance, ils ont si fréquemment à faire des observations semblables à celles de MM. Carez et Douxami, qu'il sera permis à l'un d'eux de déclarer qu'il partage la manière de voir de M. Martel et que cette érosion, bien autrement agissante et formidable que le pouvoir excavant des glaciers, lui paraît la cause primordiale et prépondérante des puissants effets dont on cherche l'origine et l'explication. C'est ainsi que les forestiers voient le torrent de Bragousse,

---

(1) W. KILIAN, *L'Érosion glaciaire et le Creusement des terrains* (*La Géographie*, XIV, 1906, p. 260). M. Kilian donne dans cet article un saisissant schéma de l'histoire d'une vallée alpine surcreusée. M. DE MARTONNE (*Ann. de Géogr.*, 1910 et 1911), *L'Érosion glaciaire dans les vallées alpines*, reconnaît que « les Alpes sont caractérisées par l'association de formes glaciaires et de formes d'érosion fluviale ».

(2) E.-A. MARTEL, *Creusement des Vallées et Érosion glaciaire* (*Congrès de l'Ass. fr. pour l'Avancement des Sciences*, Lyon, 1906 ; *La Houille blanche*, déc. 1907, et *Comptes rendus de l'Académie des Sciences*, 1906 et 1907 (Rapidité de l'érosion torrentielle).

près Boscodon (Hautes-Alpes), ayant approfondi, depuis dix-huit ans, de 2^{m}50 le chenal creusé par lui dans le seuil de roche dure situé en aval de l'Abbaye, et cela sans crues extraordinaires. C'est ainsi que l'on peut voir, sur la route d'Italie, à la sortie de Briançon, creusée dans le calcaire dur de l'escarpement des Salettes, une concavité polie, qui est sûrement, évidemment, un fond ou une paroi de « marmite de géant », forée par l'ancienne Durance, à 85 mètres au-dessus de son lit actuel dans la gorge d'Asfeld, et qui n'est nullement d'origine glaciaire (1). Par ailleurs, il arrive constamment aux forestiers de remarquer, sur les berges ou sur les cônes de déjection des torrents, petits ou grands, immédiatement après des crues, des rangées de pierres et de matériaux, édifiées par les crues, ayant absolument les allures et l'aspect de bien des dépôts et moraines attribués aux glaciers.

La controverse sur l'action glaciaire peut, du reste, trouver dans le Briançonnais de nombreux faits susceptibles d'illustrer la discussion et de fournir autant de bases d'argumentation. MM. Kilian et Martel ne les ont pas négligés. Le palier de la Durance à La Vachette, les « ruptures de pente » et « crans de descente » ou « cluses » de la Durance, en-dessous du mont Genèvre, à Briançon et à L'Argentière; de la Cerveyrette au Pont Baldy; du Guil dans le Queyras; de la Clarée en amont de Névache; de la Biaysse à La Roche-de-Rame, sont autant de manifestations de l'érosion torrentielle pour MM. Kilian et Martel. Nous y ajouterons : les cluses ou gradins de confluence du Fournel aux mines de L'Argentière, de la Gyronde à La Bâtie, de la rivière d'Arvieux au Pas-du-Déserteur, du torrent de Souliers à Château-Queyras, de l'Aigue-Agnelle au-dessus de Ville-Vieille. Il en est d'autres encore, et les gorges qu'actuellement se creusent dans le roc le torrent de Bragousse précité et les torrents intermittents des Vigneaux, de la Moulette, de la Pisse, etc., ne sont que des réductions de celles que se sont creusées la Du-

---

(1) Sur les trois lits successifs de la Durance à Briançon, voir E.-A. MARTEL, *La Cluse de la Durance à Briançon* (*La Nature*, 14 juill. 1904).

rance et les autres grands cours d'eau pléistocènes de la région (1). Et ce sont, à notre avis, autant de démonstrations vivantes, pour ainsi dire, et actuelles de la thèse de MM. Kilian et Martel.

Quoi qu'il en soit, le Briançonnais offre de nombreux vestiges, de frappants témoignages des phénomènes du pléistocène. On y voit de « beaux exemples » de surcreusement (2), et il n'est peut-être pas une vallée, principale ou secondaire, qui n'en garde quelque trace (au moins pour les vallées secondaires, au débouché sur la vallée principale).

Les traces des anciens glaciers, les dépôts morainiques y abondent (3). La région d'Ailefroide et du Pré-de-Madame-Carle, au pied du Pelvoux, en montre des exemples relativement récents et remarquables pour les moins initiés. Les blocs erratiques ne sont pas rares, surtout dans le Queyras (près de Molines), devant le village de Pierre-Grosse qui en a tiré son nom et en dessous du mont Genèvre. Les boues glaciaires ou morainiques et fluvio-glaciaires (interglaciaires et postglaciaires) se rencontrent à chaque pas. Elles sont le principal élément de l'instabilité de tant de parties si dégradées des montagnes briançonnaises, et elles permettent de reconstituer, au moins partiellement, l'histoire géologique et la topographie ancienne des régions qu'elles occupent ou qu'elles avoisinent (4).

Les dolomies et cargneules triasiques et les masses jurassiques du Briançonnais, taillées en murailles ruiniformes, en escarpements déchiquetés, en aiguilles isolées (crête de Montbrison,

---

(1) Les abaissements successifs du niveau de la Méditerranée depuis le début des temps pliocènes a contribué à entretenir la force érosive des cours d'eau alpins (W. KILIAN, *L'Érosion glaciaire*).

(2) Voir, pour le surcreusement de la vallée inférieure de la Clarée et son déblaiement et pour le surcreusement de la Durance en amont des Alberts qui en a été la conséquence, W. KILIAN, *La Géographie*, VI, 1902.

(3) Voir, par exemple, sur les anciens glaciers du mont Genèvre et de la vallée de la Clarée, W. KILIAN, *Bull. Serv. carte géol. de France*, n.º 53, 8ᵉ année, 1898, et *La Géographie*, VI, 1902.

(4) Déjà, pour Cézanne, continuateur de Surell, ces terrains de transport étaient d'origine glaciaire. Pour COSTA DE BASTELICA (*Les Torrents*, Paris, 1874), ils étaient d'origine torrentielle.

PLANCHE II

Le torrent de Sainte-Élisabeth, au-dessus de Saint-Chaffrey, torrent a affouillements éventrant la forêt du Pinet.

Le torrent de la Pisse, torrent a affouillements dans des schistes du Houiller se délitant en aiguilles et plaquettes.

bassins du Roubion et de La Lauze, Casse déserte d'Izoard, etc.), sont des témoins de démolitions énormes, de ruissellements et de décapages gigantesques.

D'autres témoins, extrêmement pittoresques et curieux, de ravinements aussi intenses sont ces « colonnes coiffées » ou « demoiselles », découpées dans des terrains de transport ou des marnes. Célèbres sont celles de Théus et d'Orbanne (Hautes-Alpes). Le Briançonnais en renferme d'intéressants échantillons. Dans la vallée de Molines s'en voit un superbe spécimen, le *Barome*, haut de 15 mètres, dernier survivant d'un groupe de cinq. Le ravin des Merles, ouvert en dessous du Puy-Saint-André, et le versant de l'endroit de Saint-Chaffrey, en dessous du bois du Pinet, en offrent aussi des échantillons nombreux mais de moindres dimensions.

Parmi les manifestations de la dynamique externe du pléistocène, rappelons la capture du cours supérieur extrême de la Durance au mont Genèvre par la Doire pléistocène et le déplacement vers l'ouest de la ligne de partage des eaux rhodaniennes et paduanes qui en est résulté.

§ 7 — *Phénomènes torrentiels actuels*

Mais tous ces phénomènes de modification du relief primitif n'ont pas pris fin avec la période pléistocène ou préhistorique. Les manifestations torrentielles, manifestations de l'érosion « aqueuse », se sont continuées depuis, mais assurément beaucoup moins intenses, comme les perturbations atmosphériques dont elles découlent; et elles se continuent sous nos yeux encore, exacerbées seulement sur beaucoup de points par le déboisement.

Il est aisé de constater que les phénomènes purement torrentiels ne se sont pas produits pour la première fois à l'époque contemporaine, qu'ils ne datent pas d'hier, comme on se l'est imaginé parfois, mais que depuis des siècles les montagnes du Haut-Dauphiné en sont le théâtre. Il suffit de regarder attentivement dans plusieurs vallées du Briançonnais pour y reconnaître de nombreux cônes de déjections, depuis longtemps occupés par l'homme et cultivés, correspondant à autant de ravins et lits de torrents qui se retrouvent plus ou moins nettement sur le versant de la montagne (1). Ceci est frappant, par exemple, dans la vallée de la Clarée, notamment lorsque, placé vers le confluent de la Durance et de la Clarée, on regarde vers l'amont. Beaucoup de ces torrents se sont éteints peu à peu, d'eux-mêmes. D'autres ont été ravivés par les abus pastoraux.

On comprend aisément, d'ailleurs, que des montagnes de surrection relativement récente et formées sur tant de points par des matériaux instables ou peu résistants, n'aient pas encore trouvé dans toutes leurs parties un équilibre définitif et offrent une prise facile et continuelle aux agents de démolition et d'érosion. Comme, d'autre part, ces agents sont, en raison du climat et de l'altitude, très énergiques — froids et gels intenses de l'hiver, dégels brusques du printemps, fortes chaleurs de l'été, pluies d'orage violentes et soudaines, etc. — et qu'ils s'exercent sur des montagnes à grandes dénivellations et à très fortes déclivités, les Alpes ne peuvent qu'être des montagnes à dégradation et à phénomènes torrentiels et elles le resteront longtemps encore (2).

Cette instabilité naturelle se trouve encore augmentée du fait de l'exploitation humaine : les destructions de forêts et de pelouses pour les cultures et par la dépaissance, le piétinement du bétail sur les pentes; enfin l'usage des irrigations qui déversent de l'eau sur des terrains prompts à se désagréger.

Si l'on consulte les vieilles chroniques et les archives, on constate qu'au Moyen Age et dans les temps modernes les Briançonnais avaient à souffrir des ravinements, avalanches, torrents; on les voit fréquemment occupés à réparer des routes coupées, des ponts emportés, à mettre en défens telle et telle forêt proté-

---

(1) Mêmes observations, nécessairement, en Savoie, dans la vallée de l'Ubaye et dans toutes les Alpes. Ainsi le Bonrieu de Bozel a eu des crues et des laves aux quinzième et quatorzième siècles.
(2) Cf. Paul GIRARDIN, *Ann. de Géographie*, mai 1910.

geant des villages, des routes ou des passages importants, etc. Le 11 juin 1707, deux mulets ont failli être noyés dans le torrent de Sachas de Presles, en allant à Guillestre (1). Le torrent de *Malefosse* est cité dans un texte de 1287.

Les phénomènes torrentiels se manifestent diversement suivant la nature des terrains où ils se produisent ; ils sont fonction de la constitution géologique. Les différentes formes qu'ils revêtent dans le Briançonnais peuvent être classées sous quatre rubriques principales : éboulements, ravinements, torrents, torrentialité des cours d'eau.

Les éboulements se produisent surtout dans les calcaires dolomitiques et cargneules du trias (*calcaires du Briançonnais*) et dans les boues glaciaires ou fluvio-glaciaires. Dans les premiers, ils sont dus aux gels et dégels successifs : la roche friable et crevassée s'est remplie d'eau à la fonte des neiges, les gels qui surviennent la nuit ou même le jour la morcellent en fragments qui se détachent à un dégel ultérieur et s'éboulent. C'est au printemps que cela se produit. Les escarpements du haut du bassin de Malefosse près Briançon (extrémité sud-est de la crête de Peyolle), ceux des Barres des Vigneaux (extrémité sud de la crête de Montbrison), ceux de la Lauze (rive gauche de la Clarée) renouvellent ce phénomène tous les ans et leur accès en est à peu près impossible pendant les premières semaines de la belle saison, tant les chutes de pierres y sont alors fréquentes et dangereuses (2).

Dans les dépôts glaciaires et fluvio-glaciaires (ou torrentiels anciens) les éboulements se produisent aussi au printemps ou par les pluies d'été, lorsque les boues, si dures par la sécheresse, sont détrempées par l'eau de fusion de la neige ou par la pluie

---

(1) Voir Archives départementales, Archives de Guillestre et divers historiens régionaux cités.
(2) A la base des escarpements, fréquents dans le Briançonnais, naissent souvent des torrents dont le bassin de réception appartient ainsi aux premier et troisième types décrits par M. le professeur E. Thiéry, dans son *Cours de torrents* de l'École nationale forestière, et qui sont les *torrents à casses* de Demontzey (*Traité pratique du Reboisement et du Gazonnement des montagnes*, Paris, Rothschild, 1882, p. 32).

et « foirent » irrésistiblement (berge gauche du ravin de Sachas, près Puy-Saint-André, combes de Souliers et de Villargaudin en Queyras, ravin de la Ruine dans la montagne du Vallon près de La Vachette). Souvent ces éboulements marchent rapidement. A Souliers et à Villargaudin, le terrain perdu depuis cinquante ans est considérable. Les montagnards essaient vainement de retenir leur terre en y semant de la luzerne.

Les ravinements sont l'œuvre du ruissellement des eaux météoriques. Peu importants sur les terrains résistants et stables, ils deviennent très rapidement considérables et dangereux sur les terrains friables, désagrégeables et instables. Ces terrains s'entament vite et profondément, les petits sillons du début y sont bientôt des rigoles puis des ravines : ainsi les terres gypseuses et les cargneules du col des Thures (près Névache) et du col d'Izoard, les marnes noires de Pierrefeu (ravin des Merles près Puy-Saint-André), et surtout les boues glaciaires (ou torrentielles) où se combinent ravinements et éboulements.

Les torrents ne sont, à vrai dire, que des ravinements de grande étendue, dont les matériaux de charriage sont entraînés par un cours d'eau intermittent ou permanent, mais extrêmement variable. Ils procèdent directement des ravinements et éboulements qui souvent se mêlent confusément.

Nous n'avons pas à donner ici la définition, la morphologie et les effets du torrent en général (1).

Dans le Briançonnais, les torrents actuellement en action, sont nombreux, mais ils sont heureusement bien inférieurs en nombre en importance et en intensité de dégâts à ceux de la Savoie, de l'Embrunais et des Basses-Alpes.

En voici l'énumération par vallée, d'amont en aval, et les caractéristiques.

---

(1) Voir à ce sujet : Surell, *Étude sur les torrents des Hautes-Alpes* Paris, 1872; Costa de Bastelica, *Les Torrents, leurs lois, leurs causes, leurs effets*, Paris, 1874; Marchand, *Les Torrents des Alpes et le Pâturage*, Arbois 1872; Demontzey, *Étude sur les Travaux de reboisement et de gazonnement des montagnes*, Paris, 1878; et *Traité pratique du Reboisement et du Gazonnement des montagnes*, Paris, Rothschild, 1882; Haug, *Traité de Géologie*

Vallée de la Clarée

Torrent du Vallon, rive gauche, sur un flanc dénudé exposé au sud, peu important; torrent à affouillements (Demontzey); 3ᵉ genre (Surell) avec bassin de réception du 2ᵉ type (Thiéry).

Torrent du Robion ou Roubion, rive gauche, descend du col des Thures, bassin de réception dans une « combe » de gypses et cargneules en partie reboisée; assez violent, 1ᵉʳ genre avec bassin du 4ᵉ type; torrent à affouillements.

Torrent du Creuzet, rive droite, descend de larges ravinements creusés dans le gypse au milieu de la forêt de Névache et d'un vaste bassin très dégradé au-dessus de la forêt, peu dangereux cependant (1); 1ᵉʳ genre avec bassin du 4ᵉ type; torrent à affouillements.

Torrent de la Lauze, rive gauche, descend d'un vaste cirque formé des escarpements de calcaires triasiques du flanc ouest, jadis boisé puis dénudé par le pâturage, du sommet de Pierron (2.674 m.); dans ces escarpements se sont creusés neuf couloirs pierreux qui convergent pour former le torrent; 2ᵉ genre avec bassin du 1ᵉʳ type; torrent à casses.

Torrents des Gamattes, du Rivey, de la Ruine (2) et de l'Enrouye, rive droite; nés dans les pâturages sis au-dessus de la forêt de Val-des-Prés, pâturages bien gazonnés encore il y a trente ans, et, depuis, ravinés et détruits, grâce au parcours incessant des moutons indigènes (3); ont pris un grand et rapide développement ces dernières années, malgré la présence de la forêt, aidés d'ailleurs par des avalanches qui ont fait la première trouée dans l'armature forestière; menacent les villages de la commune de Val-des-Prés; causent des dommages de plus en plus impor-

---

(1) Voir, dans *La Géographie*, VI, 1902, p. 21, une très bonne photographie de ce torrent donnée par M. Kilian avec une description.

(2) Les habitants du pays désignent par le terme très juste et expressif de « ruine » un terrain instable, siège de ravinements et éboulements continuels (gypses, terrains de transport, marnes).

(3) Affirmation d'un habitant de Val-des-Prés, digne de foi, qui garda les moutons sur ces pelouses disparues aujourd'hui.

tants; 2ᵉ et 3ᵉ genres avec bassins des 2ᵉ et 3ᵉ types; torrents à casses et à affouillements.

Torrent de l'Étret, rive gauche en face des précédents, né sur le versant dénudé de la montagne de Dormillouse, récent aussi et dangereux; 3ᵉ genre avec bassin du 1ᵉʳ type; torrent à casses.

Vallée de la Guisanne

Torrents du Rif-Blanc, des Plattes, du Haut-Étret et du Bas-Étret, rive gauche de la haute Guisanne, dangereux ravins creusés dans des terrains instables (*torrents blancs*) et dont les déjections s'étalent en nappes de graviers, pierres et rochers dans la vallée, et qui ont forcé l'Administration des Ponts et Chaussées à couvrir la route de tunnels artificiels au passage de ces torrents, pour en éviter les ravages; torrents à affouillements; 2ᵉ et 3ᵉ genres avec bassin du 2ᵉ type à avalanches.

Torrents de la Ponsonnière, du Pervou, de la Pisse, du Chardoussier, de Saint-Joseph, rive gauche, à la suite des précédents, à peu près éteints et corrigés; bassins du 2ᵉ type reboisés en majeure partie; torrents à affouillements, 2ᵉ et 3ᵉ genres.

Torrents de la Moulette et du Merdarel, rive gauche; petits ravins aux crues dangereuses et violentes, à bassins dénudés du 2ᵉ type en terrains instables; torrents à affouillements; 3ᵉ genre.

Torrent de Sainte-Élisabeth, rive gauche; provient d'un ravinement né dans les pâturages au-dessus de la forêt, auquel s'ajoute, sur la berge droite, un ravin affluent, né en pleine forêt; au travers de celle-ci, ce torrent forme une brèche énorme qui s'élargit de plus en plus (en 1855, elle n'avait guère que 20 mètres d'ouverture et 20 mètres de profondeur; aujourd'hui, c'est par 150 mètres qu'il faut compter) en terrains gypseux et instables; dangereux; torrent à affouillements du 3ᵉ genre avec bassin du 2ᵉ type.

Ravin de Maratra, rive gauche; mêmes type et terrain que le précédent; éventre la forêt du Villar de Saint-Chaffrey.

PLANCHE III

Le torrent à casses de Malefosse et son bassin de réception formé par la muraille terminale de la crête de Peyrolle (Trias et Jurassique).

Vallée de la Durance

Torrent du Vallon, rive gauche, près de la Vachette, descend de « ruines » qui éventrent la forêt entre le Janus et l'Infernet; torrent à affouillements peu dangereux, du 3ᵉ genre avec bassin du 4ᵉ type.

Torrent de Malefosse (1), rive droite ; exutoire des éboulements pierreux du musoir extrême de la crête de Peyrolle; assez violent; berges de la gorge et vaste cône de déjections boisés; torrent à casses, 2ᵉ genre, bassin du 1ᵉʳ type; très ancien (cité en 1287).

Torrent de Sachas, rive droite, né de ravins creusés dans des terrains instables ou sur des versants abrupts, au milieu de bois dévastés; jadis très mauvais (type de l'Embrunais); à peu près corrigé aujourd'hui; bassin reboisé; torrent à affouillements, 1ᵉʳ genre, bassin du 4ᵉ type; en activité en 1707.

Ravins de Queyrières et Sainte-Marguerite, rive gauche, ouverts dans des terrains instables au milieu de la forêt ou provenant de ravinements des pâturages supérieurs; torrents à affouillements, 3ᵉ genre, bassins du 2ᵉ type.

Vallée de la Gyronde

Ravin du Parcher, rive gauche; ravin creusé dans des terrains peu résistants, mal boisés ou dénudés; à affouillements, 3ᵉ genre, bassin du 2ᵉ type.

Rif-Cros des Vigneaux, rive gauche; exutoire des éboulements pierreux de la Tête d'Amont de Montbrison; crues violentes et dangereuses; torrent à casses, 2ᵉ genre, bassin du 1ᵉʳ type.

Vallée du Guil

Ravin des Meyries, rive droite; descend d'un versant nu et déclive; crues violentes; torrent à affouillements, 3ᵉ genre, bassin du 2ᵉ type.

---

(1) *Male fosse, Mala fosse,* mauvaise fosse, mauvais ravin.

Vallée de la Rivière d'Arvieux

Ravin du col d'Izoard, rive gauche; descend d'un vaste bassin dénudé à cargneules et terrains peu résistants; torrent à affouillements; 1ᵉʳ genre, bassin du 4ᵉ type.

Les dommages causés par tous ces torrents dépendent de la situation géologique et géographique et de la violence des crues. Ce sont : la rupture de voies de communication nécessaires aux besoins de la vie ordinaire, des transactions commerciales et de la défense nationale; le barrage éventuel de cours d'eau importants et pérennes avec les débâcles et inondations consécutives (tous les torrents énumérés); — le recouvrement de prairies et de cultures par les déjections et matériaux charriés (Rif-Blanc, Plattes et Étrets, la Lauze, Malefosse, Sachas, ravins de Queyrières); — la destruction d'immeubles et de groupes d'habitations (torrents voisins de Val-des-Prés, Rif-Cros).

La plupart de ces torrents ou ravins sont creusés sur des versants exposés au sud, au sud-ouest ou au sud-est, et cela parce que ces versants sont les plus dénudés ou les plus exposés aux dégradations.

Les torrents du Briançonnais, qu'ils soient pourvus d'un cours d'eau complètement ou à peu près pérenne, ou qu'ils soient ordinairement à sec (« torrents blancs » de la haute vallée de la Guisanne) se ramènent donc aux deux types principaux décrits par Demontzey : torrent à affouillements, torrent à casses. On n'y trouve pas le type glaciaire (1).

Le type du torrent à casses est fréquent dans le Briançonnais en raison précisément de la nature de certaines roches abondant en ce pays, de ces *calcaires triasiques du Briançonnais*, dolomitiques et friables.

Son origine est dans la désagrégation de ces roches escarpées et ruiniformes, dans les éboulis qui en résultent chaque printemps et dont nous avons déjà parlé. Vienne un orage, une pluie forte

---

(1) Voir Demontzey, *Traité pratique*, et Kuss, *Les Torrents glaciaires*. Paris, Impr. nat., 1900.

et abondante, ces matériaux, en équilibre instable sur des pentes abruptes, sont entraînés et dévalent; une lave se forme et descend à la vallée par le couloir ou ravin que les laves précédentes ont creusé. Ce torrent a une gorge plus ou moins caractérisée et un cône de déjections. Il n'a pas de bassin de réception, à vrai dire; du moins, son bassin de réception est le pan de montagne abrupt, souvent vertical, la muraille dolomitique en désagrégation continuelle et dont la disparition seule éteindrait le torrent. Les torrents de la Lauze, de Malefosse et le Rif-Cros des Vigneaux en sont des types très caractéristiques.

Il va sans dire que les torrents du Briançonnais — comme tous les torrents — donnent en temps de crue des *laves*, plus ou moins fluides, plus ou moins chargées de matériaux lourds et volumineux selon leur importance et leur violence. Les résultats de ces charriages, les dépôts boueux laissés, les blocs de rochers souvent volumineux transportés, la disposition de partie de ces matériaux en moraines latérales sur les berges du torrent, etc., offrent les plus frappantes similitudes avec beaucoup de dépôts et de charriages anciens, réputés glaciaires, qui doivent, par conséquent, être attribués plutôt à des manifestations *torrentielles*, analogues à celles dont nous sommes les témoins, mais plus importantes et parfois colossales.

Il est à remarquer, dans le même ordre d'idées, que beaucoup de nos torrents actuels ont une gorge ou goulot creusé par eux-mêmes dans une barre rocheuse transversale qui correspond très souvent à une rupture de pente (ex. : la Moulette, la Pisse et Rif-Cros) et qu'ils présentent ainsi une disposition semblable, proportions gardées, à celle des vallées alpines à cluses et crans de descente, dans la formation desquelles les glaciations paraissent décidément avoir eu une influence bien restreinte à côté de l'action torrentielle post-glaciaire.

Une autre observation importante à faire est que beaucoup de torrents briançonnais — le même fait se voit ailleurs — se forment dans la forêt même, ou bien, nés au-dessus de la forêt, se développent et s'agrandissent au travers de celle-ci et malgré elle. Les ravins de Queyrières et de Sainte-Marguerite sont dans le premier cas. Le ravin de Sainte-Élisabeth et celui de Maratra sont dans le second. De semblables se forment aujourd'hui encore sous nos yeux ici et là. Ni les uns ni les autres n'ont été arrêtés par les peuplements forestiers insuffisamment denses qu'ils ont trouvés sur leur passage et qu'ils éventrent si affreusement. La raison en est que certains terrains des Alpes sont si peu stables et résistants que la moindre écorchure du sol y provoque une rupture d'équilibre irrésistible, et que la présence de la forêt, ordinairement d'ailleurs clairiérée et maltraitée, ne suffit pas alors à maintenir le terrain ou à s'opposer au passage et à l'agrandissement du ravin. Cela ne dément pas l'action protectrice de la forêt, mais montre que dans les Alpes elle ne doit pas être incomplète. Il faut, sur de tels terrains, éviter la moindre atteinte à l'armature végétale et arborescente qui doit former une cuirasse *sans défaut*. Et le reboiseur est obligé, quand cette cuirasse est trouée, de venir en aide à la nature par des travaux spéciaux de correction. Cette question sera reprise plus loin.

C'est dans des cours d'eau à régime torrentiel que se jettent les torrents briançonnais. La torrentialité des cours d'eau de ce pays a pour causes : l'inégalité des précipitations atmosphériques, la dénudation forestière et même végétale de nombreux versants et le boisement insuffisant de beaucoup d'autres, la grande déclivité de ces versants et la pente de certains thalwegs. Cette torrentialité est encore aggravée sur certains points et à certains moments, par les laves des torrents proprement dits affluents, par les ravinements et par l'instabilité de certains terrains. Elle se traduit par des inondations, des érosions sur les rives et dans le lit majeur des cours d'eau, des épandages de graviers et de matériaux de charriage sur les terrains inondés, des affouillements ou des remblaiements du thalweg, etc. Les nappes de cailloux au milieu desquelles divague la Durance, entre Briançon et Prelles, à L'Argentière, à La Roche-de-Rame et à Mont-Dauphin sont des témoignages frappants de son activité torrentielle. La Durance en est, d'ailleurs, encore au « stade de jeunesse », où le creusement du lit est prédominant sur presque toute la longueur du cours, l'état d'équilibre n'étant même

PLANCHE IV

La « Casse déserte » près du col Izoard, coté nord, aiguilles de cargneule.

Le village de l'Echalp dans la vallée de Ristolas et la montagne de Praroussin, d'où descend parfois l'avalanche qu'entrave seulement un lambeau de forêt.

pas atteint dans le cours inférieur (1). Elle reste encore « un cas particulier » parmi nos grandes rivières françaises (2).

§ 8 — *Hydrologie*

Les eaux des cours d'eau du Briançonnais sont vives et très froides. Elles sont très limpides en dehors des temps de crues. La transparence merveilleuse de celles de l'Aigue-Blanche et du Bouchet, dans le Queyras, est inoubliable.

Le régime de ces cours d'eau — et de ceux des Alpes en général — n'a été jusqu'ici que très approximativement apprécié faute d'observations scientifiques et de mensurations exactes. Il va être bientôt mathématiquement connu, lorsque sera terminée la série des études entreprises par le *Service d'étude des grandes forces hydrauliques* de France. Nous extrayons les quelques données qui vont suivre du remarquable compte rendu des travaux dudit service, rédigé par les deux éminents ingénieurs, MM. Tavernier et de La Brosse (3).

D'une façon générale, le cours d'eau alpestre, dont les écoulements dépendent des neiges et glaciers autant que des pluies, « dort » pendant les mois d'hiver au cours desquels les précipitations neigeuses accroissent les réserves, sans influer sur le débit du cours d'eau qui descend alors à l'étiage minimum. Au printemps, le cours d'eau « se réveille », grossit progressivement jusqu'en juillet, puis décroît jusqu'en octobre. Durant cette période active, les vents chauds, les pluies, les temps couverts ou ensoleillés, accélérant ou retardant la fonte des neiges, y ajoutent d'autres précipitations, provoquent dans les allures du cours d'eau des irrégularités, des crues saisonnières et même journalières d'avril à juillet.

---

(1) E. HAUG, *Traité de Géologie*, I, p. 417. Sur la Durance, voir IMBEAUX *op. cit.*, et H. DE MONTRICHER, *La Provence et les irrigations* (Congrès de l'All. franç. et des Soc. de Géogr. de 1906, Marseille, 1908).

(2) IMBEAUX, *op. cit.*

(3) *Annales de la Direction de l'Hydraulique agricole* (Ministère de l'Agriculture. Paris, Impr. nat., 1908). Voir aussi : WILHELM, *La Durance et son utilisation ; La Houille blanche*, février, mars, mai et décembre 1910.

Dans le Briançonnais, c'est dans le courant de mai que les écoulements atteignent leur maximum normal après lequel commence la baisse — abstraction faite des hausses accidentelles que peuvent amener les orages d'été.

Les grandes sécheresses se traduisent par des étiages correspondants; ceux de 1904 à 1905 sont des plus bas connus. Les cours d'eau qui sont alimentés principalement par des glaciers importants — la Gyronde est seule dans ce cas pour le Briançonnais — subissent moins que les autres l'effet de ces sécheresses exceptionnelles.

Les jaugeages de 1904 et 1905 donnent :

Pour la Durance, à Briançon (altitude: 1.202 mètres ; superficie du bassin 223 kilomètres carrés) :

a) Débit total à la seconde, minimum : $1^{m3}700$; maximum : $19^{m3}265$;

b) Débit caractéristique, à la seconde, d'étiage : $1^{m3}700$, moyen : $3^{m3}258$ (1);

c) Débit à la seconde par kilomètre carré : minimum : $7^l 60$; maximum 88 litres;

d) Débit, à la seconde, caractéristique par kilomètre carré : étiage : $7^l 60$; moyen : $14^l 60$.

Ces mêmes éléments sont :

Pour la Durance, à La Bessée (altitude: 976 mètres; bassin: 904 kilomètres carrés) :

a) $8^{m3} 200$ et $77^{m3} 580$;

b) $8^{m3} 200$ et $15^{m3} 250$;

c) $9^l 50$ et 88 litres;

d) $9^l 50$ et $16^l 80$.

Pour la Gyronde, à La Bessée (altitude : 992 mètres ; bassin : 241 kilomètres carrés) :

a) $2^{m3} 005$ et $34^{m3} 950$;

b) $2^{m3} 005$ et $4^{m3} 903$;

c) $8^l 30$ et $158^l 10$;

d) $8^l 30$ et $20^l 30$.

---

(1) MM. Tavernier et de La Brosse appellent *débit caractéristique d'étiage* celui au-dessous duquel le cours d'eau descend au plus dix jours par an (consécutifs ou non); c'est l'étiage industriel. Ils appellent *débit caractéristique moyen* celui au-dessous duquel le cours d'eau descend au plus cent quatre-vingts jours par an; c'est la puissance industrielle maximum utilisable, année moyenne.

Pour le Guil, à Mont-Dauphin (altitude : 895 mètres ; bassin : 723 kilomètres carrés) :

a) $2^{m3} 550$ et $61^{m3} 400$;
b) $2^{m3} 550$ et $6^{m3} 881$;
c) $3^l 50$ et $84^l 90$;
d) $3^l 50$ et $9^l 60$.

Les débits caractéristiques d'étiage de la haute Durance, 8 à 9 litres par seconde, sont sensiblement égaux à ceux de l'Isère et de la Giffre.

« Autant qu'on en peut juger par le petit nombre des observations pluviométriques, l'importance des précipitations est plus faible dans le bassin de la Durance que dans les bassins voisins. Les sources ne jouent pas un rôle régulateur important dans la partie haute du bassin dont le sol est dénudé, fortement déclive et imperméable (1). L'alimentation, très irrégulière suivant les saisons et, semble-t-il, en voie de décroissance depuis un assez grand nombre d'années, dépend essentiellement des quelques glaciers qui subsistent encore et surtout des neiges. »

« Si réduits qu'ils soient, les écoulements glaciaires et surtout les écoulements dus à la fonte des neiges jouent, dans l'alimentation de la Durance et de ses principaux affluents, un rôle que met en évidence l'importance relative des crues saisonnières et des crues journalières de printemps » et qui donne à cette rivière « une importance industrielle spéciale ».

D'après Imbeaux, pendant la saison chaude, la neige fournit en moyenne à la Durance la moitié de son débit (0,49).

La Durance n'est pas navigable ni flottable dans le Briançonnais. La flottabilité officielle commence au pont de Saint-Clément. On ne flotte plus guère sur la Durance et en tout cas on ne flotte pas dans le Briançonnais. Même lors des exploitations de la marine à Guillestre, on ne flottait par radeaux (de 24 et 25 pièces) qu'à partir de Mont-Dauphin ; dans la combe du

---

(1) A notre avis, cette imperméabilité n'est pas générale ni absolue : elle n'existe souvent que pour le sous-sol. En outre, certains calcaires sont relativement perméables.

Queyras, on flottait à bûches perdues (1). Vers 1830, on ne flottait que depuis Embrun (Chaix).

C'est surtout en aval du Briançonnais que la torrentialité de la Durance se révèle et qu'elle produit les désastres enregistrés depuis l'antiquité, qui ont valu à cette rivière d'être classée parmi les trois grands fléaux de la Provence. C'est dans ce cours inférieur, et même à partir de Mirabeau, que le débit varie de 44 à 6.000 mètres cubes (1886), que les eaux charrient 2^{kg} 600 de limon par mètre cube, 5 milliards de terres par an. C'est là que le « régime actuel de la Durance est tel qu'il ne comporte aucune réserve en temps sec et qu'il donne naissance, par des pluies d'orage, à des crues dévastatrices » (2). Ses crues sont remarquables par leur « extrême rapidité de formation et de propagation ».

En a-t-il toujours été ainsi et la torrentialité de la Durance et de ses affluents s'est-elle aggravée, comme beaucoup l'ont écrit, au cours de ces derniers siècles, à la suite d'un déboisement progressif? Nous ne le croyons pas. Les auteurs qui soutiennent cette thèse (3) et qui rapportent des crues et inondations survenues dès le quatorzième siècle prouvent simplement que, dès cette époque, les cours d'eau briançonnais, et spécialement la Durance, avaient les mêmes allures qu'aujourd'hui.

L'étude géologique du pays montre, d'ailleurs, qu'avant l'époque historique ces cours d'eau avaient un volume bien autrement considérable que celui d'aujourd'hui et une puissance et une activité torrentielles bien autrement supérieures. Témoin les érosions de vallée, creusement de gorges, de cluses dont il a été précédemment question. Il faut donc reconnaître qu'au contraire, à l'époque quaternaire et après la dernière glaciation, les cours d'eau alpins avaient une importance et une torrentialité qui ont énormément diminué depuis.

---

(1) Voir Pierre BUFFAULT, *Les Forêts et Pâturages du mandement de Guillestre.*
(2) H. DE MONTRICHER, *op. cit.*
(3) Notamment M. J. ROMAN, *Les Causes du déboisement des montagnes d'après les documents historiques du treizième au dix-huitième siècle*, Gap, Richard, 1887.

Si nous nous en tenons à l'antiquité historique, nous constatons qu'alors les cours d'eau briançonnais étaient déjà ce qu'ils sont. Tite-Live et Silius Italicus nous ont laissé de la Durance des descriptions qui sont des tableaux encore exacts de ses manifestations actuelles (1). Ausone les confirme (2). La Durance, grossie, contraria et retarda le passage d'Hannibal. Et quant aux nautoniers dont le souvenir est conservé par les inscriptions romaines (3), ils ne naviguaient que sur la basse Durance dont nous ne nous occupons pas ici. Une preuve de la torrentialité de la Durance au Moyen Age nous est donnée par la disparition de Rame (un peu en aval de La Roche), station romaine, citée dans les itinéraires, et localité encore assez importante ou connue au douzième siècle pour être mentionnée dans le poème de Gérard de Roussillon. Cette station fut sans doute détruite par une crue simultanée de la Durance et de la Byaisse, crue qui emporta l'éperon sur lequel Rame était assise.

Depuis, les historiens ou les archives ont enregistré une série de crues notables par leur importance et leurs dégâts et ayant affecté divers cours d'eau du Haut-Dauphiné : en 1370, 1475, crues du Guil qui ravagent tout le Queyras; en 1409, 1411, 1412, 1419, grandes inondations dans tout le Dauphiné.

Pour la Durance spécialement (haute et basse), on a noté les débordements de 1226 (17 sept.), ceux de 1342 à 1376 (au nombre de 7), ceux de 1409, 1433, 1544, 1577, 1581; on en a noté ensuite 10 au dix-septième siècle (dont 1690), 10 au dix-huitième, 6 de 1801 à 1829. De 1832 à 1890, on a noté 188 crues, mais on a compris dans ce relevé les petites et moyennes crues, alors qu'autrefois les historiens n'ont retenu que les grandes crues, causes de grands ravages. Aux dix-septième et dix-huitième siècles, les archives nous montrent les riverains de la Durance, notamment de L'Argentière à Mont-Dauphin, fréquemment occupés

---

(1) Tite-Live, III. Silius Italicus ne donne guère qu'une paraphrase poétique du même tableau.

(2) « *Sparsis incerta Druentia ripis.* »

(3) Inscriptions romaines, *Corpus*. XII. p. 721-731.

à réparer ou à relever les digues latérales dans lesquelles ils essaient de contenir la fougueuse rivière.

Il semble donc, en somme, que l'hydrologie du Briançonnais n'a pas sensiblement changé, ni en pire ni en mieux, depuis au moins l'époque de l'occupation romaine.

§ 9 — *Flore*

1° Généralités

La flore des Alpes, et celle du Briançonnais en particulier, est justement célèbre par sa richesse, par la beauté, la rareté ou l'intérêt des espèces qui la composent. Les prairies du Gondran et du Lautaret sont fameuses par les merveilleuses récoltes que le botaniste y fait au réveil de la nature en juin-juillet. Dans tout ce pays, des plantes se trouvent qu'on chercherait vainement ailleurs; d'autres, sans être précisément rares, sont particulières à la région et frappent le moins initié par l'éclat étonnant de leur coloris. Certaines sont recherchées des touristes par leur singularité et donnent même lieu à un petit commerce local : le « chardon bleu » ou « reine des Alpes » (*Eryngium alpinum* L.), l'edelweiss ou « étoile des Alpes » (*Gnaphalium Leontopodium* Scop.), le rhododendron ou « rose des Alpes » (*Rhododendron ferrugineum* L.) (1). Tout le monde connaît aussi l'orchis à fine odeur de vanille (*Nigritella angustifolia* Rich.), les lis martagon et safran (*Lilium martagon* L. et *croceum* Ch.), les anémones aux riches couleurs veloutées (*Anemone pulsatilla, vernalis, alpina, baldensis, Hepatica triloba*, etc.), l'ancolie (*Aquilegia alpina* L.), l'arnica (*Arnica montana* L.), les petites gentianes au bleu saphir idéal (*Gentiana verna, acaulis, bavarica* L.), etc. Les « simples » abondent aussi et sont très recherchées par certains herboristes. Il y aurait assez de plantes médicinales dans le Briançonnais pour guérir toutes les maladies de bonne volonté; parmi ces plan-

---

(1) Le préfet des Hautes-Alpes a dû prendre un arrêté pour interdire l'arrachage de ces plantes qui étaient menacées de disparition par suite des extractions abusives qui en étaient faites principalement pour les touristes.

PLANCHE V

Les premiers mélèzes de la forêt du mont Genèvre (canton de Sestrières)
(type de pré-bois briançonnais)

tes auxquelles on attribue, à tort ou à raison, certaines vertus, signalons : l'abondant dryade ou « thé des Alpes » (*Dryas octopetala* L.), le genépi, qui se cache dans les hauts rochers et constitue un excellent sudorifique et un cordial énergique (*Artemisia glacialis* L. et *mutellina* Willd.). Notons aussi le gros chardon terriblement hérissé d'aiguilles aiguës, aux feuilles d'acanthe, qui s'étale au ras du sol sur les versants nus et ensoleillés, et dont le capitule est comestible comme celui de l'artichaut (*Carlina acaulis* L.) et qui semble être, avec *Carlina vulgaris*, un associé du pin sylvestre.

Fait intéressant : à côté de toutes ces plantes bien autochtones, il en est d'autres qui paraissent d'importation méridionale et dont l'aire normale appartient à des régions plus basses en altitude et plus proches de la Méditerranée. Ainsi : *Ceratophalus falcatus* Pers. (près Briançon); *Melilotus messanensis* Desf.; *Astragalus alopecuroides* (montagne de Ville-Vieille-en-Queyras); et *Lamium longiflorum* (Queyras); *Lavandula spica* L., la lavande, si recherchée dans tout le Midi, qu'on distille jusqu'à L'Argentière — la-Bessée, tellement elle y abonde, et qui couvre encore d'assez grandes surfaces exposées au midi, en amont de Briançon, près de Malefosse (altitude, 1.500 m.) (1). Ces plantes se rencontrent principalement — sinon exclusivement — sur les pentes exposées au sud et sur les terrains calcaires, terrains secs, aptes à l'échauffement. Elles montent fort loin en altitude, jusqu'à 1.300 et 1.400 mètres. On en attribue généralement l'importation aux troupeaux de Provence. Mais certains savants voient dans ces plantes des témoins de l'ancienne extension de la flore méridionale pendant le quaternaire, sous l'influence d'un climat plus chaud et plus sec que le nôtre. D'autres attribuent leur présence au concours de facteurs écologiques favorables (2).

Nous ne donnerons pas ici une liste, même abrégée, des plantes

---

(1) Sur la lavande, voir L. LAMOTHE, *La Lavande et la mise en valeur des terres abandonnées* (*Revue forestière de France*, 1909).

(2) Voir L. VIDAL et J. OFFNER, *Les Colonies de plantes méridionales des environs de Grenoble* in *Bull. Soc. Stat. et Sc. nat. de l'Isère*, 1905, VIII, p. 505.

composant la flore briançonnaise. Nous ne traiterons pas non plus de l'influence du climat, de l'altitude, de la nature du sol, etc., sur cette flore. Ce serait allonger démesurément cette étude, et cela donnerait la matière d'un volume. On trouvera des renseignements sur ces questions dans les ouvrages spéciaux (1). Nous nous bornerons à examiner sommairement cette flore au point de vue forestier.

Disons, toutefois, que l'examen de la flore briançonnaise fait ressortir sur sa composition la triple influence de l'altitude (2), de la nature du sol et de l'exposition. Il convient cependant de ne pas exagérer l'importance de ce dernier facteur, surtout pour les essences ligneuses, et bien que, en général, la flore des endroits soit plus xérophile que celle des envers. Nous verrons ce qu'il en est pour le mélèze et les pins, auxquels on est tenté, à première vue, d'attribuer une répartition topographique basée sur l'exposition, alors qu'en réalité, peu sensibles à celle-ci, ils n'en subissent qu'une influence détournée, indirecte, résultant simplement de ce que l'action humaine est, elle, influencée par l'exposition. Celle-ci influe, au contraire, immédiatement, directement sur les essences qui, comme l'épicéa, le sapin, le chêne, sont à la limite de leur station. Elle leur permet de dépasser leur altitude normale. Sur les espèces ligneuses, bien dans leur station, comme le mélèze et les pins à crochets et cembros, elle est sans effet.

2° Les grandes espèces forestières

Les grandes espèces forestières sont, par ordre décroissant d'abondance : le mélèze (*Larix europæa* D. C., *Melze*, *Merze*,

---

(1) Voir notamment : dans le « Guide du Touriste dans le Briançonnais, Itinéraire Miriam », un *Aperçu botanique* fort bien rédigé par M. J. Pons; Ravaud, *Guide du Botaniste dans le Dauphiné, 13e excursion*, Grenoble, Drevet; Dr Magnin in A. Falsan, *Les Alpes françaises*, Paris, Baillière, 1893, II, chap. III; G. Bonnier, *Flore alpine d'Europe*, et les divers travaux du savant professeur Ch. Flahault.

(2) Les plantes silicicoles des basses altitudes deviennent calcicoles aux hautes altitudes parce qu'elles ont besoin de chaleur (L. F. Tessier, *Revue des Eaux et Forêts*, 1909, p. 280).

Miauze, Bletoun dans le pays) (1), le pin de montagne à crochets (*Pinus montana*, var. *Uncinata* Ram., *suffis, suffin* dans l'idiome local), le pin sylvestre (*Pinus sylvestris* L., *pin* dans le pays), le pin cembro (*Pinus cembra* L., *auvier* dans le pays, *arole* en Savoie) (2), le sapin (*Abies pectinata* D. C.), l'épicéa (*Picea excelsa* Link.), le chêne rouvre pubescent (*Quercus sessiliflora* Smith., var. *Pubescens* Willd.) (3).

Ce sont ces sept essences qui, dans des proportions très différentes pour chacune, constituent les forêts du Briançonnais. Les trois premières, étant prédominantes, classent, par suite, ces forêts dans la zone *subalpine*, au-dessus de la zone *montagneuse* (4). Exprimées en centièmes, les proportions sont à peu près les suivantes .

Mélèze	Pin à crochets	Pin sylvestre	Pin cembro	Sapin, épicéa et chêne
60	28	8	3	1

Ces sept grandes essences sont accompagnées, suivant l'altitude et les terrains, de quelques autres essences secondaires et de plusieurs espèces arbustives et herbacées, avec lesquelles elles constituent des associations, encore peu connues — du moins dans le Briançonnais — et plus ou moins nettes et fixes. Nous allons citer les principales de ces espèces en étudiant les caractéristiques et la répartition des sept essences forestières.

Le mélèze, grand arbre magnifique au port élancé, est l'ornement, la richesse et la caractéristique du Briançonnais. Il étend

---

(1) Sur l'étymologie du mot *mélèze*, dérivé du grec μέλι (miel), voir Pierre BUFFAULT, *Notes sur les mélézaies briançonnaises* (*Revue des Eaux et Forêts*, 1908, p. 545).

(2) *Auvier* s'est déformé en *Héou, Haiou*, dans diverses régions; de là, à notre avis, le nom de la forêt des *Ayes* (*Hayes*) peuplée surtout de cembros

(3) La forêt de mélèze s'appelle dans le pays : *mélèzet, mélèzein, blétonnet ;* la forêt de pin sylvestre : *pinée, pinet, pinatelle ;* la forêt de pin à crochets est souvent dite : *Bois noir.*

(4) Voir L.-F. TESSIER, *Note sur la Distribution des essences forestières dans les Alpes occidentales* (*Bull. Soc. for. de Franche-Comté et Belfort*), 1907, p. 253.

sur de nombreux versants un manteau d'un vert franc, clair et tendre au printemps, roussissant à l'automne, contrastant toujours gaiement avec le vert sombre, presque noir, des pins. La perte, en hiver, de sa parure de feuilles, sa renaissance à la fonte des neiges, sont comme le symbole de l'humanité où la mort et la vie alternent et se succèdent inéluctablement. Il forme de belles forêts, claires et lumineuses, au sol couvert d'un gazon frais et vert, et qui semblent de vrais parcs.

Il s'élève jusqu'à la limite supérieure des massifs forestiers, 2.200 à 2.400 mètres le plus souvent. A l'état isolé, il monte plus haut et atteint 2.500 et même 2.650 mètres (Barraquand de Villar-Saint-Pancrace et Châtelard d'Aiguilles).

Indifférent à la composition chimique du sol, il croit sur les terrains siliceux comme sur les terrains calcaires. On le trouve sur les schistes lustrés et les serpentines et euphotides du Queyras, sur les calcaires triasiques du Briançonnais, sur les protogynes et porphyres du Pelvoux, sur les boues glaciaires. Mais ce qui règle sa distribution, ce sont les propriétés physiques du sol. Il lui faut des sols frais, que ce soient des dépôts argileux, des moraines pierreuses, des rochers, voire des casses, ou des « plattes » ou « clots » riches en bonne terre. Il ne se maintient pas sur les sols secs, aptes à l'échauffement, tels que les calcaires et quartzites arides et les sédiments gypseux. Il se plaît et se développe remarquablement sur les versants à sols profonds et meubles, sur les replats, plateaux et vallonnements fertiles, où la neige séjourne longtemps et fond lentement.

Le mélèze est un arbre de lumière, de vive lumière, fuyant les brumes. Mais il s'accommode de toutes les expositions. Ce fait, déjà constaté par M. Flahault dans la haute vallée de l'Ubaye (1), apparaît aussi en Savoie (2), et se confirme dans le Briançonnais. A vrai dire, au premier abord, il ne paraît pas en être ainsi et

---

(1) Au-dessus de 1.800 mètres seulement Ch. FLAHAULT, *La Flore de la vallée de Barcelonnette* (*Soc. bot. de France*, session extraordinaire de la haute vallée de l'Ubaye, Montpellier, Serre et Roumigous, 1897).

(2) P. MOUGIN, *Le Reboisement en Savoie* (*Congrès de l'Assoc. franç. pour l'avancement des Sciences*, 1906).

il semble que le mélèze se cantonne sur les versants du Nord et de l'Est, aux « envers ». Un examen plus sérieux et une visite détaillée du pays révèlent des mélèzes sur de nombreux points des versants de l' « endroit » (L'Argentière, Vallouise, Saint-Martin-de-Queyrières, Villar-Saint-Pancrace, Briançon et Cervières, Saint-Chaffrey, La Salle, Le Monêtier, Val-des-Prés, Névache, Arvieux, Château-Ville-Vieille, Ristolas). Mais cela ne paraît pas tout d'abord pour la raison que voici : Les arbres sont très rares sur ces versants de l'endroit, bien insolés, y ayant été détruits depuis de longs siècles par les montagnards pour faire place aux cultures et aux pâturages de printemps et d'automne. Sur certains points seulement subsistent quelques massifs (pinées de Briançon et de Saint-Chaffrey, de Val-des-Prés, de L'Argentière; pineraies des Vigneaux, de Névache, d'Arvieux et de Château-Queyras). Mais ces points sont restés boisés parce que le terrain, généralement sec et pierreux et en forte pente, s'y prêtait mal à une utilisation exclusivement agricole ou pastorale. Et alors les bois n'y sont pour la plupart composés que de pins, parce que le sol est trop sec et chaud pour le mélèze qui, là, cède la place à des essences plus xérophiles.

Dans le Briançonnais, en année normale et en station moyenne, le mélèze bourgeonne fin avril, met ses feuilles fin mai, fleurit presque aussitôt et mûrit ses cônes en octobre-novembre; la dissémination des graines a lieu ensuite (1).

Le mélèze est actuellement envahissant, ou plutôt il tend à reprendre, maintenant que l'agriculture est moins extensive et le pastorat moins intensif, une place d'où l'homme l'avait chassé. On voit le mélèze se propager par semis naturels sur des champs abandonnés, des terrains vagues, des pâtures, situés au bord ou au voisinage des forêts et où le bétail ne vient pas ou

---

(1) Les vieux mélèzes donnent bien moins de bonnes graines que les mélèzes adultes et d'âge moyen. De même, les vieux pins sylvestres, à crochets et cembros. Il en est de même, en Gascogne, du pin maritime. Cela paraît général et non pas exclusif au pin sylvestre. Voir PARDÉ, *Traitement du Pin sylvestre dans la région de Paris* (*Revue des Eaux et Forêts*, 1905, p. 129-161).

vient moins nombreux et moins affamé qu'autrefois (vallon des Ayes, versant du Villaret en face de Prelles, pâturages découverts à l'est de la forêt de Puy-Saint-Pierre, etc.). Il en est de même des pins sylvestres et à crochets. Nous le verrons tout à l'heure (1). On ne doit pas perdre de vue, d'ailleurs, que la flore de nos montagnes ne se montre pas actuellement, sauf en certains points reculés, avec sa composition et sa distribution normales. L'homme, par ses cultures, ses troupeaux, a considérablement modifié celles-ci. « Dans nos Alpes, par exemple, l'abus du pâturage a profondément modifié la répartition des végétaux phanérogames et la composition de la flore (2) ».

Le mélèze ne paraît pas avoir d'espèces secondaires formant avec lui une association caractéristique, ou, plus exactement, les espèces qui composent cette association — car elle doit exister pour le mélèze comme pour tant d'autres essences forestières — ne nous sont pas encore actuellement connues (3).

Dans les parties basses et jusque vers 1.500 mètres d'altitude, on rencontre à proximité des premiers mélèzes ou plutôt des premiers arbres forestiers, pins ou mélèzes, — car les espèces qui vont être nommées ne sont pas exclusives : l'épine-vinette (*Berberis vulgaris* L.), qui, à la vérité, foisonne dans toutes les vallées, au bord des bois, des chemins, des champs, dans les incultes, dans les murgers — le Briançonnais pourrait se dire le pays du mélèze et de l'épine-vinette (4) — ; le prunier de Briançon (*Prunus*

---

(1) Sur le mélèze et les principales essences forestières du Briançonnais, leur tempérament, les faits culturaux y afférents, les modes de traitement convenables, voir Pierre Buffault, *Notes sur les Mélézaies briançonnaises* et A. Mathey, *Au Pays du Mélèze* (*Revue des Eaux et Forêts*, 1908, p. 257). Cf. aussi L.-F. Tessier, *Note sur la Distribution des essences forestières dans les Alpes occidentales*. — Voir aussi Mathieu et Fliche, *Flore forestière*.

(2) Ch. Flahault, *La Flore de la vallée de Barcelonnette*.

(3) Voir cependant in Flahault, *op. cit.*, une liste de plantes accompagnant le mélèze. — Cf. aussi L.-F. Tessier, *La Forêt communale de Mâcot* (*Tarentaise*) (*Notice botanico-forestière, Revue des Eaux et Forêts*, 1905, p. 481).

(4) Le préfet des Hautes-Alpes prit récemment un arrêté pour prescrire l'arrachage des épines-vinettes, afin d'éviter la propagation de la rouille

brigantiaca) en buissons peu nombreux, de croissance lente; le groseillier épineux (*Ribes uva crispa* L.) très répandu; des nerpruns (*Rhamnus cathartica* L. et *alpina* L.); l'armérie (*Armeria alpina* Willd.); le dompte-venin (*Vincetoxicum officinale* Mœnch.), très abondant. Puis, sous bois et montant jusque vers 1.800 mètres, quelques chèvrefeuilles (*Lonicera cærulea* L., *alpigena* L., *nigra* L.) (notamment au Ban de Briançon); parfois le cytise (*Cytisus sessilifolius* L., *triflorus* L'Hérit., *capitatus* Jacq.) (notamment à la Pinée de Briançon et à la Mayt d'Aiguilles); le cerisier à grappes (*Cerasus Padus* DC.); l'amélanchier (*Amelanchier vulgaris* Mœnch.), rare, il est vrai, avec les mélèzes et fréquentant plutôt les pins sur les terrains secs et chauds; des anémones. Déjà se montrent: le genévrier commun (*Juniperus communis* L.), le sorbier des oiseleurs (*Sorbus aucuparia* L.), les grands alisiers (*Aria torminalis* N. et *nivea* Host.), le sureau rouge (*Sambucus racemosa* L.), quelques érables (*Acer platanoides* L. et *opulifolium* Vill.), le framboisier (*Rubus Idæus* L.), espèces qui montent bien plus haut, surtout le genévrier et le sorbier. A noter aussi plusieurs rosiers, deux surtout, assez répandus çà et là, le rosier épineux et le rosier des Alpes (*Rosa spinosissima* et *alpina* L.), extraordinairement abondants au bas du Prorel, dans le Ban de Briançon et de Puy-Saint-Pierre.

Sous le mélézein pur, le pâturage aidant, on ne trouve souvent qu'un admirable gazon, frais, moelleux, et reposant, où prédomine la fétuque alpine (*Festuca alpina* Gand.), accompagnée, suivant que le sol est humide ou sec, de diverses plantes : renonculacées, plantains, épervières, carex, fétuques, trèfles, vesces, petites gentianes, etc., qu'au printemps, sitôt la neige fondue, au-dessus du tapis roux d'aiguilles sèches, précède une abondante floraison de crocus (*Crocus vernus* All. et *versicolor* Gawl.).

Aux régions moyennes (1.800 à 2.000 m.), dans les parties

---

du blé. Mais les buissons de cette plante sont si abondants que la population protesta vivement contre le surcroît de travail qu'on lui imposait ainsi et le préfet dut rapporter son arrêté.

clairiérées du mélézein, à sol rocheux, et même plus haut, nous retrouvons le genévrier commun, mais généralement sous une forme réduite, couchée sur le sol, la forme alpine (*J. alpina* Clus.). le sorbier des oiseleurs, le framboisier, avec l'alisier faux-néflier (*Aria chamæmespilus* Host.), le cotonéaster (*Cotoneaster tomentosa* Lindl.), la dryade, l'atragène (*Atragena alpina* L.), le mélinet (*Cerinthe minor* L.); dans les fourrés de feuillus qui garnissent rapidement les manches d'avalanches, les ravines et « ruines » ouvertes sur bancs glaciaires, se pressent le sorbier, le framboisier, les groseilliers aux fruits savoureux (*Ribes alpinum* L. et *petræum* Wulf.); enfin, sous les peuplements de mélèzes peu prospères, clairs et autrefois dégradés, à ces mêmes hauteurs (quelquefois dès 1.600 m.), le sol se couvre souvent de touffes nombreuses d'airelles, de myrtille (*Vaccinium myrtillus* L.) principalement, mêlée quelquefois d'airelle canche (*V. Vitis-Idæa* L.) et, exceptionnellement, d'airelle uligineuse (*V. uliginosum* L., forêt des Ayes) (1).

Au même niveau encore (1.800-2.000 m.) apparaît sur quelques points, fort peu nombreux d'ailleurs, soit sous bois, soit hors bois, formant d'épais tapis, la camarine noire (*Empetrum nigrum* L.) (versant exposé au nord de la Souchère de Névache, mont Genèvre, Roche-Taillante). A noter aussi les daphnés (*Daphne cneorum* L. et *alpinum* L.).

Apparaissant, comme l'airelle, vers 1.800 mètres, le rhododendron est très abondant dans les mélézeins du Briançonnais, où il garnit quelquefois le sol d'un sous-bois court, extraordinairement fourré et dense (Morelle de Puy-Saint-Vincent, Grand Bois de Ristolas, etc.). Il accompagne le mélèze jusqu'à la limite supérieure des forêts et monte plus haut que lui dans les pâturages où, peut-être, représente-t-il l'ancienne sylve détruite par le mouton et son pâtre (2.200 à 2.600 m. environ).

Deux essences feuillues secondaires méritent une mention spéciale, ce sont l'aune et le saule.

L'aune existe dans le Briançonnais sous ses trois formes spéci-

---

(1) En patois, airelle se dit *aïse*.

fiques : aune glutineux, aune blanc, aune vert (*Alnus glutinosa* Gærtn., *incana* DC. et *viridis* DC.). La première se trouve dans les vallées et ne s'élève guère. La seconde monte plus haut et, de-ci de-là, se mêle, dans les endroits humides, aux peuplements forestiers et, notamment, au mélèze. La troisième est plus rare et se cantonne à peu près sur trois points : la forêt des Ayes (1.800-2.100 m.), où elle forme, du moins dans le bas, un sous-bois très abondant et vigoureux sous la futaie de mélèzes, pins à crochets et pins cembros; la forêt de Névache (Bois Noir, Souchère), où elle constitue aussi quelques sous-bois, mais moins denses (1.850-2.100 m.); enfin, la haute vallée de la Guisanne (même altitude), versant de l'envers, face à la Madeleine, où elle constitue, avec quelques saules bleuâtres et glauques, le dernier boisement du haut de la vallée, une sorte de bas taillis.

Le saule est représenté par de nombreuses espèces et à toutes altitudes. Dans le fond des vallées, il existe sous formes arborescentes et assez communes (*Salix capræa* L., *daphnoides* Vill., *pentandra* L., *incana* Schr., *grandifolia* Ser.); on le retrouve, en sous-bois, dans les clairières des mélézeins, sur les dépôts fluvio-glaciaires ravinés, « ruinés » (*S. pentandra, incana, repens*), etc. Les deux espèces *cœsia* Vill. et *glauca* L. (saules bleuâtre et glauque) sont près du Lautaret, dans les hautes vallées de la Guisanne et de la Romanche, les représentants les plus élevés de la flore ligneuse; elles y sont les premiers — ou les derniers — arbres et, nous venons de le dire, se mêlent sur certains points à l'aune vert.

Au sommet des forêts, avec les derniers mélèzes ou cembros, ce sont des saules que nous voyons souvent former les derniers petits buissons, les derniers morts-bois (*S. repens* L., *glauca* L., *hastata* L., *arbuscula* L., *myrsinites* L., *Lapponum* L., *nigricans* Sm.) (haut de Marassan, haut de Prorel). Humbles et rampants, ils se continuent sur la pelouse alpine ou pseudo-alpine (*S. reticulata* L., *retusa* L., *herbacea* L.).

Ces trois dernières espèces paraissent bien appartenir plutôt à la zone alpine, la zone des pâturages, alors que les précédentes (*S. repens, arbuscula, hastata*), lorsqu'elles se trouvent sur la pelouse au-dessus des derniers arbres, semblent marquer encore la place de la forêt refoulée plus bas par les troupeaux.

Et ces humbles buissons, comme le sorbier — comme, plus bas, dans les vides et clairières, les framboisiers, groseilliers, aunes, etc., — sont les précurseurs de la forêt, des grands arbres, dont ils préparent le retour pour peu que l'homme ne vienne pas contrarier les plans de la Nature. C'est là le rôle des feuillus dans les Alpes briançonnaises, rôle qui, à vrai dire, y apparaît moins net et moins important que dans d'autres montagnes. En effet, d'abord les feuillus sont rares dans le Briançonnais, indépendamment de l'action de l'homme et de son bétail. En outre, il n'apparaît pas qu'il y existe des feuillus qui soient les associés normaux et nécessaires des résineux aux limites supérieures de la végétation arborescente. On ne trouve pas, sur le terrain, trace d'une association biotique dont la dissolution, par le fait de l'homme ou de ses troupeaux, soit la cause de la dégradation et du recul de la forêt.

Comme végétaux associés au mélèze en parasites, citons une mousse (*Chlorea vulpina*), suspendue aux branches des mélèzes et aussi des pins et deux cryptogames, très rares d'ailleurs : *Polyporus officinalis*, dont parle le P. Fornier sous le nom d'Agaric « fait comme un boulet ou champignon blanc... fort odorant et fort exquis en la médecine », qui vient à la cime des mélèzes et « paroit reluisant durant la nuit » (1), et *Peziza Wilkommii* (ou *Daryscypha*) (2).

Mentionnons enfin un autre champignon, non plus parasite, mais simplement associé, le clitocybe odorant (*Clitocyba suaveolens*) et qui fournit un comestible exquis et parfumé.

Si le mélèze règne en maître dans la flore briançonnaise — où il est d'ailleurs sur la limite occidentale de son aire — il cède, sur certains points et plus ou moins complètement, la place au pin à crochets, au pin sylvestre, au pin cembro, à l'épicéa, au

---

(1) P. Marcellin FORNIER, *op. cit.*
(2) Sur les ennemis du mélèze (insectes et cryptogames), voir E. HENRY, *Revue des Eaux et Forêts*, 1910, p. 705.

sapin, lorsque ceux-ci sont mieux adaptés que lui à la nature du sol, à son état superficiel et aux conditions ambiantes. Il y a donc entre lui et ces voisins des « points de contact », des « zones contestées », où la prédominance passe de l'un à l'autre, plus ou moins rapidement — sans doute avec des alternatives dans le temps comme dans l'espace — et au delà desquelles la substitution d'espèces est complète et absolue. C'est une loi générale pour les essences forestières. Il n'y faut point voir une « alternance » des essences, une sorte d'assolement naturel, mais le résultat des circonstances ambiantes variables d'ailleurs — dont la principale est l'action humaine — et « la tendance de la Nature à reconstituer sur chaque point la forêt spontanée propre à la station » (1).

Le pin à crochets s'élève, comme le mélèze, jusqu'à la limite supérieure des forêts, soit 2.200-2.400 mètres et atteint en certains points (Barraquant du Villar-Saint-Pancrace et Creuzet de Névache) 2.500 et même 2.600 mètres à l'état plutôt sporadique. Mais ses principaux massifs sont plutôt en dessous de 2.100 mètres. Peut-être monte-t-il plus facilement au-dessus de ce niveau sur les versants de l'endroit que sur ceux de l'envers, car c'est un arbre de lumière, comme tous les pins. Indifférent à la composition chimique du terrain et à l'exposition, sa distribution dépend des qualités physiques du sol. C'est l'arbre des terrains secs et chauds, superficiels, pierreux, gypseux, des cônes de déjections rocailleux et des versants ravinés, déchirés, où la neige ne tient pas longtemps. Aussi ne se trouve-t-il pas dans les vallées du haut Fournel, de l'Onde, du torrent d'Ailefroide, de la haute Guisanne (au-dessus du Monêtier), de la haute Clarée

---

(1) A. SCHŒFFER, *De l'Alternance des essences* (*Revue des Eaux et Forêts*, 1905, p. 659). « Un peuplement naturel, dit aussi M. Schœffer, n'est jamais composé d'une essence unique..., l'impéritie de l'homme a créé la forêt à essence unique qui n'est qu'un cas pathologique. » Cette dernière proposition paraît un peu absolue et ne semble pas se vérifier dans le Briançonnais. — Voir aussi, contre la prétendue alternance des essences, Ch. FLAHAULT, *Projet de carte botanique forestière et agricole de la France* (*Bull. Soc. bot. de France*, XLI, 1894).

(au-dessus de Névache), de l'Aigue-Agnelle (au-dessus de Pierregrosse), et existe-t-il à peine sur quelques points de celles de l'Aigue-Blanche (en amont de Saint-Véran), du haut Guil (au-dessus de l'Échalp (1), toutes vallées ou parties de vallées élevées, froides, sur schistes, terrains cristallins, grès, schistes lustrés, où le mélèze reste maître exclusif du terrain, n'admettant parfois que le pin cembro. Le pin à crochets abonde, au contraire, sur les calcaires secs et chauds, les terrains gypseux et les cailloutis torrentiels de la vallée de la Durance, depuis la Roche de Rame jusqu'au mont Genèvre, sur ceux de la basse Vallouise, de la basse Guisanne, de la basse Clarée, de la Cerveyrette, de la vallée d'Arvieux, du bassin du Guil depuis la Combe jusqu'au-dessus d'Aiguilles.

Sur les calcaires, aux basses et moyennes altitudes, il est accompagné de l'amélanchier, du genévrier commun (type et variété alpine), mais, principalement, et sur les versants bien chauds, ensoleillés, du genévrier sabine (*Juniperus sabina* L.) rampant sur le sol, allongeant ses pousses effilées comme des dards, de la busserole officinale ou raisin d'ours (*Arctostaphylos officinalis* Wimm. et Grab., et *alpina* Sprengel), du polygala petit-buis (2) (*Polygala chamæbuxus* L.) et parfois de la *bauche* (*Calamagrostis argentea* L.). Il n'y a pas un affleurement de gypse qui, s'il est boisé, ne soit peuplé du pin à crochets qu'accompagne fidèlement, plus ou moins abondante, la petite bugrane à feuilles rondes (*Ononis rotundifolia* L. et quelquefois *natrix* L. et *cenisia* L.). Il est très intéressant à cet égard de parcourir à mi-hauteur, **parallèlement à l'axe de la vallée**, les forêts des versants de l'envers de la vallée de la Guisanne ou de la Clarée. Le mélézein au vert gazon règne sur les sols frais, bonnes terres ou amas rocheux; dès que le terrain devient gypseux, sec, friable, le gazon disparaît, la bugrane érige de-ci de-là ses petites touffes à fleurs blanches et roses et le mélèze fait place au pin à crochets. C'est absolument caractéristique. Au delà de 1.900 mètres d'altitude,

---

(1) Sur euphotides.
(2) Appelé *morelle* dans le pays.

bugranes, busseroles et sabines ne montent guère, et sous les peuplements de pin à crochets, rarement purs alors, nous retrouvons des compagnons du mélèze : les sorbiers (faux-néflier et des oiseleurs), cotonéasters, saules, genévriers alpins, etc.

En année normale et en station moyenne, le pin à crochets bourgeonne fin avril-commencement de mai, émet ses feuilles fin mai, fleurit à peu près en même temps et mûrit ses cônes à la fin d'octobre de l'année suivante.

Le pin à crochets dans le Briançonnais pousse très droit et son fût a une rectitude absolue, digne de remarque.

Il est souvent envahi à la cime par le gui (*Viscum album* L.) et sèche aussi en tête à la suite des attaques d'un champignon, le *Peridermium pini*. Un autre cryptogame, mais peu dommageable celui-là, quoique très abondant, s'attaque aux jeunes pins dont il colle les feuilles en paquets noirâtres, c'est *Herportrichia nigra*.

Comme le mélèze, le pin à crochets est envahissant, ou, du moins, reprend ses anciennes emprises. Il se réensemence spontanément sur les incultes contigus aux forêts et peu pâturés, sur les cailloutis des cônes de déjections des torrents.

Le pin sylvestre a la même répartition et les mêmes préférences que son congénère le pin à crochets, seulement sa limite supérieure de végétation est bien inférieure. Cette limite oscille suivant les stations entre 1.800 et 1.900 mètres. Ce dernier chiffre est l'altitude maxima normale du sylvestre, qui ne paraît pas être influencé par l'exposition, car on le trouve jusqu'à cette altitude sur les deux versants de la vallée de la Clairée. Son aire dans le Briançonnais est donc « semblable », pour employer un terme mathématique, à celle du pin à crochets, mais elle lui est intérieure, le thalweg des vallées étant pris pour centre. Le plus souvent, le pin sylvestre peuple à lui seul le bas des versants (pineraies des vallées de la Durance et du Guil, spécialement : pinées de Briançon et de Saint-Chaffrey, bois de la Combe et des Bans du mont Genèvre au-dessus des Alberts et de la fontaine Crétet, Grande Pinée de Val-des-Prés, pineraies au-dessus du Veyer et de Château-Queyras). Cependant, il paraît préférer les versants ensoleillés de l'endroit; il y est plus abondant, prédominant et souvent envahissant (1). L'épine-vinette, les chèvrefeuilles, l'amélanchier, la busserole et autres plantes xérophiles sont ses satellites habituels.

Il est à remarquer que le pin sylvestre, généralement réputé comme calcifuge, ou ayant des préférences nettement silicicoles, s'adapte fort bien aux sols calcaires, du moins aux sols à base de calcaire compact et peu soluble, comme ceux du Briançonnais. Ce sont les terrains très riches en chaux soluble et assimilable, tels que les sols crayeux, qui ne lui conviennent pas (2).

Le pin sylvestre a, dans le Briançonnais, une végétation vraiment luxuriante. Il y pousse « comme du chiendent » et, dans les coupes, se régénère avec une vigueur remarquable. Lui aussi se propage sur les incultes voisins des forêts. Sa longévité est grande et, à un âge avancé, sa cime et ses branches maîtresses prennent des formes tourmentées extrêmement pittoresques, au cachet desquelles s'ajoute encore la couleur rouge de l'écorce. Contrairement à une opinion assez courante, il atteint dans le Briançonnais de belles dimensions et forme des arbres hauts et droits. Il appartient à la race méridionale (Forez, Velay, Briançonnais, Roussillon, Sierra Guadarrama et Sierra Nevada) (3).

Année normale, le bourgeonnement a lieu fin avril ou commencement de mai, la feuillaison fin mai, la floraison au début de juin, la fructification à la fin de l'année suivante.

Le gui s'établit souvent sur la cime des pins sylvestres.

Le pin cembro est l'arbre des hautes régions. Dans le Briançonnais, il ne descend pas au-dessous de 1.600 mètres et il se tient

---

(1) Le pin sylvestre, dans la vallée de l'Ubaye, est « l'essence subalpine de la pleine lumière, celle qui forme tous les bois à l'adrech ». (FLAHAULT, *La Flore de la Vallée de Barcelonnette.*)

(2) Voir Pierre BUFFAULT, *Notes sur les Mélézaies briançonnaises*, et B. GOLESCO, *Espèces ligneuses du district de Muscel* (Roumanie) et *Distribution du pin sylvestre* (*Bull. Soc. dendrol. de France*, 1907, p. 179 et 1908), et L.-F. TESSIER, *Distribution des Essences forestières dans les Alpes-Maritimes* (*La Géographie*, 15 sept. 1910).

(3) Voir HICKEL, *A propos du pin sylvestre, valeur des graines et des plants français* (*Journal d'Agriculture pratique*, 1909); D'ALVERNY, *Sur le Pin d'Auvergne* (*Revue des Eaux et Forêts*, 1910, p. 513).

plutôt au sommet des versants, sur les crêtes, entre 2.000 mètres et la limite supérieure de la végétation forestière, soit 2.500 mètres en massif, 2.650 mètres à l'état isolé (bois Foran). Il est indifférent à la nature du sol, qui, à ces hauteurs, ne présente pas d'ailleurs les variations de composition et d'état physique qu'il présente plus bas. On ne le trouve généralement qu'au sommet des versants de l'envers. Mais il n'y aurait là qu'une préférence motivée par les conditions climatiques et non un exclusivisme complet, car on le voit aux Baysses de Ristolas sur un versant regardant l'ouest (1.800 à 2.250 m.), et sur la crête de Peyrolle, au-dessus de Malefosse (2.500 m.), ainsi qu'aux environs du lac de Cristol (2.300 m.) (La Salle), à diverses expositions. Il faut considérer aussi que ce n'est guère que sur les versants de l'envers que les forêts ont été respectées, tandis que sur la plupart des versants de l'endroit elles ont disparu. Le cembro est généralement peu abondant, soit clairsemé au milieu des pelouses au-dessus des massifs forestiers, soit mêlé dans ces massifs par pieds isolés ou petits bouquets aux mélèzes et pins à crochets. Il ne forme de massif à lui seul que sur un point, dans le fameux bois des Ayes, au-dessus de la courbe de 2.000 mètres.

Les airelles, le rhododendron, les saules glacials l'accompagnent. Aux abords du col d'Izoard, on le voit avec *Juniperus alpina, Salix reticulata, Gentiana Rostani, Silene acaulis, Rhododendron ferruginosum.*

En année normale, le bourgeonnement de cet arbre a lieu en mai, la foliaison fin mai-début de juin, la floraison fin juin, la maturation des cônes fin septembre de l'année suivante. La longévité de cet arbre est grande. Les vieux auviers que l'on trouve près des sommets, avec leur tronc énorme et ramifié bas, fixé au sol par d'énormes racines tortueuses en fortes saillies, ont un aspect vénérable qui révèle leur âge et traduit les intempéries et les rudes épreuves auxquelles les soumet leur station élevée.

C'est une essence qui n'est peut-être pas en régression, mais qui n'est pas non plus en voie d'extension.

La fraîcheur est ce que recherche surtout le sapin. Aussi ne le trouve-t-on sous le climat sec du Briançonnais qu'aux expositions froides de l'envers (nord, nord-est, nord-ouest, quelquefois ouest et est), sur certains points que leur topographie ou la densité des massifs forestiers contigus rendent ombreux et relativement frais et dont le sol est également frais. Sa station principale est le versant abrupt et plein nord de la rive gauche du Fournel, où il forme avec quelques mélèzes un massif assez considérable, « le Grand Bois la Sapée », qui a tout le facies des sapinières vosgiennes. On le trouve encore en petits bouquets peu importants au Bois obscur de La Roche-de-Rame, au milieu des mélézeins de Saint-Martin-de-Queyrières et du Villard-Saint-Pancrace, de la pineraie de l'Infernet de Briançon, des mélézeins et pineraies de la Vachette et du mont Genèvre, du Val-des-Prés, des Acles, de Névache, du Devès d'Arvieux, du Sapet de Château-Queyras, de Marassan (où il descend jusqu'au bas du versant).

Sauf à la Sapée de l'Argentière, où la sapinière de tous âges est bien constituée, dans tous les autres endroits énumérés on ne trouve le sapin qu'à l'état de jeunes semis, fourrés ou gaulis, souvent remarquablement drus et vigoureux (Bois des Bans du mont Genèvre), sous quelques vieux sapins, plutôt mal venus et dépérissants. Si l'on rapproche de ce fait celui que plusieurs cantons de forêt, situés à l'envers, sont désignés sous le nom de *Sapet*, alors qu'il ne s'y trouve aucun sapin (Névache, Saint-Martin-de-Queyrières rive droite, Cervières, Puy-Saint-Vincent, Arvieux), on partagera notre conviction que le sapin occupait jadis une surface plus considérable, d'où les abus de l'homme l'ont chassé, simplement en clairiérant les massifs, et qu'il tend à reprendre, aujourd'hui qu'une surveillance sérieuse assure la conservation des forêts et y maintient l'ombre et la fraîcheur nécessaires à cette espèce. Une étude attentive de la flore herbacée des cantons énumérés y ferait sans doute retrouver des espèces caractéristiques de l'association du sapin et viendrait corroborer notre opinion. (Le mélampyre des bois (*Melampyrum nemorosum* L.), bon réactif du sapin en Tarentaise (1), existe sur certains points du Briançonnais) (2).

---

(1) L.-F. Tessier, *op. cit.*
(2) D'après M. Flahault, le sapin et son association sont caractéristiques

Le sapin, dans le Briançonnais, se tient entre les altitudes de 1.400 et 2.030 mètres. Mais l'altitude de 1.400 mètres n'est qu'une limite relative, fonction de la topographie briançonnaise, puisque le sapin avec l'épicéa forme les admirables futaies de Boscodon en aval d'Embrun.

Il bourgeonne fin avril, en général, met ses feuilles en mai, fleurit au début de juin et mûrit ses cônes en octobre.

L'épicéa ne se trouve, lui aussi, qu'aux expositions fraîches du nord (nord-est ou nord-ouest) sur trois points : La Roche-de-Rame (Bois obscur), Névache (Bois Noir et les Acles), Château-Ville-Vieille (la Fusine), entre les altitudes de 1.550 et 2.220 mètres. Cependant il n'exige pas autant que le sapin la fraîcheur du sol (Névache, Château-Ville-Vieille). Il n'existe qu'à l'état de pieds isolés ou de groupes lâches et ne forme point de massifs. Le Briançonnais est pour cette espèce une station intermédiaire entre la Savoie, où elle abonde à toutes les expositions et donne sa pleine extension, et la vallée de l'Ubaye, où elle est en régression.

Le chêne, enfin, est dans le Briançonnais à la limite supérieure de sa station. C'est « l'espèce xérophile principale de la région subalpine » (1), celle des parties les plus chaudes. Il suit le versant de l'endroit de la vallée de la Durance jusque vers les gorges de la Bessée. On le retrouve, mêlé au pin sylvestre, dans la pinée de Villard-Meyer, sur un versant abrupt de calcaires schisteux très sec, exposé au sud-est. Il pénètre en Vallouise, à la *Rourée* (de *robur*) des Vigneaux, face au sud, où l'accompagne la clématite (*Clematis vitalba* L.), inconnue dans le reste du Briançonnais; à la pinée de Ville-Vallouise, face à l'est et au sud et jusque vers les Claux du Pelvoux. Le nom du hameau de *Blachière* (2), de la commune de L'Argentière, à l'entrée de la vallée du Fournel, versant de l'endroit, y marque une station du chêne. Toujours celui-ci accompagne le pin sylvestre ou voisine avec lui. Il ne dépasse pas la courbe de 1.500 mètres. Quoique sur sa limite,

---

des versants tout à fait abrités contre le soleil, entre 600 et 1.000 mètres, dans nos montagnes méridionales.

(1) Ch. FLAHAULT, *La Flore de la Vallée de Barcelonnette.*
(2) De *Blacha*, blanche, taillis.

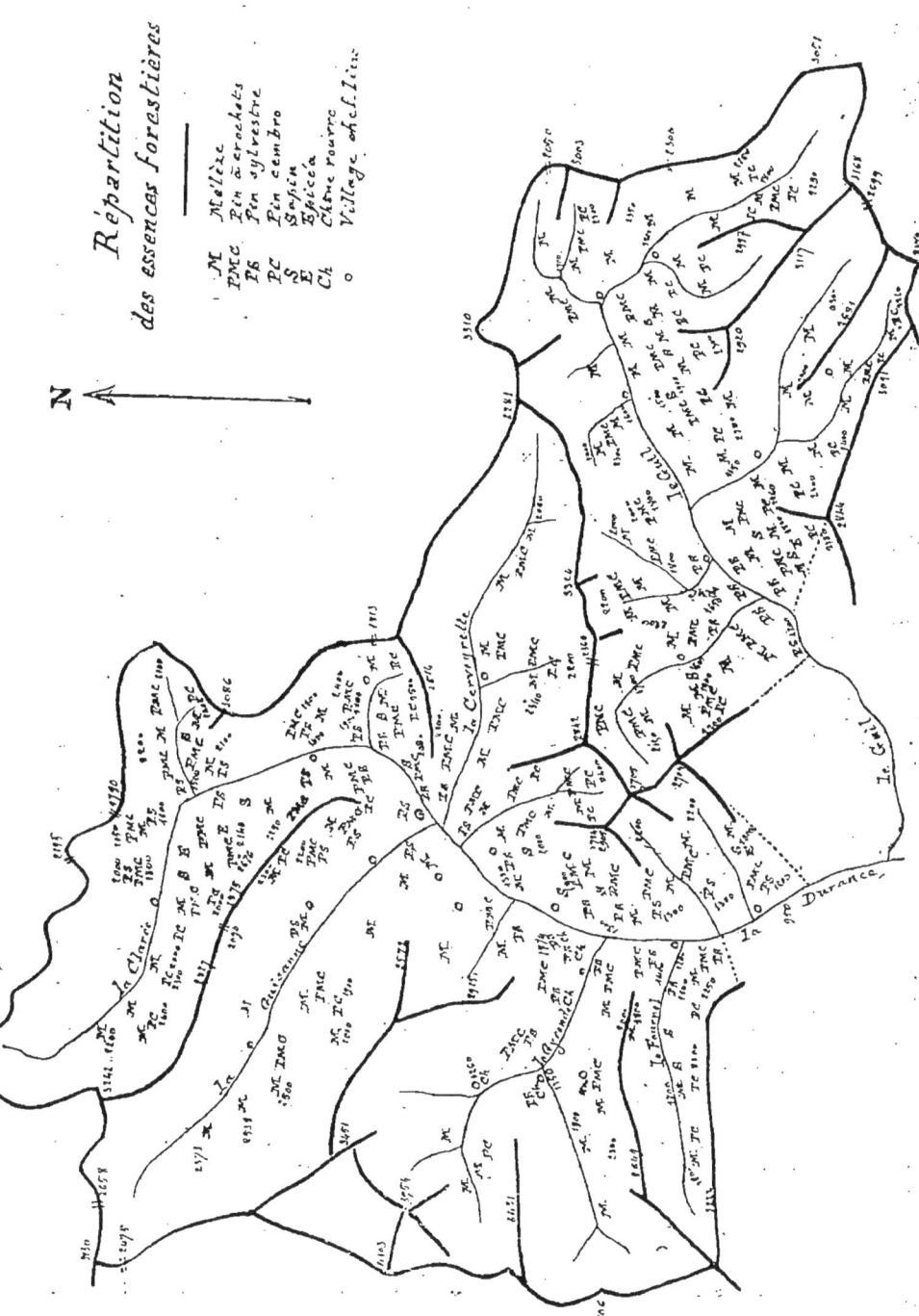

l atteint encore d'assez notables dimensions : 2^m 70 de circonféence et 7 à 10 mètres de hauteur. Il appartient à la forme pubesente de l'espèce rouvre. Mais sa pubescence est faible. Ce caracère diminue, on le sait, à mesure qu'augmentent l'altitude et 'éloignement de la Méditerranée.

Il ne faut sans doute pas prendre à la lettre l'assertion de $\backslash$. Chaix, déclarant qu'à Puy-Aillaud, en Vallouise, les pins sont chassés » par des chênes nombreux et gros qui auront expulsé es pins en moins d'un siècle, sans l'intervention de l'homme (1).

Le tableau ci-dessous résume les caractéristiques des essences orestières du Briançonnais et les met en parallèle.

ESSENCES	ALTITUDES LIMITES		SOLS	EXPOSITIONS
	Isolé	En massif		
	mètres	mètres		
Mélèze.	⩽ 2.650	< 2.400	frais	Toutes
Pin à crochets.	⩽ 2.600	< 2.400	secs et chauds	—
Pin sylvestre. .	»	⩽ 1.900	—	—
Pin cembro . .	⩽ 2.650	1.600 > < 2.500	indifférent	Toutes, de préférence les envers
Sapin	»	(1.400 >) < 2.030	très frais	N.-E. au N.-O., quelquefois O. et E.
Épicéa.	»	(1.550 >) < 2.200	indifférent	N.-E. au N.-O.
Chêne	»	< 1.500	chauds	S.-E. au S.-O.

Toutes les forêts briançonnaises se classent dans la zone *sub-lpine* (2) ; mais, sauf pour le chêne, le Briançonnais ne se sublivise pas en zones étagées caractérisées chacune par une essence zones du sapin, de l'épicéa, du hêtre, etc.), comme dans beau-:oup de montagnes. Certaines de ces zones sont confuses, d'aures manquent; celle du mélèze même se pénètre avec celle du :hêne. On n'a qu'une zone des conifères, que caractérise l'ab-ence du hêtre. Celui-ci, qui est à Boscodon, près Embrun, se rouve exclu du Briançonnais, sans doute par la sécheresse du ·limat (3).

---

(1) B. CHAIX, *op. cit.*, p. 187 et suiv.
(2) Classification de M. Flahault.
(3) Cf. Ch. FLAHAULT, *op. cit.* et L.-F. TESSIER, *op. cit.*

3° Espèces secondaires

En dehors des sept essences principales qui viennent d'être étudiées, la flore briançonnaise a quelques autres espèces arborescentes, notamment le frêne (*Fraxinus excelsior* L.), qui est disséminé, et l'if (*Taxus baccata* L.), qui forme un petit boqueteau à l'Alp-Martin, au fond du vallon du Fournel. Mais ces espèces, n'entrant pas dans la composition des peuplements forestiers, naturels ou artificiels, ne nous intéressent pas ici.

Après la flore des terrains boisés, celle des terrains non boisés doit appeler notre attention, soit parce qu'elle nous rappellera l'existence de sylves disparues, soit parce qu'elle nous indiquera les espèces propres à les reconstituer.

Dès le fond des vallées, sur les délaissés cailloutoux des rivières, dans le lit des torrents, on trouve un arbuste précieux pour les reboiseurs, l'argousier (*Hippophaë rhamnoides* L.), puis c'est l'épine-vinette, le groseillier épineux, l'églantier (*Rosa canina* L.), le prunier de Briançon et surtout le cerisier Mahaleb ou de Sainte-Lucie (*Cerasus Mahaleb* Mill.) que ne rebutent pas les rocs arides. Dans les lieux secs et chauds se montre la lavande. Plus haut (au-dessus de 1.500 m. environ) sur des versants secs, schisteux, dénudés par le mouton comme ceux des Vigneaux ou du Monêtier, on trouve les lasers (*Laserpitium siler* L., *gallicum* L., *pruthenicum* L., *angustifolium* L., *latifolium* L.), ombellifères qui se réensemencent facilement et abondamment; puis, humbles, se terrant sous le passage du mouton, réduisant leurs souches et rameaux à des dimensions quasi imperceptibles, se collant opiniâtrément au rocher, le cerisier Mahaleb, le cotonéaster, le nerprun nain, déjà nommés. Ces arbustes semblent être les derniers vestiges d'un ancien état boisé. Sur les marnes, les dépôts torrentiels ou glaciaires, on trouve la *bauche* (*Calamagrostis argentæa* L.). Sur les « ruines » et terres gypseuses croit la bugrane.

A de grandes hauteurs (2.100 m.) en stations abritées, on trouve encore le sureau rouge et le genévrier; ailleurs le rhododendron, la camarine.

Il y a dans tout cela de précieuses indications pour le reboiseur.

A cette même zone des forêts — ou subalpine — apparaissent diverses autres plantes que l'on rencontre sur les friches, dans les broussailles, dans les clairières des forêts, sur les terrains découverts, diversement réparties suivant la nature du sol et aussi l'altitude. Les principales sont, outre celles déjà nommées : *Trollius europæus* (commun), *Aquilegia vulgaris*, *Viola odorata*, *V. calcarata* (commune), *Silene acaulis*, *Dianthus neglectus*, *D. orophilus*, *Linum montanum*, *L. alpinum*, *Geranium sylvaticum*, *Trifolium alpinum*, *T. repens* (fréquent sous les mélèzes), *Astragalus alopecuroides* (rare), *Geum reptans*, *G. rivale*, *Potentilla frigida*, *Alchemilla vulgaris* et *A. alpina* (assez fréquentes), *Galium vernum*, *Scabiosa brigantiaca*, *Homogyne alpina*, *Adenostyles alpina*, *Prenanthes purpurea* (rare), *Azalea procumbens* (hautes régions), *Soldanella alpina* (commune), *Hyoscyamus niger* (assez fréquent), *Plantago alpina* (excellente plante pour le bétail) (1), *Veratrum album* (très abondant par endroits), *Luzula nivea* (hauteurs), *Carex atrata*, *C. bicolor*, *C. frigida*, *Festuca varia*, etc.

4° La pelouse alpine

Au-dessus de la zone des forêts est la pelouse alpine, le domaine du pasteur. La flore est herbacée, sauf quelques sous-arbrisseaux précités, qui sont à ces hauteurs les derniers représentants de la flore ligneuse (rhododendron, azalée, airelles, saules) et qui d'ailleurs ne se trouvent guère que dans la partie inférieure de cette zone alpine. Avec quelques plantes herbacées déjà rencontrées dans la zone inférieure (pensées, gentianes, carex, dryade, etc.), on y voit notamment : *Ranunculus lanuginosus*, *Alyssum alpestre*, *Draba tomentosa*, *Phaca australis* et

---

(1) Voir A. GUINIER, *Le Rôle du « plantago alpina » dans les pâturages de montagne* (*Acad. des Sciences, Comptes rendus*, 19 févr. 1894 et *Revue des Eaux et Forêts*, 1894, p. 217). Plante excellente, indice des bons sols et des bons pâturages.

alpina, Saxifraga muscoides, S. oppositifolia, Orchis sambucina, Nigritella angustifolia, Carex (divers), *Phleum alpinum, Oreochloa disticha* et *pedemuntana, Sesleria cærulea, Avena versicolor, Poa alpina, Nardus stricta,* etc. Le nard raide, la seslérie et le trèfle des Alpes sont généralement abondants. Certains auteurs constatent que le nard raide (ou *poil de bouc*) est envahissant, parce qu'il n'est pas ou peu brouté par le bétail et ils le déplorent, refusant toute valeur fourragère à cette plante qualifiée « un des ennemis les plus pernicieux des Alpes » (1). D'autres, au contraire, jugent le nard raide « une espèce des plus précieuses pour la montagne », une « excellente plante des pâturages alpestres », « mangée avec avidité » par le bétail, et ils estiment qu'étant abordant sur les sommités et bien enraciné, « les trois quarts des montagnes pastorales n'existeraient plus sans lui »(2). Disons simplement : *In medio stat virtus.*

5° La Flore ancienne

La flore du Briançonnais, spécialement sa flore ligneuse, ne paraît pas avoir subi de changement depuis les dernières perturbations du pléistocène. Les écrivains de Rome (Pline, Ammien Marcellin, Strabon, César, Polybe) nomment les mêmes essences que de nos jours (bien que sommairement et souvent confusément). Les textes du Moyen Age, les chroniques, les archives, nous montrent les mêmes essences aux mêmes places ; à peine a-t-il pu y avoir quelques substitutions d'essences très localisées. Le mélèze est alors, comme aujourd'hui, l'essence principale. Mais les pins (à crochets, sylvestre et cembro) composent de

---

(1) Cf. STEBLER et SCHRÖTER, *Les Plantes fourragères des Alpes*, Berne, 1896 ; E. CARDOT, *Restauration, aménagement et mise en valeur des pâturages de montagnes* (Ministère de l'Agriculture, Impr. nat., 1900).

(2) A. MATHEY, *Au Pays du Mélèze* (*Revue des Eaux et Forêts*, 1908) ; cf. F. BRIOT, *Études sur l'Économie alpestre*, Berger-Levrault, 1896, p. 273, et *Nouvelles Études sur l'Économie alpestre.* Paris, Berger-Levrault et Laveur, 1907, p. 52. — Consulter ces deux ouvrages et celui de M. Cardot au sujet de la valeur fourragère des plantes alpestres.

vastes peuplements qui ont reçu de très bonne heure le nom caractéristique de « Bois noirs » (*Nemora nigra*), généralement réservés au Dauphin. Les noms significatifs de *Pinée*, *Pinet* se trouvent dans les anciens textes. Le chêne atteignait les mêmes limites d'altitude qu'aujourd'hui : un texte de 1331 signale un taillis de chênes (*quadam blacha quercorum*) entre Saint-Crépin et Guillestre, au Pont-la-Pierre, sur la rive du Guil. Le sapin et l'épicéa (*suif* ou *sérente*) sont aussi accidentellement cités (1).

§ 10 — *Faune*

Pour la faune, comme pour la flore, nous ne donnerons pas la liste de toutes les espèces animales habitant le Briançonnais et ne noterons que celles intéressant le forestier ou le pasteur (2).

L'ours et le loup, abondants jadis (3), ont disparu des Alpes briançonnaises. Mais quelques lynx ou loups-cerviers (4) (*Felis Lynx* L.) y demeurent encore et prélèvent annuellement un tribut sur les troupeaux des hautes pelouses.

Le renard abonde (*Canis vulpes* L.), de même que le blaireau (*Taxus meles* D.).

La martre (*Mustela martes* L.) existe, mais est rare, ainsi que la délicate hermine (*Putorius erminea* L.), tandis que les fouines (*Mustela Foina* L.), belettes (*Putorius vulgaris*) et putois (*Putorius infectus* L.) sont nombreux.

Nombreuses aussi sont les marmottes (*Arctomys Marmotta* Guib.), qui s'abritent dans les rochers des hauteurs et que décèlent leurs sifflements de frayeur à l'approche de l'homme.

---

(1) Cf., pour la stabilité de la flore dans la région de Guillestre, Pierre BUFFAULT, *Les Forêts et Pâturages du mandement de Guillestre*. — Voir aussi DESJARDINS, *Géographie de la Gaule romaine*, Paris, 1876; C. JULLIAN, *Histoire de la Gaule*, 1908; FL VALLENTIN, *Les Alpes Cottiennes et Grées*.

(2) Voir A. FALSAN, *op. cit.*, II, chap. V.

(3) P. FORNIER, *op. cit.* De là les noms de « Orcières », « Orciérette », etc.

(4) De là le nom du village de *Cervières*, que M. Roman fait dériver bien à tort de *Cervus*, les cerfs n'ayant jamais pu habiter le rude pays briançonnais. FALSAN (*op. cit.*, p. 226) fait erreur le disant totalement disparu.

On aperçoit fréquemment la gracieuse antilope des rochers, le chamois (*Antilope rupicapra* L.), qui fuit comme une flèche, par petites troupes, sur les hauts alpages, dans les casses près des cimes. En été, redoutant la chaleur, il vient s'abriter dans les cantons les plus élevés des forêts. En hiver, il recherche les pentes ensoleillées et descend parfois assez bas et non loin des habitations.

Dans les mêmes parages vit le lièvre blanc ou variable (*Lepus variabilis* L.), gris l'été, absolument blanc l'hiver, sauf une touffe noire à l'extrémité de chaque oreille et de la queue. Il est un peu plus petit de taille que le lièvre gris (*L. timidus* L.) qui abonde dans tout le pays. En hiver, le lièvre blanc descend assez bas et des croisements ont lieu entre les deux espèces. Les métis ne prennent pas en hiver la robe absolument blanche.

L'écureuil (*Sciurus vulgaris* L. et *alpinus* Cuv.) habite en nombre les forêts, où il consomme, en grandes quantités parfois, les graines de mélèzes et de pins, dont il s'empare en desquamant les cônes qui les renferment. Il entrave ainsi certaines années, de façon sérieuse, la régénération naturelle.

Naturellement dans cette région de hautes cimes et de rocs inaccessibles, les grands rapaces (aigles) abondent, ainsi que les corvidés.

On voit souvent le choquard (*Pyrrhocorax alpinus* V.) et le coracias (*Coracias erythroramphos* V.) dans les régions élevées, à la limite des neiges.

Le bec croisé (*Loxia curvirostra* L.) et le gros bec Niverolle, ou pinson de neige ou alpin (*Fringilla nivalis* L.) et le cassenoix (*Nucifraga caryocatactes* Briss.), sont fréquents en forêt, où ils se nourrissent des graines des mélèzes et des pins. Avec l'écureuil, ces oiseaux (dits *Auvières*) recherchent avidement les graines de pin cembro (*Auves* dans le pays) et ouvrent, avant même maturité, les cônes, de consistance herbacée, de cet arbre. Cette circonstance contribue à la rareté de la graine d'auvier.

Nous ne nommerions pas le genre pic, car il n'est pas spécial au Briançonnais, si le pic noir (*Dryopicus martius*) ne causait assez fréquemment des dommages d'un caractère spécial aux pins sylvestres. On voit beaucoup de ces pins dont le tronc porte une série de bourrelets circulaires ou anneaux renflés (1). Ces bourrelets sont dus aux blessures que font au cambium les coups de bec répétés du pic noir, tournant autour de l'arbre. C'est un dégât de peu d'importance (2).

Le tétras à queue fourchue, ou tétras-lyre, ou petit coq de bruyère (*Tetrao tetrix* L.), appelé depuis des siècles *faisan* dans le Briançonnais, s'ajoute à la liste des bêtes qui doivent tenter le fusil des chasseurs amateurs de gibier rare. On le trouve fréquemment dans les forêts du Briançonnais, dans celles où abondent myrtilles et rhododendrons; mais la forêt des Ayes, peuplée en majeure partie d'auviers, est son quartier de prédilection, ce qui lui vaut un bon renom dans le monde cynégétique (3).

Le genre perdrix est bien représenté; on rencontre la bartavelle, la rouge, la grise (*Perdix saxatilis, rubra, cinerea* Lath.). On trouve aussi la perdrix blanche ou lagopède (*Tetrao lagopus* L. ou *Lagopus alpinus* Nils.), qui revêt en hiver une robe entièrement blanche, comme l'hermine et le lièvre blanc, et vit dans les mêmes parages qu'eux. Ce sont là trois exemples de mimétisme très caractérisés et bien connus d'ailleurs.

La caille (*Coturnix major* Brin) passe de mai à octobre. Des passages d'oiseaux d'eau, d'échassiers, de colombinés ont aussi lieu, mais ils sont généralement de peu d'importance.

Pour la faune ichthyologique, la seule espèce à citer est la truite (*Trutta fario* L.) qui est le seul poisson — encore peu abondant — des rivières briançonnaises.

L'entomologiste peut faire de fructueuses récoltes dans les montagnes du Haut-Dauphiné.

Les principaux insectes intéressant la forêt sont : les pyrales et les teignes du mélèze : *Tortrix pinicolana* Zett.; *T. zebeana*

---

(1) Un tronc de pin sylvestre, remarquable par le nombre et la régularité de ces anneaux et trouvé par nous dans la forêt de Puy-Saint-Pierre, a été envoyé par nos soins aux collections de l'École nationale des Eaux et Forêts.

(2) Voir BADOUX, *Chronique agricole du canton de Vaud*, 25 mars 1895.

(3) Sur le tétras-lyre et sa chasse, voir *Revue des Eaux et Forêts*, 1892, p. 269.

Retz.; *T. lævigata* H.; *Coleophora laricella* Hubn.; *Tinea lævigatella*, dont la larve creuse les jeunes pousses, et *Tortrix zebeana*, dont la larve creuse sous l'écorce et provoque des tumeurs d'où s'écoule la résine, sont peu abondantes et ne causent pas de dégâts sérieux. Il en est de même de *C. laricella*, qui s'attaque aux feuilles. Toutefois, elle est peut-être plus abondante.

Mais l'ennemi le plus sérieux du mélèze est la pyrale grise (*T. pinicolana*). Les invasions sont fréquentes et embrassent de vastes régions. Elle dévore le parenchyme des feuilles du mélèze peu après leur développement et transforme la jolie frondaison vert clair de cette essence en filaments roussâtres, sans épargner un seul arbre, de sorte que des forêts entières semblent avoir été parcourues par le feu. Le dommage consiste en un appauvrissement des matières de réserve qui ralentit l'accroissement et la végétation et peut même entraîner le dépérissement (1).

On se souvient dans le Briançonnais des invasions de 1900 et 1903. B. Chaix (2) a relaté en ces termes les invasions en 1811 et 1819 du même insecte, qu'il prit pour une araignée : « Les forêts de mélèze éprouvent souvent des épidémies ou épizooties, comme l'espèce animale; en 1811, vers le mois de mai, les mélèzes de toutes les Alpes Cottiennes, tant sur le versant en Piémont que sur le bassin de la Durance, furent malades, infestées d'araignées qui ourdissaient de grands filets d'un arbre à l'autre; les feuilles d'un beau vert roussirent progressivement et ne recouvrèrent leur teint que du 20 juillet...; à cette époque les araignées disparurent; les bestiaux qui avaient pâturé dessous furent malades. En 1819, les mélèzes éprouvèrent la même maladie, mais moins sensiblement. » Il y eut des invasions du même insecte en 1877, 1883, 1884, 1885.

Si la flore n'a pas varié depuis des siècles, la faune est moins immuable. Sous l'action de l'homme et de ses destructions imprévoyantes, certaines espèces diminuent rapidement, princi-

---

(1) Voir une excellente notice de M. E. Henry sur la Pyrale grise dans *La Feuille des jeunes Naturalistes*, 1er avril 1902, Oberthür, Rennes.

(2) B. Chaix, *op. cit.*

palement le chamois, auquel le mépris local des règlements de chasse et la création de postes militaires permanents à de hautes altitudes ont été fatals; puis le tétras, bien moins abondant qu'au temps de l'avocat Froment seulement (1635). Il faudrait s'inquiéter de cette diminution et prendre des mesures pour l'enrayer. Ce qui a disparu complètement depuis assez longtemps c'est l'ours, assez abondant encore au dix-septième siècle, pour que le P. Fornier mentionne « la quantité des ours qui se débattent à qui dormira le mieux long de l'hyver » (1).

---

(1) P. Marcellin Fornier, *op. cit.* Sur la faune, voir également Dujardin, C. Jullian, Vallentin, *op. cit.*

DEUXIÈME PARTIE

ÉTUDE DE L'HABITANT

CHAPITRE III

DÉMOGRAPHIE

§ 1 — *Ethnogénie*

La population actuelle du Briançonnais a des origines ethniques assez mêlées et complexes.

Le pays était déjà habité à l'époque robenhausienne (1). Il l'a été également aux âges du bronze et du fer et notamment dans les régions de Rame, Freissinières et Guillestre, comme en témoignent de nombreux vestiges de la période halstattienne (ixe-ve siècle av. J.-C.) (2).

Les Ligures l'occupaient alors (3). Au sixième siècle avant Jésus-Christ, les Gaulois de Bellovèse pénétrèrent en Italie par les cols de l'*Alpis Julia*, soit le mont Genèvre et le pays des *Taurins* (d'où Turin). Puis ce fut Annibal (218 av. J.-C.) pour qui le seul passage possible, comme le démontre M. P. Guillaume, a été le même mont Genèvre. César et les légions romaines passèrent ensuite, subjuguant ces farouches Ligures de l'*Alpis*

---

(1) G. DE MORTILLET in FALSAN, *Les Alpes françaises*, t. II, chap. VII.
(2) Voir E. CHANTRE, *Les Nécropoles du premier âge du fer dans les Alpes* (Ass. fr. pour l'av. des sciences, Congrès de 1877, p. 771).
(3) Voir C. JULLIAN, *Histoire de la Gaule*, Paris, Hachette, 1908, t. I, p. 112 et suiv.

Julia, qui, selon Strabon, descendaient des sommets des Alpes jusqu'en Italie pour piller et égorger, et dont le nom de *Brigantii* ou *Brigiani*, synonyme de cruauté, voulait dire « habitants des hauteurs » et dérivait du radical celtique *Brig* ou *Bric* ou *Birg* (hauteur, montagne, ville élevée ou fortifiée) (1). Les Romains, tout en faisant de cette partie des Alpes une préfecture ou royaume au bénéfice des Donnus Cottius de Suze, s'y établissent solidement. Briançon (*Brigantinus, Brigantio*), *oppidum* d'abord, devient *municipium* plus tard. En l'an III avant Jésus-Christ, on ouvre la voie romaine de Milan à Arles ou de Rome à Cadix, par le mont Genèvre, où est bâti un superbe temple à Janus bifrons. Ce sera dès lors un passage de plus en plus fréquenté (*Magis celebris*, dit Ammien; *proximum iter*, dit César) pour aller d'Italie en Gaule et de Gaule en Italie, « la porte maîtresse des Alpes (2) » : fonctionnaires romains, légions, empereurs, évêques et pèlerins chrétiens l'utilisent.

En 412 s'y présentent les Wisigoths, en 422 les Ostrogoths. Les Francs sont maîtres des Alpes en 537. En 571, les Lombards franchissent le mont Genèvre. Les huitième et neuvième siècles voient les pillages et dévastations des Sarrasins.

Tous ces peuples divers, dans leurs établissements, leurs passages incessants, leurs stationnements éphémères ou prolongés, se sont plus ou moins mélangés aux habitants autochtones, ont laissé des leurs, ont fait souche dans le pays. Aujourd'hui encore on retrouve, paraît-il, des descendants des Sarrasins dans les habitants de la Vallouise et de Freissinières, des fils de Lombards dans ceux de Dormilhouse, de Montbardon et du Lombard (Queyras).

Au Moyen Age, la route du mont Genèvre reste le grand chemin de Rome, *iter romipetore*, jalonné de maisons de refuge, de monastères et d'hospices, incessamment parcouru par des pèle-

---

(1) Ce radical, dont les Latins ont fait *virg, virga* (Cf. l'allemand *berg*), se retrouve dans *Briançon* et dans les noms de deux pics du Queyras : *Bric froid* et *Bric Boucher*. De *Brigantii* ou *Brigantes* vient notre français *Brigand*.

(2) C. JULLIAN, *op. cit.*, t. I, p. 45.

rins. Puis les guerres de la Renaissance et celles du dix-septième siècle et du premier Empire continuent, à un degré moindre toutefois, d'y faire passer des armées et des nationalités diverses (1).

Il est vraiment surprenant de constater avec quelle continuité et quelle intensité ce pays briançonnais, au relief si âpre, au climat si rude, au sol si ingrat, a été non seulement fréquenté, mais habité, de toute antiquité et même à l'époque préhistorique.

L'idiome est un dérivé du roman ayant beaucoup d'affinités avec l'italien et le provençal et certains termes communs — ou à peu près — avec l'espagnol et les idiomes gascons (2). Comme tant d'autres, il évolue et se francise progressivement.

§ 2 — *Population*

La population du Briançonnais (arrondissement de Briançon moins le canton de la Grave) est actuellement de 25.413 habitants, soit 18 habitants par kilomètre carré. Si l'on fait abstraction des 7.426 habitants de la ville de Briançon, il reste 12,8 habitants par kilomètre carré pour la population rurale.

Pour l'arrondissement de Briançon (canton de la Grave compris), la population est de 26.469 habitants et, d'après les statistiques officielles, se répartit comme suit :

Par sexe : masculin, 14.247; féminin, 12.222;

Par profession : propriétaires, 55 %; fonctionnaires, 11 %; ouvriers, 34 %.

Cette population comprend 5.746 familles. Elle renferme 847 ménages vivant avec les ascendants, 3.975 ménages vivant avec les descendants.

---

(1) Pour cet historique, consulter C. JULLIAN, *op. cit.* et la savante *Introduction*, dont M. l'abbé P. GUILLAUME, archiviste du département des Hautes-Alpes, a fait précéder son magistral *Inventaire des Archives de Guillestre* (*Inventaire sommaire des Archives communales antérieures à 1790*), Gap, Jean et Peyrot, 1906.

(2) Voir B. CHAIX, *Préoccupations statistiques ;* LADOUCETTE, *Histoire, topographie et antiquités des Hautes-Alpes*, Paris, Fantin, 1834; CHABRAND et DE ROCHAS, *Patois des Alpes Cottiennes*, Paris, Champion, 1877.

Dans le Queyras spécialement, on compte 1.032 chefs de famille pour 4.415 habitants.

La nuptialité est assez élevée. En 1907, il y a eu 165 mariages à l'âge moyen de trente ans et 2 divorces; en 1908, 180 mariages à l'âge moyen de trente-cinq ans et 4 divorces.

La natalité de ces dernières années se traduit par les chiffres suivants :

      1906, 601 naissances. . . . . 2,27 %
      1907, 632   —   2,34
      1908, 618   —   2,33

Le nombre des conscrits pour 1908 a été de 216, dont 171 (79 %) admis, 20 (9 %) ajournés, 25 (12 %) exemptés. Leur taille moyenne est de 1^m 63. Le nombre des insoumis est actuellement de 46 pour l'arrondissement, plus 2 déserteurs, sur un total de 1.200 pour tout le département et l'arrondissement de Barcelonnette. Ce sont le Champsaur, le Valgaudemar et la vallée de Barcelonnette qui ont le maximum d'insoumis; c'est le bas du département qui en a le moins.

La mortalité a été de 2,22 % en moyenne de 1903 à 1908 (avec variations de 2,06 en 1905 à 2,55 en 1906), proportion plus élevée que celle de l'ensemble du département qui n'a été que de 1,96 % durant la même période. En 1906, il y eut 624 décès; en 1907, 536; en 1908, 531; à l'âge moyen de cinquante à soixante ans.

§ 3 — *Groupement*

1. Le village

Abstraction faite de la ville de Briançon qui, comme centre et capitale du pays, a une importance particulière (ville et bourgs suburbains : 7.426 habitants), la population s'est groupée par villages agglomérés nombreux, rapprochés et de peu d'importance chacun. La population des diverses communes oscille entre les extrêmes de 1912 (Monêtier-les-Bains) et 293 (Mont-

PLANCHE VI

Le village de Saint-Véran (altitude : 2.040ᵐ); types d'habitations; tout a gauche, en bas, ancienne construction en troncs de mélèze superposés (Cliché Dufour, A. Allemand édit., a Gap).

Ville haute de Névache (altitude : 1.641ᵐ), vallée de la Clarée; types d'habitations; au fond, versant dénudé de l'endroit, paturages de printemps (Cliché Bouillaud, a Briançon).

genèvre). Mais chaque commune est fractionnée en plusieurs « villages » ou « villards » (vieux terme local). Car, d'une façon générale, dans les Alpes, les sites favorables aux établissements humains n'admettent qu'un nombre restreint d'occupants autour du chef-lieu, ce qui provoque l'existence de hameaux sur toutes les portions de territoire susceptibles de nourrir de petites communautés (1). (Ce sont les « écarts » de la Savoie, les « rippes » du Jura, etc.). Et il n'en peut être autrement dans des vallées longtemps isolées du reste du monde par des difficultés d'accès et par les longs mois d'un hiver rigoureux, et dont chaque unité devait se suffire à elle-même et subsister par ses propres moyens. Pour 25 communes du Briançonnais, on compte 137 villages ou hameaux, ce qui fait une moyenne de 5 à 6 par commune. La commune de Briançon a elle-même 13 groupements suburbains. Le nombre de ces groupements est proportionnel plutôt à la fertilité du sol de la commune qu'à l'étendue du territoire. Névache, avec 16.635 hectares, n'a que 5 villages, quand La Roche-de-Rame avec 4.021 hectares seulement en a 8 et La Salle, avec 3.542 hectares, 8 aussi. Arvieux a 12 villages; Saint-Martin-de-Queyrières, 10; Les Vigneaux, Montgenèvre, Puy-Saint-Pierre, Abriès, 2; Aiguilles n'en a qu'un. La population de chacun de ces villages varie, suivant les lieux, de 73 à 550 habitants et plus.

Si les ressources du territoire ont réglé la distribution et l'importance des diverses agglomérations d'habitants, leur situation dépend aussi de conditions climatiques.

Les villages sont généralement bâtis dans le thalweg de la vallée, car c'est là où les cultures sont plus faciles et plus rémunératrices, les communications plus aisées, la vie meilleure; et de préférence ils s'échelonnent au pied du versant « de l'endroit »

---

(1) Cf. Prince Roland BONAPARTE, *Influence de l'exposition sur le site des villages dans le Valais*, in *La Géographie*, t. I, 1905, p. 212, et P. GIRARDIN, *op. cit*. — Cet émiettement, cet isolement par petits groupes dans chaque repli de montagne, était déjà une caractéristique des peuplades ligures (Cf. C. JULLIAN, *op. cit*.), obligées, comme leurs descendants, les Briançonnais actuels, d'obéir aux conditions du lieu.

(vallées de la Durance, de la Guisanne, de Névache, du Guil, Vallouise, etc.). Les cônes de déjections d'anciens torrents, au sol fertile, ont été particulièrement recherchés (Ristolas, Ville-Vieille, Aiguilles, Val-des-Prés) (1). Ont été recherchés aussi les confluents des vallées affluentes (Les Alberts, Le Bez, Vallouise, L'Argentière, Pont-de-Cervières, Ristolas, Abriès, Ville-Vieille, etc.) propres à la circulation des cultivateurs et des troupeaux et les dépôts glaciaires propices aux cultures (villages des vallées de Molines et de Saint-Véran). Cependant, pour se rapprocher des terrains d'exploitation, certaines agglomérations se sont bâties sur les hauteurs. Elles sont de préférence sur le versant de « l'endroit », le versant ensoleillé (Saint-Véran, Souliers, Meyriès, Puy-Saint-Pierre, Puy-Saint-André, Bouchier, etc.). Les quelques villages bâtis « à l'envers » ne se trouvent point sur des envers bien francs et sont situés, soit au pied du versant, tout près du thalweg et au débouché d'un petit vallon affluent (Val-des-Prés, Le Bez de la Salle, Terre-Rouge et le Laus de Cervières, Ubac et Plan-des-Léothauds de l'Argentière, Ristolas), soit sur des parties de versants en pente douce ou formant terrasse ou palier (Puy-Saint-Vincent, Villardgaudin d'Arvieux), de façon, somme toute, à avoir une insolation suffisante. Dans les vallées étroites et encaissées les villages s'échelonnent sans exception sur le versant de l'endroit (vallées du Pelvoux, d'Arvieux, de Souliers, du Roux d'Abriès) et en longues rues pour que chaque maison reçoive le soleil (vallées de Molines et Saint-Véran). Mais parfois (Ristolas, Ville-Vieille) on a sacrifié partiellement au moins à l'orientation, pour utiliser des emplacements particulièrement fertiles, des cônes de déjections, etc.

Le soleil joue naturellement un grand rôle dans ce pays à hiver long et rigoureux. Il est le « premier bien » qu'on a recherché lors de la création des groupements. Même les villages les moins favorisés en jouissent un peu : Abriès n'a jamais moins de cinq heures de soleil; La Monta a le soleil de 9ʰ 30 à midi en décembre

---

(1) Cf. Raoul BLANCHARD, *L'Habitation en Queyras.*

et janvier; L'Échalp et Le Serre de Molines l'ont davantage. Cependant une partie de Ristolas, Le Raux, La Chalp et Fontgillarde restent sans soleil pendant un mois. A Fontgillarde, certaines maisons ne le voient pas du 1er octobre au 30 janvier (1). Dans certains de ces derniers villages, comme Fontgillarde, le jour où l'astre reparaît est l'objet d'une fête avec certains rites et us culinaires (dont la confection d'une omelette), vestiges sans doute de pratiques païennes.

En dernière analyse, si les ressources du territoire ont réglé le groupement des habitations humaines, l'exposition a prévalu dans la situation de chaque agglomération.

Chaque commune comprend donc une série de villages ou hameaux, ou « villards ». Le chef-lieu est d'ordinaire un village médian ou inférieur de la série.

Les villages restent en dessous des plus hautes terres cultivables. Exceptionnellement, à 1.990-2.050 mètres, celui de Saint-Véran dépasse un peu ce niveau (2). « San Veran, disent ses habitants, es la plus haouto montagno inté se mangeo de pan. » Ses fondateurs ont dû arriver à cette altitude — extrême pour la France (3) — sur le versant admirablement ensoleillé de Beauregard (nom significatif), exposé en plein sud-ouest, pour éviter l'ombre portée par les crêtes d'en face et sortir du thalweg

---

(1) D'où le dicton :

> Fontgillarde, pays d'infortune,
> L'hiver, pas de soleil, et l'été, pas de lune.

(2) D'après M. PAILLON, *Le plus haut village des Alpes françaises* (*Revue alpine*, 1899). — Les indications d'altitude de la carte de l'état-major pour Saint-Véran (1982, 2009) sont erronées, les altitudes véritables sont : 1990, pour les maisons les plus basses; 2050, pour les plus haut placées.

(3) En Savoie, Averole, hameau de la commune de Bessant, est à 2.035 mètres; c'est la cote maxima des Alpes françaises; en Suisse, le village de Juf (Grisons) est à 2.133 mètres; en Abyssinie, des groupements importants sont à 2.500 mètres; au Thibet, à 3.600 mètres; au Pérou, à 4.350 mètres. (L. GOBET, *Les Grandes villes de la terre situées au-dessus de 2.000 mètres*, in *Revue de Fribourg*, janv.-févr. 1903. Voir aussi R. BLANCHARD, *Travaux sur les limites d'altitude dans les Alpes* (*La Géographie*, t. XVII, 1908, p. 285).

profond et froid de l'Aigueblanche, et ce d'autant plus aisément que la pente du versant est relativement douce. Encore ont-ils profité, pour ne pas monter davantage, de la brèche ouverte sur le versant opposé par le col des Estronques. En raison de la durée de l'insolation, les gens de Saint-Véran ont moins froid à leur altitude de 2.050 mètres que les Queyrassins de la vallée du Guil. Et, de fait, ce grand village animé, baigné de soleil, a un aspect gai et riant qu'on ne retrouve guère ailleurs.

Toutefois, l'altitude de Saint-Véran ne dépasse pas d'une quantité considérable l'altitude des autres villages les plus élevés du Briançonnais, ou du moins du Queyras. Le Coin de Molines est à 1.980 mètres, Pierre-Grosse à 1.900 mètres, Fontgillarde (même commune) à 1.959 mètres, Le Raux de Saint-Véran à 1.900 mètres. Le Roux d'Abriès et La Chalp de Saint-Véran sont à 1.800 mètres, Brunissard d'Arvieux à 1.785 mètres, L'Échalp de Ristolas à 1.700 mètres. On relève ensuite : La Monta à 1.680 mètres, Le Lauzet du Monêtier à 1.650, Salé de Névache et Villard-Gaudin d'Arvieux à 1.600 mètres. A ne considérer que les chefs-lieux, on a, par décroissance : Saint-Véran à 2.040 mètres, Montgenèvre à 1.860, Molines à 1.765, Névache à 1.641, Ristolas à 1.633, Cervières à 1.620, Abriès à 1.550, Arvieux à 1.545 ; les autres s'abaissent jusqu'à 940 mètres avec La Roche-de-Rame. Il ressort que le Queyras, d'une façon générale, a les habitations les plus élevées du Briançonnais, pour lequel la cote 1400 représente la moyenne de l'altitude de la majorité des agglomérations; et que, dans le Queyras, la vallée de Molines-Saint-Véran présente les altitudes maxima. Tout cela est commandé au surplus par l'altitude même des thalwegs dont s'écartent généralement très peu les habitations humaines.

En général, les villages recherchent par leur situation la chaleur et le soleil ; dans les villages, les habitations font de même.

2. L'habitation

De cette recherche et du souci de ménager le terrain afin de ne pas trop diminuer l'étendue cultivable, procède l'habitation briançonnaise. Celle-ci appartient au type généralement dénommé *chalet* dans les Alpes, caractérisé par un large pignon, ouvert dans le haut, garni de balcons de bois et coiffé d'un grand toit débordant. Elle consiste essentiellement en une seule construction devant abriter les gens, les bêtes et les récoltes. Elle se compose : d'un rez-de-chaussée, ordinairement un peu enterré, très bas, bâti en maçonnerie, percé d'une porte basse voûtée et de fenêtres grillées, rares et très petites, comprenant l'écurie ou « crèche » et une ou deux pièces qui sont l'habitation d'hiver ; puis d'un étage supérieur, partie en maçonnerie, partie en bois, plutôt entièrement en bois, très aéré sinon ouvert à tous les vents, pourvu de nombreux balcons de bois à balustres tournées et ornées. Cet étage renferme les greniers et quelquefois une ou deux pièces habitées l'été. Dans ces greniers, subdivisés en « plans » superposés, se remisent le foin et les récoltes. Aux balcons sèchent le chanvre, les gerbes, le bois. La toiture, jadis toute en planchettes de mélèze imbriquées (*tavaillons* ou *bardeaux*), est plutôt faite maintenant d'ardoises grossières, dalles épaisses de schiste (*lauzes*) prises sur place, ou d'ardoises fines importées, ou encore (en Queyras) de feuilles métalliques, car les pouvoirs publics, émus de la fréquence des incendies et des désastres causés, ont, à juste titre, prohibé l'emploi des *tavaillons* pour l'avenir. Pour recueillir les eaux pluviales, au bord de la toiture est un chenal rustique formé d'une perche de mélèze (ou de plusieurs assemblées), creusée en rigole longitudinalement.

Ces constructions ont en moyenne cinq ouvertures. Elles sont, avec les greniers, assez élevées. On accède au grenier par un escalier, généralement en bois et extérieur, ou bien, notamment quand le rez-de-chaussée est un peu enterré ou en contrebas au moins d'un côté, par un pan incliné, partie en maçonnerie, partie en bois, qui permet d'amener les voitures chargées jusqu'à niveau du seuil du grenier (1).

Autrefois, comme dans tant de pays primitifs, les habitations

---

(1) Cf. L'enquête de M. DE FOVILLE, *Sur les conditions de l'habitation en France*, et Raoul BLANCHARD, *op. cit.*

étaient entièrement en bois (de mélèze très généralement). Les parois étaient faites de troncs écorcés de mélèze, superposés horizontalement et assemblés en croix aux quatre angles, à l'instar de l'isba russe (1). Sauf le cas d'incendie, l'excellence du bois de mélèze assurait à ces constructions rudimentaires une durée extraordinairement longue. L'on voit encore à Molines, Saint-Véran, le Roux, La Monta, où les anciennes habitations se sont conservées intactes, de ces vieilles maisons en bois de mélèze avec des millésimes des seizième ou dix-septième siècles et de remarquables sculptures. Mais les incendies étaient fréquents et terribles, car ils anéantissaient généralement tout le village (2). Et les reconstructions étaient épuisantes pour les forêts qui, naturellement, en faisaient les frais. Aujourd'hui, le bois étant plus rare, les communications plus faciles, la civilisation avancée, la maçonnerie s'emploie de plus en plus et presque intégralement (sauf en Vallouise). La pierre, si abondante partout et à pied d'œuvre, tend à prévaloir sur le bois, bien que moins facile à travailler. Et le type du chalet alpin à boisages abondants tend à disparaître.

L'habitation a un côté, façade ou pignon, bien exposé au soleil, où souvent se voit encore un vieux cadran solaire (du dix-septième ou dix-huitième siècle) agrémenté de devises ou sentences éloquentes (3). Tantôt les maisons s'alignent plus ou moins de chaque côté de la route ou chemin, pour faciliter l'insolation, donnant au village une forme allongée parallèle à la course de l'astre solaire; tantôt elles s'entassent les unes contre les autres pour se préserver du froid ou pour ménager le terrain (4).

---

(1) Mode de construction général autrefois dans les Alpes, encore employé actuellement dans le val d'Anniviers. Voir J. Brunhes et P. Girardin, *Le Val d'Anniviers* (*Annales de Géographie*, 1906, p. 239).

(2) Ristolas brûla quatre fois, de 1521 à 1692; Aiguilles cinq fois, de 1629 à 1889, notamment en 1886 et 1889.

(3) Voir Dr R. Blanchard, *Les Cadrans solaires ; L'Art populaire dans le Briançonnais*. Paris, 1895.

(4) M. Raoul Blanchard, *op. cit.*, distingue dans le Queyras trois formes : en tas, en rue, en espalier.

L'exposition au soleil, la profusion des balcons qui permettent de jouir de cette exposition, l'importance des greniers, vastes et aérés, nécessaires pour le séchage des fourrages, et par contre le petit nombre et l'étroitesse des ouvertures du rez-de-chaussée, toutes choses résultant du climat, sont des caractéristiques de l'habitation alpestre, et spécialement de l'habitation briançonnaise. Elles en font un type très net qu'on retrouve à peu près identique dans les Alpes suisses et tyroliennes et jusque dans le Comelico (Alpes vénitiennes) (1).

Mais avec la pénétration progressive des idées et des habitudes modernes, les anciennes habitations originales disparaissent et font place peu à peu au banal bâtiment moderne.

Souvent les maisons d'un même village sont espacées pour un autre motif que le besoin d'insolation, par mesure de précaution contre l'incendie, si fréquent et si terrible dans ces villages alpins où le bois a été longtemps l'unique élément et reste encore l'élément principal (quoique en voie de décroissance) des constructions. Ainsi en est-il à Saint-Véran. Une vieille coutume faisait même placer à une petite distance de la maison un petit bâtiment (*caset*) spécialement destiné à la garde des papiers, titres de propriété, objets précieux, qu'on pouvait ainsi plus aisément soustraire à l'incendie.

Chaque village est ordinairement alimenté d'eau fraîche et limpide par une source voisine ou une dérivation d'un torrent amenée dans des « bourneaux », ou troncs de mélèze creusés à la tarière, faisant l'office de véritables tuyaux. Ces bourneaux amènent l'eau dans une fontaine généralement en bois, d'où elle se déverse dans un bassin ou large cuve, en bois aussi le plus souvent.

Généralement chaque maison s'accompagne d'un petit bout

---

(1) Voir J. Levainville, *La Vallée de Barcelonnette* (*Annales de Géographie*), 1907; O. Marinelli, *Studi sopra i limiti altimetrici*, Florence 1907, in *La Géographie*, t. XVII, 1908, p. 290; et M. Carcelle, *Les Maisons-types, notice sur celles de Savoie* (Paris, E. Leroux, 1899. La vue de Costalta, donnée par M. Marinelli, rappelle absolument certains villages du Queyras.

de jardin, bien pauvre d'ailleurs. Mais les villages élevés n'en ont pas. Curieux est l'aspect de Molines, de Pierre-Grosse, du Coin, de Fontgillarde, sans cultures, ni jardins, bâtis au milieu de vastes pelouses coupées de quelques champs de seigle, orge, avoine, sans un arbre, mais où paissent de nombreuses et belles vaches.

3. Le chalet d'été

Tout ce qui vient d'être dit concerne exclusivement les habitations permanentes, celles où l'on hiverne.

Il y a, en outre, des habitations temporaires, plus haut et isolées dans les pâturages, les « chalets d'été », où les montagnards s'installent pendant la saison d' « estivage » des troupeaux sur les pelouses (juin à octobre), pour les soins à donner au bétail, la traite des vaches et brebis, la manipulation du lait, le fauchage de certaines prairies élevées, etc.

Ces chalets sont des constructions sommaires en maçonnerie, ou en maçonnerie sèche et bois ou même entièrement en bois, comprenant, soit une seule pièce, soit un sous-sol formant écurie et un étage surhaussé constituant le logis. Parfois ce sont de simples cabanes ou granges. Ils sont naturellement situés au milieu des hautes pelouses, bien au-dessus des villages dont ils dépendent, au-dessus des forêts généralement, et d'autant plus nombreux que les villages sont plus bas situés dans la vallée et que la commune renferme plus de propriétaires. Ces chalets sont en petit nombre dans le Queyras, parce que les habitations permanentes sont déjà élevées en altitude et non loin des pâturages (il n'y en a point dans la vallée de Saint-Véran-Molines); ce ne sont d'ailleurs souvent que d'anciens villages désertés par leurs habitants et « en voie de disparition ». Ils sont nombreux dans le Briançonnais proprement dit et, particulièrement, à Névache et dans la région du Monêtier. Ils se trouvent à une altitude moyenne de 2.100 mètres (extrêmes: 1.780 et 2.390 mètres) (1). Ils

---

(1) D'après M. SCHRÖTER, les chalets d'été les plus élevés sont ceux de l'Alp de Zona, Gringerthal, à 2.665 mètres; ceux de Findelen, dans les Grisons, sont à 2.075 mètres, in prince Roland BONAPARTE, *loc. cit.*, Voir aussi R. BLANCHARD, *op. cit.*

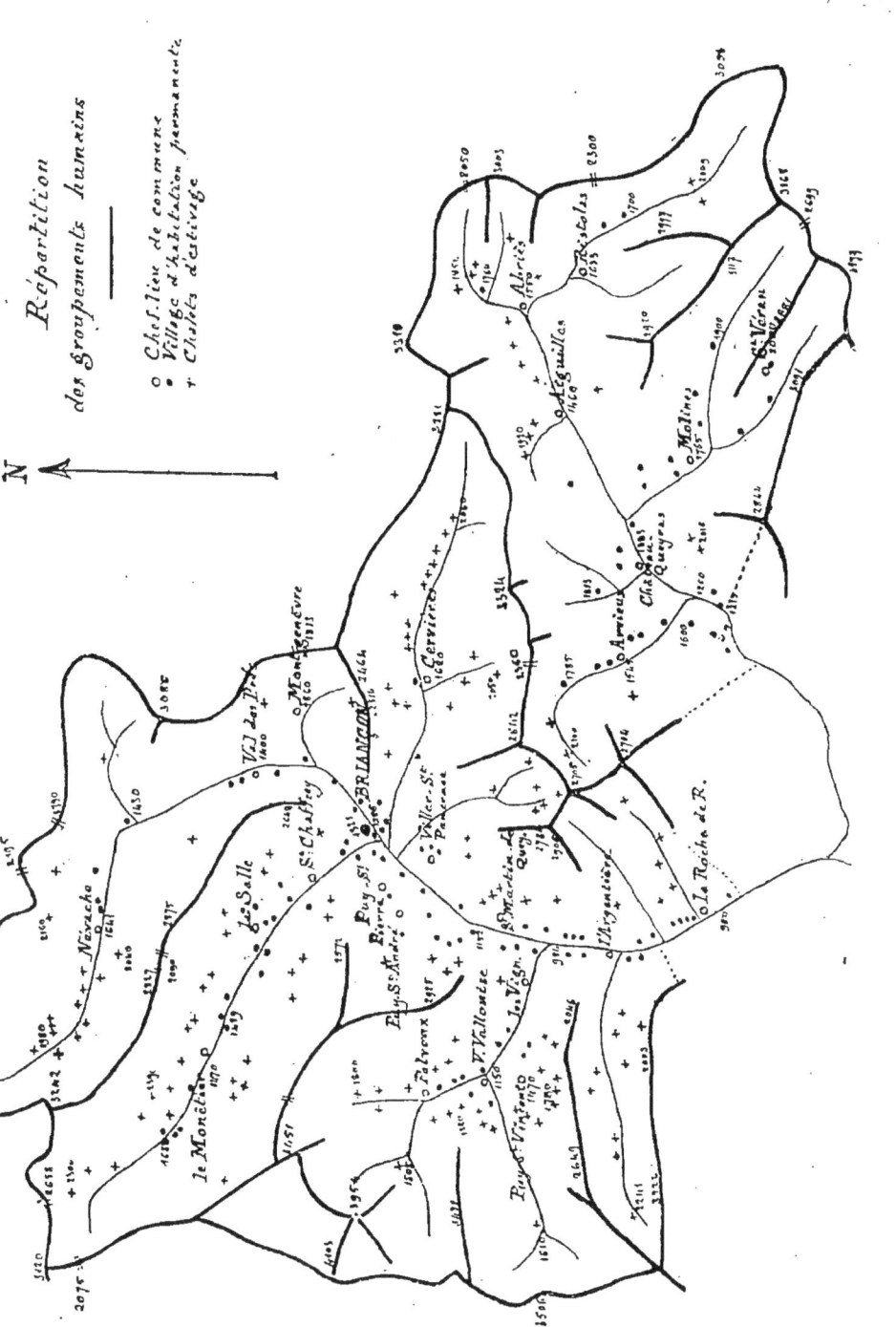

se tiennent généralement plus nombreux et plus haut à l'endroit qu'à l'envers, conséquence forcée de l'exposition. Et ceux qui sont sur les versants de l'envers ont toujours été placés, soit dans des vallons secondaires (Buffère de Névache, Granon du Val-des-Prés, Fréjus de la Salle, etc.), soit sur des replats ou paliers (Goudissard de la Salle, Éduits de Saint-Chaffrey, chalets de Puy-Saint-Vincent), où ils bénéficient d'une insolation presque égale à celle des « endroits » francs. C'est la même loi, en somme, que celle qui régit la distribution des habitations permanentes.

§ 4 — *Costume*

Il n'y a plus de costume spécial et local. Les hommes portent la veste et le pantalon et se coiffent de chapeaux; les femmes se vêtent généralement de noir, se couvrent les épaules d'un fichu placé en pointe et portent, soit une coiffe blanche serrée sur la tête, dont le fond seulement se relève un peu en pointe à l'arrière, soit un bonnet noir garni d'une ruche noire également (Saint-Véran). Le linge et les anciens vêtements de bure, de fabrication locale, disparaissent devant la lingerie et les costumes tout faits des grands magasins urbains. Aux jeunes enfants seulement, on remarque des bonnets en étoffes multicolores, ornés de perles en verre ou en os et que confectionnent les mères. Le soulier ferré est la chaussure de tous.

§ 5 — *Mode d'existence*

La division de l'année alpestre en deux saisons nettement tranchées, l'hiver et l'été, division qui a influencé le groupement des habitations humaines et leur a imposé une division parallèle en demeures hivernales et demeures estivales, commande, au surplus, toute l'existence des populations de ces montagnes. Dans les paragraphes suivants nous reprendrons en détail certaines manifestations de cette existence. Caractérisons-en dès maintenant l'ensemble.

PLANCHE VII

Les Chalets des Ayes en été.

La chapelle des Chalets des Ayes; au fond, a gauche, la forêt de cembros.

L'été court est la saison laborieuse. C'est la saison de l'exploitation du sol, qui a deux formes : 1º la culture agricole, à laquelle s'adonne une partie de la population mâle dans les vallées un peu larges et pas trop élevées où l'agriculture tient une certaine place, et qui devient l'apanage des femmes dans les hameaux reculés et élevés où la belle saison est encore plus brève et les terres arables plus exiguës; 2º et surtout l'industrie pastorale qui occupe la population masculine en partie ou en totalité, en raison inverse de l'importance de la culture agricole. C'est pendant cet été court que l'on mène et que l'on tient le bétail sur la montagne, l'alpe; que l'on fume les terres, répare les canaux d'arrosage, arrange les chemins; que l'on irrigue, fauche, moissonne, laboure, ensemence. Souvent la neige arrive avant que tout soit terminé et la récolte toute rentrée. Et il faut encore faire la provision de bois ou de charbon pour l'hiver.

« Les conditions de vie des populations montagneuses sont toujours difficiles (1). »

L'hiver, long, est, à vrai dire, une saison d'engourdissement, de somnolence, d'oisiveté, pour la majeure partie de la population. Nulle industrie d'hiver. Nulle autre occupation que le soin du bétail, la réparation des outils agricoles. Une partie cependant des hommes, pour s'occuper et gagner de l'argent, émigre l'hiver et va au loin, dans le « bas pays », chercher du travail. Nous le verrons plus loin.

De là des déplacements périodiques : déplacements généraux en été pour l'exploitation des pâturages de haute altitude; déplacements individuels en hiver effectués par les hommes les plus actifs.

A vrai dire, ces déplacements individuels durant l'hiver tendent de plus en plus à disparaître. Le colportage, qui en était autrefois le principal motif, est à peu près complètement supprimé par le développement des communications et du commerce local. Il n'y a plus, de ce fait, d'apport d'argent dans le pays. D'un autre côté, les mœurs changent. Les montagnards

---

(1) L. A. FABRE, *L'Exode montagneux.*

ne sont plus si économes que leurs pères. Sans vivre mieux, ils prennent des habitudes de dépenses. On fréquente les cafés et auberges. Les vieux habits tissés dans le village avec la laine du troupeau, le vieux linge tissé avec le chanvre du jardin sont remplacés par des effets achetés aux magasins de la ville et de moindre durée. Les réserves, les capitaux disparaissent ou s'amoindrissent. On n'a plus d'argent pour acheter des troupeaux. Il y a un appauvrissement général ou, plus exactement, une diminution de l'épargne, sauf peut-être à Cervières et dans le Queyras où les « bas de laine » sont encore nombreux et remplis. A Briançon et aux environs, les paysans vivent beaucoup de l'usine. A L'Argentière et à La Roche, il va en être de même.

§ 6 — *Alimentation*

L'alimentation du montagnard se compose principalement de pain, de laitage et de pommes de terre. Il s'y ajoute aussi des choux et, de temps à autre, quelques quartiers de vache ou de chèvre salée, exceptionnellement un morceau de mouton. Le pain ne renferme que rarement de la farine de froment et est fait surtout de seigle et d'orge. On ne le cuit généralement, et même dans les villages tout proches de Briançon, qu'une fois par an, au commencement de novembre (1). Il devient dans le courant de l'année d'une dureté telle qu'il faut la hache ou le marteau pour le casser et qu'on doit le réduire en poussière pour le rendre mangeable. Souvent on le fait bouillir avec cinq ou six fois son poids de pommes de terre additionnées de lait. Ce mélange se prépare pour plusieurs jours et se mange ordinairement aigre. C'est seulement dans les environs immédiats des centres importants, comme Briançon, que le montagnard prend de temps en temps chez le boulanger du pain de froment ou de méteil de fabrication récente.

Le lait se consomme frais et à l'état de caillé ou de fromage,

---

(1) Peut-être pour ménager le bois, presque toujours insuffisant pour la durée de l'hiver.

plus ou moins bien fait et plus ou moins ancien. Dans le Queyras on fait du fromage dit « bleu », genre Roquefort, qui jouissait, autrefois surtout, d'une véritable renommée. Mais le fromage le plus généralement fabriqué pour la consommation locale et qui constitue un des éléments essentiels de l'alimentation du montagnard est la « tome », simple caillé vieilli, conservé sous forme de gros pains cylindriques, à qui seuls s'applique exactement et originellement le mot de « tome » (du grec τεμω, je coupe?). Arrosée d'eau-de-vie, et nonobstant les vers qui souvent y grouillent, la « tome » devient un régal pour le montagnard.

La rigueur du climat ne permet pas — sauf dans la vallée de la Durance en aval de Prelles — la production abondante d'autres légumes que la pomme de terre et le chou. Ce sont donc ces deux seuls légumes qui constituent la partie végétarienne de la nourriture.

Quant à la viande, on n'en consomme à peu près pas, si ce n'est, de temps en temps, un quartier de la vieille chèvre, brebis, ou vache qu'on aura conservée dans le sel. On n'élève pas de porcs ou fort peu.

L'épidémie de fièvre aphteuse qui a sévi dans le Briançonnais en 1906 a eu comme conséquence, en empêchant la vente du bétail, d'amener souvent le montagnard, au cours de cette année, à manger des moutons ou brebis dont il ne pouvait plus se défaire.

Bien que la vigne ne puisse être cultivée qu'en aval de Prelles, l'usage du vin — vin rouge — est très répandu maintenant dans tout le Briançonnais. On se nourrit avec les produits si peu nombreux et peu variés du sol, mais on fait monter régulièrement du vin du « bas pays ». Et bien des montagnards non seulement boivent volontiers une bouteille de vin, mais encore professent que le vin vaut la viande et que du pain trempé dans du vin suffit à faire un excellent repas réparateur.

L'amour de l'eau-de-vie, de la « blanche », est non moins développé et répandu que l'amour du vin. C'est cet alcool, obtenu dans le « bas pays » par la distillation des marcs de raisin, qui constitue la friandise suprême du pays, l'accompagnement obligé de l'hospitalité offerte à un bon ami ou à un visiteur de marque. Mais on n'en fait pas abus, et le Briançonnais n'a aucune tendance à l'ivrognerie et encore moins à l'alcoolisme.

§ 7 — *Hygiène. Maladies*

Résultat de la rigueur et de la longueur de l'hiver, ce qui caractérise le plus, malheureusement, ces populations du Haut-Dauphiné, c'est l'absence absolue d'hygiène et même de simple propreté, sauf de rarissimes exceptions.

L'usage de l'eau et des ablutions est totalement ignoré, bien entendu, mais, en outre, on vit dans la crasse et la saleté accumulées, ainsi qu'en témoignent les vêtements tachés et poussiéreux, les cols de chemise noirs de crasse, les enfants malpropres, les intérieurs de logis jamais nettoyés.

C'est donc le froid rude et prolongé de l'hiver qui est la cause et, il faut l'ajouter de suite, l'excuse de cette malpropreté.

Pour échapper à ce froid pénétrant et implacable, les montagnards s'enferment avec toute leur famille et leurs bêtes, l'hiver, dans leur étable, aux ouvertures rares et étroites, toujours ou presque toujours closes. Très peu d'entre eux commencent à renoncer à cette pratique. Dès les premières neiges, on descend dans la « crèche » le poêle, la table, le lit ou les lits, on serre un peu le bétail d'un côté, on s'entasse de l'autre et, dans ce réduit puant, à air vicié, tiède et humide, où « le matin on ne peut faire flamber une allumette, faute d'oxygène (1) », gens et bêtes attendent le retour du printemps, évitant le froid et économisant le combustible. Quand ils sortent en hiver pour aller à la ville, à un marché, dans un bureau de fonctionnaire, les montagnards emportent avec eux et exhalent partout où ils se trouvent une odeur de fumier tenace, envahissante et insupportable. Si on leur fait remarquer les inconvénients et les dangers d'une telle habitude, ils répondent que le climat de leur pays et le manque

---

(1) Raoul BLANCHARD, *op. cit*

de combustible leur en font une nécessité, que s'ils ne se calfeutraient pas dans leur écurie, ils gèleraient de froid et n'auraient jamais assez de bois ni de charbon pour se chauffer. Ce dernier point semble exact, et les habitants ne se font pas faute de faire observer que le séjour dans les maisons d'école (salles de classes et logements de maîtres ou maîtresses) et les fruitières qu'on leur a bâties, spacieuses et aérées, est intenable en hiver et que ces habitations ne peuvent être suffisamment chauffées.

Les lits sont parfois des lits fermés comme en Bretagne (vallée de Molines).

Dans beaucoup de villages, notamment en Vallouise, on couche l'hiver dans des draps en laine ou même dans des peaux de mouton plus ou moins mal mégissées. Ces peaux ne sont jamais nettoyées et servent à plusieurs générations; ces draps ne sont lavés qu'une fois par an, à Pâques; c'est assez dire dans quel état peu engageant et antihygiénique se trouve cette literie.

Les intérieurs des maisons sont à l'avenant. Et cette absence de propreté se constate partout, même chez certains habitants qui devraient donner l'exemple de la propreté et de l'hygiène, tels que certains officiers ministériels et petits fonctionnaires. Elle se retrouve dans les moindres circonstances. Que de fois n'avons-nous pas vu des paysans des environs de Briançon, revenant de la ville avec un tombereau de fumier et rapportant du pain de boulanger, mettre ce pain à même sur le fumier sans aucun dégoût!

Cette ignorance de l'hygiène et de la propreté et ces habitudes d'hivernage ne vont pas sans engendrer des maladies, notamment des affections pulmonaires. Cependant ces maladies restent assez peu importantes, et par le nombre et par l'intensité; pour qu'il en soit ainsi, pour que de telles habitudes ne propagent pas des épidémies redoutables, il faut vraiment que le climat de ce pays soit merveilleusement sain et son atmosphère remarquablement pure.

Les deux maladies qui sévissent dans le Haut-Dauphiné et en sont caractéristiques — bien qu'en décroissance cependant — sont le goître et le crétinisme. On a longtemps désigné comme particulièrement en proie à ces affections les habitants de la Vallouise et ceux de Saint-Chaffrey. Aujourd'hui encore ce sont eux qui en sont le plus éprouvés.

La nature et les causes de ces deux maladies, qui d'ordinaire s'accompagnent plus ou moins dans un même groupe de populations, quoique sévissant souvent isolément sur les individus, ont donné lieu à de nombreuses controverses non encore terminées. On a incriminé les eaux (1), l'air, l'absence d'iode dans les unes et dans l'autre, etc. Il nous semble que les causes principales, primordiales de ces deux affections, sont le manque d'hygiène, l'insuffisance d'alimentation (2) et les rapprochements consanguins multipliés que comportent les mœurs des populations briançonnaises les plus arriérées (Vallouise et Saint-Chaffrey), précisément celles qui présentent le plus de goîtreux et de crétins. Nous en avons dit suffisamment sur le manque d'hygiène pour qu'on se fasse une juste idée de ses conséquences. Nous n'aurons pas en à dire beaucoup sur les unions consanguines pour qu'on en entrevoie rapidement les résultats.

Pendant de longues générations (et souvent encore maintenant) les mariages se sont contractés entre jeunes gens d'un même village ou au moins d'une même vallée, sans qu'il y eût alliance avec le village voisin ou la vallée voisine. Depuis longtemps les unions se sont répétées entre cousins et même cousins germains. Il en est forcément résulté un abâtardissement de la race. A cela il faut ajouter les nombreux rapprochements consanguins, voire incestueux, que la promiscuité de familles entières entassées de longs hivers dans une écurie a favorisés et provoqués, d'autant plus que les crétins des deux sexes ont les instincts passionnels anormalement développés. Absence d'hygiène, alimentation insuffisante, unions consanguines, il n'en faut pas plus, à notre avis, pour expliquer le développement

---

(1) Déjà VITRUVE (*De architect.*, t. VIII, 3). Le Dr RÉPIN, de l'Institut Pasteur, attribue le goître à la minéralisation de certaines sources de montagne. Les eaux des torrents ne donnent jamais le goître (*Revue générale des Sciences*, 1910, p. 736).

(2) Cf. LEVAINVILLE, *op. cit.*

pris chez ces populations montagnardes par le crétinisme et le goître, formes de rachitisme. Et cette manière de voir est corroborée par ce fait que ces deux affections sont en décroissance marquée depuis un certain nombre d'années, depuis que le développement des communications et des échanges amène des mariages entre jeunes gens de communes et de vallées différentes, voire de pays éloignés, depuis que le service militaire fait sortir les jeunes hommes de leurs montagnes, que les troupes tenant garnison dans le pays y apportent par contre des éléments nouveaux.

La modification des mœurs locales, la diffusion des habitudes d'hygiène et du bien-être amèneront sûrement la disparition de ces deux plaies des Alpes et d'autres montagnes similaires, sans qu'il y ait rien à changer à la composition des eaux si limpides ni de l'air si pur.

Mais cette transformation est bien désirable, car ces pauvres populations offrent souvent des spectacles bien attristants. Nous ne pouvons oublier l'impression éprouvée lors de notre premier passage dans certain village de la Vallouise : de petits hommes, que nous prîmes d'abord pour de jeunes garçons, nous saluaient avec un sourire hébété sur leur visage glabre, à peau ridée, parcheminée et jaune; des femmes, assises au soleil devant leurs maisons, tricotaient, littéralement couvertes de mouches; plus loin, un idiot, bizarrement accoutré, somnolait, accroupi au soleil, sur le seuil d'une porte, couvert lui aussi de mouches innombrables; sur les balcons des maisons ou sur des cordes tendues séchaient des effets et surtout des draps de laine roussis par l'usage et lieu d'élection encore d'essaims de mouches avides; les portes des maisons laissaient entrevoir des écuries ou des logis sales et sombres; du fumier et des excréments d'animaux se voyaient partout auprès des maisons et dans la rue, et toute cette misère et cette malpropreté contrastait douloureusement avec le soleil éclatant et l'idéal azur du ciel.

D'après les statistiques officielles, les principales maladies sont les suivantes : pneumonie, 19 %; bronchite chronique, 13 %; bronchite aiguë, 12 %; tuberculose pulmonaire, 3 %; coqueluche, 3 % ; diarrhée et entérite, 11 % ; maladies de cœur et tumeurs, 4 % ; méningite simple, 5 % ; débilité sénile, 13 %.

§ 8 — *Mentalité. Caractère*

La mentalité et le caractère des Briançonnais rappellent beaucoup ceux de leurs ancêtres, les Ligures (1).

Ils sont généralement intelligents, aptes au commerce, adroits en affaires, méfiants, mais honnêtes.

Très économes et sobres, ils se contentent de très peu. Mais ils ne sont vraiment ni laborieux, ni ingénieux. Indolents en même temps que sobres, ils recherchent plutôt le moindre effort. Sous ce rapport, ils participent du tempérament méridional (2). Si une partie des hommes émigre l'hiver, la majeure partie reste au pays, oisive, ne s'occupant de rien, sans aucune industrie d'hiver. Dans certaines communes, ils abandonnent même à vil prix à des Italiens leurs lots de bois d'affouage au lieu de les exploiter eux-mêmes et d'en tirer trois fois plus de profit.

Leur amour de l'épargne et leur sobriété font qu'ils vivent de façon misérable et s'alimentent mal et insuffisamment, même lorsqu'ils ont les moyens de se donner un peu de confort et de bien-être, comme c'est le cas de plusieurs habitants de petits villages qu'on ne soupçonnerait pas possesseurs de bons titres de rente et de « bas de laine » bien garnis.

Cette excessive parcimonie, jointe aux habitudes de pâturage abusif, a souvent fait taxer les montagnards — alpins et autres — de cupidité et de rapacité. Ce sont là de bien gros mots et bien immérités. Quand on connaît la dure vie de la montagne, la rigueur du climat, l'ingratitude du sol, on ne saurait travestir

---

(1) Cf. C. Jullian, *op. cit.*, et sur le caractère difficile à pénétrer du montagnard, L. A. Fabre, *L'Exode montagneux en France* (*Bull. Géogr. hist. et descript.*, 1908, nos 1 et 2).

(2) B. Chaix, sous-préfet à Briançon de 1800 à 1815, écrit dans ses *Préoccupations statistiques,* déjà citées : « On remarque moins de mendiants, moins de célibataires, moins d'enfants trouvés, d'enfants abandonnés, que dans le reste de l'Europe... la généralité des habitants de nos Alpes ne songent qu'à subsister en travaillant. »

ainsi le désir bien légitime qu'ont d'assurer leur existence ces pauvres et braves gens si peu favorisés de la nature.

Très routiniers, ils ne tirent cependant pas tout le profit possible et rationnel des ressources de leur pays. Pourtant ils sont instruits et supérieurs sous ce rapport à bien d'autres régions de France. Chez eux, la proportion d'illettrés est infime, l'instruction primaire est très répandue. Ils s'enorgueillissent de compter comme issus de leur pays plusieurs noms célèbres qu'on retrouve, en effet, très fréquents dans les vallées briançonnaises : les Thiers, les Alphand, les Faure, les Fine (1).

Très attachés à leur pays, qu'ils défendirent de tout temps avec bravoure — notamment en 1815 (2) — ils ont le caractère indépendant, l'amour de l'égalité et de l'équité, qualités chez eux héréditaires (3). Ils n'en sont pas moins respectueux de l'autorité et fort déférents avec les fonctionnaires. A ces derniers, ils promettent d'ailleurs aisément ce qu'on leur demande, mais sans l'intention ferme de tenir leur promesse.

Vis-à-vis des agents forestiers — contre qui, dans certains pays, les questions de reboisement ont soulevé tant d'hostilité — ils ont toujours eu une attitude courtoise et conciliante. Personnellement nous n'avons eu qu'à nous louer de nos relations avec

---

(1) Le savant Oronce Fine (1494-1555) est né à Briançon même.

(2) Briançon soutint glorieusement en 1815, sans garnison régulière, un siège de trois mois et obligea l'armée piémontaise assiégeante à repasser la frontière. Ce haut fait d'armes est rappelé par l'inscription suivante, placée au-dessus de la porte d'Embrun (porte sud de l'enceinte de Briançon) : « 1815. Les Briançonnais, sans garnison, soutiennent un blocus de trois mois et conservent la place. Le passé répond de l'avenir. »

(3) Dès 1343, par transaction passée avec leur dauphin Humbert II, les Briançonnais, moyennant un impôt annuel, rachetèrent toutes servitudes féodales, s'assurèrent, sous la seule suzeraineté du prince, des droits et des devoirs égaux entre tous les citoyens, obtinrent la faculté de s'assembler à leur gré pour régler leurs affaires, de nommer leurs consuls, de répartir les contributions. Celles-ci atteignaient d'ailleurs tous les habitants sans exception, toutes les terres étant cadastrées et cotisées. Il n'y eut plus de nobles ni de privilégiés; c'était une véritable république. En 1789, les Briançonnais multiplièrent, mais en vain, leurs efforts pour conserver leur antique et si spéciale constitution et ne pas s'uniformiser avec les autres pays de France sous la même législation.

les maires et tous les montagnards du Briançonnais, relations qui n'ont cessé d'être empreintes d'estime et de confiance réciproques, de sympathie et de cordialité. Et nous tenons à dire ici que nous en conservons le meilleur souvenir.

Il faut signaler d'ailleurs, à la louange des agents des Eaux et Forêts, l'esprit de conciliation et de large bienveillance que depuis longtemps ils apportent dans l'application de la loi forestière et dans la gestion des forêts communales. Aussi ne rencontrent-ils plus maintenant dans leurs relations avec les communes les difficultés contre lesquelles eurent à lutter leurs prédécesseurs de toute la première moitié au moins du dix-neuvième siècle. Ce n'est pas que ceux-ci aient été trop sévères et rigoureux. Il a fallu l'être pour asseoir le régime forestier dans ces montagnes et y obtenir le respect des forêts. On recueille aujourd'hui le fruit de cette sévérité bienfaisante et nécessaire aux débuts. « Autrefois, nous disait un jour un maire, l'Administration forestière nous refusait tout ce que nous demandions et était de la dernière rigueur ; aujourd'hui nous n'avons qu'à demander pour obtenir. » A quoi nous répondîmes qu'aujourd'hui les communes ne demandent plus que des choses raisonnables.

Sans doute, actuellement encore, les montagnards voient d'un mauvais œil et redoutent les emprises de l'État pour les reboisements, et cela non seulement à cause des privations de pâturage qui en résultent, mais encore et surtout à cause des risques de procès-verbaux que le voisinage de leurs terrains de parcours avec les terrains de l'État leur fait courir (1). Mais le régime forestier ne leur inspire plus la même aversion qu'autrefois. Ils en ont reconnu les bons effets pour la gestion de leurs forêts

---

(1) D'ailleurs les montagnards s'exagèrent beaucoup ces risques et les conséquences de ces procès-verbaux. Ils sont persuadés qu'un seul procès-verbal entraîne sûrement pour plusieurs milliers de francs d'amende et de frais, et que l'Administration n'hésiterait pas à en exiger le paiement et à poursuivre leur ruine complète et absolue! Ces dernières années, dans toute l'inspection de Briançon, il n'y avait pourtant qu'un procès-verbal à peine par an pour délit de pâturage dans les périmètres de reboisement et qui était suivi d'une transaction pour une somme très modique.

communales et ils arrivent maintenant à consentir à placer sous ce régime certains terrains à reboiser.

La méfiance qui est dans le caractère de tout montagnard et de tout paysan dispose encore peu le Briançonnais aux associations corporatives. Nous le verrons à propos des fruitières. Cette méfiance, sans doute, a été l'origine de certains règlements locaux en vertu desquels (ainsi à Brunissard d'Arvieux) les travaux agricoles et forestiers (plantation des choux, semailles, récoltes, pâturage, exploitation des bois) sont faits par tous ensemble à jours déterminés, au son de la cloche du village. On ne va pas les uns sans les autres. Il faut y voir aussi un trait de mœurs patriarcales, d'autant que pour tous ces travaux les ménages valides commencent toujours par faire la besogne des veuves, des infirmes, de ceux qui ne peuvent travailler en personne. C'est une touchante réalisation d'assistance et de solidarité.

Les Briançonnais sont encore généralement très religieux, mais avec une tendance à l'être moins. Le respect pour les parents et la soumission vis-à-vis d'eux, autrefois absolus, seraient en diminution, d'après certains habitants qui se plaignent aussi du développement des mauvais instincts chez la jeunesse.

La majorité est catholique. Les protestants forment une minorité concentrée surtout dans le Queyras (Arvieux, Saint-Véran, Molines). La vivacité des sentiments religieux s'affirme dans le grand nombre d'édifices cultuels et dans l'assistance suivie et l'attachement aux manifestations extérieures du culte. Tous les groupements d'habitations permanentes, à peu près sans exception, ont leur église desservie par un prêtre résidant. Beaucoup de groupements de chalets d'été ont une chapelle et une multitude d'oratoires et d'édicules consacrés à divers saints jalonne les routes et les sentiers. Il existe encore des confréries de pénitents qui font escorte aux convois funèbres, vêtus de la macabre cagoule.

Catholiques et protestants vivent d'ordinaire en bonne intelligence et se confondent volontiers dans les occupations de la vie ordinaire. A Saint-Véran toutefois, pays de traditions, les femmes des deux cultes portent un signe distinctif extérieur, qui est, pour les catholiques, une croix en argent ou en or avec un cœur du même métal, pendus au cou par un ruban et tombant sur le corsage et, pour les protestantes, deux perles blanches suspendues à un ruban noir. Autrefois les relations entre les deux confessions furent moins pacifiques. Depuis le quatorzième siècle jusqu'au début du dix-huitième siècle ce fut, avec de courts intervalles de paix, une longue série de persécutions, de tortures et de guerres entre catholiques, d'une part, Vaudois ou protestants, de l'autre, et tour à tour exercées par les uns contre les autres (1).

Au point de vue politique, la majorité des Briançonnais n'a pas professé jusqu'à ces dernières années des idées très avancées et s'est contentée de marquer un attachement fidèle aux institutions établies. Aux élections législatives de 1906 toutefois, c'est un socialiste « unifié » qui a triomphé. Ce choix semble dû surtout à l'action des habitants employés comme ouvriers par certains industriels, car la plupart des montagnards étant propriétaires fonciers ne peuvent guère être tentés par les projets du socialisme intégral. En outre, trait caractéristique, les Briançonnais n'admettent comme représentant qu'un enfant du pays; de plus, certaines rivalités existent entre le bassin propre de la Durance et le bassin du Guil. N'ayant à examiner la question qu'à titre moral et psychologique, nous noterons seulement la soudaineté de cette transformation mentale qui a fait que, lors de cette élection et pendant certaines grèves qui se sont produites ultérieurement, on a vu manifester avec des drapeaux rouges et au chant de l' *Internationale* les mêmes hommes et femmes qui, les années précédentes, suivaient les processions et chantaient les cantiques. D'ailleurs, en 1910, le député socialiste a été remplacé par un républicain de nuance moyenne.

Quoi qu'il en soit et au point de vue strictement sylvo-pastoral, il importe de mentionner que la question forestière n'a donné

---

(1) Voir Dr CHABRAND, *Vaudois et protestants des Alpes*, Grenoble, Drevet, 1886.

lieu à aucune discussion et n'est pas intervenue dans les luttes électorales. Les divers partis en présence se sont bornés, en reconnaissant la nécessité des reboisements, à demander le plus de ménagements possibles pour les intérêts privés de la population.

§ 9 — *Processivité. Criminalité*

Les Briançonnais sont très peu processifs et procéduriers. On doit leur adresser des éloges à cet égard et les féliciter de leur esprit d'équité et de concorde.

Les justices de paix n'ont que des affaires peu nombreuses et insignifiantes et il en est à peu près de même du tribunal civil.

Les affaires correctionnelles ne sont non plus ni nombreuses ni graves, en général. Les vols sont fort rares.

En somme, c'est une population de braves et honnêtes gens.

Certaines régions paraissent cependant être encore affectées de criminalité, mais d'une criminalité tout intestine et alimentée uniquement par des dissensions entre autochtones. Dans la Vallouise, les incendies, même les assassinats, ne sont pas rares et sont la manifestation d'inimitiés de village et de querelles de voisins. C'est une sorte de *vendetta*, de justice par soi-même. On met le feu chez celui-ci pour se venger de tel acte ou de telle parole, et il y a tel créancier qui se garde de réclamer son dû à ses débiteurs de peur de représailles farouches. Généralement, les auteurs de ces crimes restent inconnus, leurs concitoyens, par sympathie ou par peur, faisant autour d'eux la conspiration du silence. On prétend aussi que le vol et le viol sont communs en Vallouise.

Mais il paraît y avoir dans cette sinistre réputation une exagération manifeste. Les pauvres habitants de cette pittoresque vallée, issue de la base du grandiose Pelvoux, sont un peu, dans la contrée, regardés comme des ilotes à qui l'on impute toutes sortes de vices. La chose ne date pas d'hier. Le P. Fornier donne en français la citation suivante tirée de la *Vie de saint Vincent Ferrier* (l'évangéliste de la Vallouise) par Ranzano : « En cette région de la France, que le vulgaire de nostre temps apelle Daufiné, est une vallée flanquée de deux montagnes, qui, en ce temps..., estoit habitée d'une nation non guères moins que barbare, infectée et entachée de tant de vices que nul ne pouvoit compatir pour demeurer avec eux, qu'il ne se résolût à mener une vie brutale et charnelle, ou ne s'adonnât aux brigandages, ou qui ne print toute sa récréation dans les meurtres et les assassinats ou qui ne fust maistre en la magie... A raison de cette vie et de tant d'autres exécrables abominations, et mille autres forfaicts, ce lieu a esté appellé, en langue française, *Val Pute*, qui est autant que si vous disiez valée orde, puante et abominable (1). »

Au point de vue purement forestier, les délits et déprédations sont assez rares et de très peu d'importance. Ce ne sont guère que quelques abus de dépaissance et quelques coupes frauduleuses de bois. Sous ce rapport, il a été réalisé une grande amélioration depuis la première moitié du dix-neuvième siècle, époque durant laquelle de nombreuses déprédations étaient commises.

§ 10 — *Migrations*

1. Différentes migrations

Une migration périodique, assez générale, mais très restreinte pour la distance, régit, nous l'avons vu, la vie du montagnard alpin. C'est celle qui est nécessitée par l' « inalpage » ou l' « estivage » sur les hauts pâturages. Dans les communes où existent des chalets d'été, la majorité des ménages abandonne le village et s'installe, trois ou quatre mois durant, dans les chalets.

En dehors de ce mouvement tout local, la population brian-

---

(1) La vallée de la Gyronde, dénommée *Vallis Gerentonica, Jarentonna*, en 739 et 1095, devient *Vallis puta* en 1173, 1204, 1265 (*puta, putida*, infecte). Saint Vincent Ferrier, qui y séjourna et y prêcha après 1400, en fit *Vallis pura*. Les habitants adoptèrent le nom de *Val Loyse* ou *Valloulse*, en reconnaissance de ce qu'en 1478, Louis XI défendit de les inquiéter pour leurs croyances religieuses, qui étaient celles des Vaudois.

çonnaise est affectée de trois autres formes plus étendues de migration : une émigration annuelle; une émigration prolongée ou définitive, forme de l'exode rural; une immigration annuelle. Elles vont être étudiées successivement (1).

L'émigration annuelle ou régulière est constituée par le départ à l'entrée de l'hiver et le retour au printemps d'habitants actifs et laborieux allant travailler au loin dans le « bon pays » durant la mauvaise saison, au lieu de rester oisifs chez eux et de ne rien gagner. Au retour, ils rapportent l'argent nécessaire pour payer les impôts et alimenter le ménage. Alors que ces émigrants appartiennent aux deux sexes dans certaines parties des Hautes-Alpes, dans le Briançonnais ils ne comprennent que des hommes ou jeunes gens. Leurs occupations sont diverses; ils se font colporteurs, garçons charcutiers ou épiciers, décrotteurs, selon leur âge et leur lieu d'origine; divers aussi sont leurs lieux de destination. Ceux de Bouchier vont colporter de la toile dans la région de Nîmes; ceux de la vallée du Monêtier vont dans le Berri, la Touraine et jusqu'à Nantes; les Queyrassins gagnent les villes du Sud-Est, de Lyon à Nice, surtout Marseille, qui est la métropole du Sud-Est alpin. Cette émigration annuelle ou temporaire est fort ancienne. En 1698, l'intendant Bouchu rapporte que beaucoup de Briançonnais, partis pauvres, reviennent enrichis de France, d'Espagne ou d'Italie. B. Chaix évalue de 1.500 à 1.800 par an (pour les années 1800 à 1815), le nombre des hommes du ressort de Briançon, âgés de treize à soixante ans, allant l'hiver dans le Sud-Est ou en Piémont (2), voire en Espagne et Portugal.

Mais cette émigration diminue rapidement. Elle n'existera bientôt plus et fait place, d'année en année, à une émigration prolongée ou même définitive. Le colportage notamment est tué par le développement des chemins de fer, des communications et du commerce local.

---

(1) Voir sur ce sujet l'excellente étude de M. l'abbé Margot-Duclot, *L'Émigration des Hauts-Alpins en France et à l'étranger*, in *La Réforme sociale*, 1905, p. 763, à laquelle nous faisons plusieurs emprunts.

(2) B. Chaix, *op. cit.*, p. 741.

L'émigration prolongée, qui n'est en somme qu'une manifestation de l'exode rural, est faite du départ, quelquefois de familles entières (Cervières), mais plus généralement de jeunes hommes seulement. Ils vont, dans les villes du Sud-Est encore, s'employer de préférence comme garçons laitiers, épiciers, crémiers. C'est surtout au commerce du lait, du beurre et du fromage, avec lequel ils ont été familiarisés durant leur enfance, qu'ils s'adonnent. D'autres sont garçons de café, marchands de tissus. L'un d'eux même, originaire de Villar-d'Arène, est allé à Nantes fonder la maison Amieux si renommée pour ses conserves de sardines (1). D'autres, originaires d'Aiguilles, ont fondé à Marseille une importante maison d'ameublement. D'autres sont industriels en Piémont, propriétaires à Turin, etc. Quelques-uns sont tentés par le fonctionnarisme et sollicitent des emplois de douaniers, gendarmes, cantonniers, gardes forestiers. Enfin, un petit nombre ne craint pas de s'expatrier; ce sont des Queyrassins, ils se dirigent sur la République Argentine, comme les Basques et à l'instar de leurs voisins de Barcelonnette qui vont au Mexique.

Ces émigrants partent souvent avec l'idée de retour. Quelques-uns reviennent (Cervières). Mais la plupart perdent l'envie de finir leurs jours dans le rude pays natal, ceux surtout qui restent en France. Car, proportions gardées, on voit plus de retours d'émigrants à l'étranger, revenant après fortune faite, que d'émigrants en France : les riches villas d'Aiguilles bâties par des Américains (au nombre de 18 à 20) en sont la preuve. Beaucoup de jeunes gens remontent de temps en temps, tous les cinq à sept ans, voir les « vieux », retremper leurs forces dans l'air pur et vif de la montagne ; mais ils sont établis au loin, dans le « bas pays »; ils s'y sont mariés, enracinés; finalement ils délaissent totalement la vallée natale et vendent ou abandonnent leur part du maigre patrimoine.

L'émigration aux colonies et à l'étranger, en dehors de celle signalée sur l'Amérique Latine, est à peu près nulle. Les sollici-

---

(1) Abbé MARGOT-DUCLOT, *op. cit.*

tations dans ce but sont sans effet ou ne se sont pas produites. Mais fréquemment ceux qui se sont expatriés entraînent ensuite tout ou partie de leur famille.

On n'a pas non plus dans le Briançonnais le triste spectacle, comme à Chaudun (Hautes-Alpes) ou à Mariaud (Basses-Alpes), de villages disparaissant entièrement, émigrant en Afrique et laissant leur territoire à l'État pour faire du reboisement. Les Briançonnais ne sont pas près d'en venir à de telles extrémités, grâce au ciel.

2. Dépopulation

Néanmoins, le résultat local de cette émigration est une dépopulation inquiétante et attristante.

Partout on ne voit que champs abandonnés, maisons fermées et en ruines, chalets écroulés. Ristolas a diminué de 42 feux en quarante ans. Montbardon est tombé, de 125 habitants en 1783, à 55. Le village de Prats-Haut (Château-Ville-Vieille) est presque désert. A Valpreveyre (Abriès) il y avait autrefois 80 habitants résidant *toute l'année*, il ne s'y en trouve plus aujourd'hui que 7, dont 2 fermiers italiens, et qui ne séjournent qu'*en été*. De même Le Bourget de Cervières, jadis paroisse et la plus ancienne du Briançonnais, n'était déjà plus habité que pendant l'été vers 1830 (1). De même la plupart des hameaux du Queyras, aujourd'hui simples chalets d'été, et qu'on commençait déjà en 1783 à abandonner (2). Le Queyras a vu, en vingt-cinq ans, sa population réduite d'un tiers. Comme, en général, le nombre des naissances dans le Briançonnais est encore sensiblement égal à celui des décès, la dépopulation y est presque entièrement due à l'émigration. De 1896 à 1901, le Briançonnais est tombé de 27.340 habitants à 26.828, soit une perte annuelle moyenne de 102 habitants. La population de Cervières, où cependant quelques émigrants reviennent après fortune faite, est descendue successi-

---

(1) B. CHAIX, *op. cit.*
(2) ALBERT, *Histoire du diocèse d'Embrun*, 1783. Sur la dépopulation du Queyras, voir Raoul BLANCHARD, *op. cit.*

vement aux chiffres suivants : 711 en 1888, 628 en 1892, 593 en 1896, 527 en 1900 (même chiffre en 1906).

M. P. Guillaume a donné un relevé des populations par commune en 1799 et 1886 (1). Si l'on y ajoute les chiffres de 1906, on a une série de comparaisons fort intéressante qui est résumée ci-dessous :

	1799	1886	1906
Ville de Briançon.	2.666	5.777	7.426
Briançonnais proprement dit.	13.658	14.955	13.572
Queyras.	6.621	5.269	4.415
Total de la population rurale.	20.279	20.224	17.987
Total général (urbain et rural).	22.945	26.001	25.413

Ainsi, abstraction faite de la ville de Briançon qui s'est augmentée constamment et considérablement, grâce surtout à sa garnison, la population du Briançonnais (rurale), après s'être accrue jusque vers 1846 comme celle de tout le département, est redescendue progressivement (2). En 1886, elle était à peu près au chiffre de 1799. Actuellement elle est bien au-dessous. La population rurale du Briançonnais proprement dit (bassin de la haute Durance) était encore en 1886 plus forte qu'en 1799, aujourd'hui elle est à peu près au même chiffre. Mais le Queyras s'est constamment réduit. D'après Chaix, le ressort de Briançon comptait, en 1806, 1.998 habitants de moins qu'en 1698. Le mouvement de dépopulation date de loin.

Si l'on examine en détail les relevés par commune, on voit qu'en 1886, par rapport à 1799, les communes de l'Argentière, Cervières, Puy-Saint-André, Puy-Saint-Pierre, La Roche-de-Rame, Saint-Chaffrey, Saint-Martin-de-Queyrières, La Salle, Vallouise, Les

---

(1) P. GUILLAUME, *Inventaire sommaire des Archives départementales des Hautes-Alpes*, t. I, séries A, B, C, Introduction et *Mouvement de la population du département des Hautes-Alpes au dix-neuvième siècle* (*Bull. Soc. Études des Hautes-Alpes*, 1908). Pour le Queyras, M. TIVOLLIER (*Monographie de la vallée du Queyras*, Gap, Jean et Peyrot, 1897) donne les chiffres suivants : dixième siècle, 3.595 habitants; 1799, 6.621; 1881, 5.149; 1891, 4.867; 1897, 4.707.

(2) Aiguilles eut son maximum de population en 1826 (1.003 habitants), Abriès aussi (1.826 habitants).

Vigneaux, Villar-Saint-Pancrace, Arvieux et Saint-Véran étaient en augmentation de quantités variant entre 36 (Cervières) et 371 (La Roche); les autres communes étaient en diminution en proportion également variable. En 1906, par rapport à 1886, toutes les communes sont en diminution plus ou moins considérable, sauf Puy-Saint-André qui s'est encore accru de 20 habitants, Val-des-Prés qui est en hausse de 7 et Villar-Saint-Pancrace de 2; mais ce sont là des chiffres insignifiants. En somme, jusqu'en 1886, ce sont les communes les plus basses en altitude et à territoire le plus fertile qui se sont accrues ou ont le mieux résisté à la dépopulation. Cependant Saint-Véran et Cervières paraissent faire exception à cette loi. En 1906 Saint-Véran et Molines ont encore 1.239 habitants, 283 seulement de moins qu'en l'an VIII. Saint-Véran s'est encore augmenté de 20 habitants depuis le début du dix-neuvième siècle. Depuis 1906, toutes les communes se dépeuplent, celles qui touchent à Briançon pouvant toutefois bénéficier quelque peu du courant qui grossit la ville.

Les conséquences locales de cette dépopulation sont la diminution des surfaces cultivées, de moindres soins donnés aux terres et aux canaux d'arrosage, la réduction des troupeaux; en un mot, la diminution de l'exploitation du sol par suite du manque de bras. Il y a parallèlement une élévation des salaires des ouvriers et employés agricoles, qui n'ont d'ailleurs jamais été nombreux, une décroissance des revenus des propriétaires et des capitaux. La disparition du colportage se traduit pour le pays par une perte financière considérable. Les colporteurs revenaient jadis au printemps avec plusieurs milliers de francs. Au Monêtier, c'est au moins 200.000 à 300.000 francs qui arrivaient chaque année. Ces ressources disparaissent aujourd'hui.

Au point de vue forestier, ces conséquences fâcheuses trouveraient une compensation, au reste bien partielle et bien faible, en ce fait que la réduction des cultures et du nombre des troupeaux, surtout des bêtes ovines, favorisera le reboisement et l'amélioration des pâturages. Du moins cette compensation pourrait-elle devenir sérieuse et satisfaisante, si la population restante, se maintenant en nombre suffisant, acceptait les opérations de reboisement nécessaires, réalisait les améliorations agricoles et pastorales rémunératrices et abandonnait la routine ancestrale (1).

Les causes de cette dépopulation sont complexes.

Il y a d'abord et avant tout la difficulté de vivre avec les seules ressources locales, et c'est là l'origine et le motif de l'émigration annuelle. Déjà, en 1823, le Briançonnais Faure, calculant le budget d'une famille rurale de son arrondissement, trouvait un excédent de dépenses sur les recettes variant de 310 à 54 francs, sauf dans le canton de Briançon où les unes et les autres se balançaient. La situation n'a pas beaucoup changé aujourd'hui dans l'ensemble. En 1840, M. Delafont, inspecteur des forêts du département, attribuait déjà l'émigration au rendement insuffisant de l'agriculture (2).

Une autre cause, plus récente, paraît être l'appauvrissement du pays consécutif à la grande réduction de l'émigration annuelle.

Peut-être aussi y a-t-il un effet d'atavisme, un reste des habitudes de ces ancêtres que les Romains qualifiaient déjà de *vagantes*.

Mais, au surplus, les causes de l'émigration définitive, laquelle est dérivée de l'émigration annuelle, sont celles qui provoquent dans toute la France l'abandon des campagnes. Dans le Briançonnais, il semble que deux soient principales et les condensent toutes : le service militaire, l'âpreté de la vie montagnarde. Le service militaire, en appelant les jeunes gens dans les villes, leur donne des idées, des goûts, des aspirations que leurs pères ignoraient. Il leur fait entrevoir des existences plus douces, plus faciles, plus joyeuses, plus rémunératrices. Par contraste, la vie de la montagne leur apparaît âpre, ingrate, rebutante. La facilité actuelle des communications, les chemins de fer, la civilisation aident à cela. Les générations nouvelles ont une mentalité toute différente de celle des anciennes, qui étaient satisfaites

---

(1) Cf. F. BRIOT, *Études sur l'économie alpestre*, p. 24 et suiv.
(2) DELAFONT, *Mémoire sur l'état des forêts dans les Hautes-Alpes*, Gap, J. Allier, sans date.

d'une vie paisible et frugale dont ne se contente plus notre époque, avide de jouissance et de bien-être (1). Un vieux Briançonnais disait récemment à des jeunes gens : « Vous prétendez vivre mieux que nous dans vos villes, mais vous travaillez toute l'année, tandis que nous, nous nous reposons tout l'hiver, bien au chaud dans notre *crèche*. » C'était là le vieil esprit. Aujourd'hui, on dédaigne « la crèche », antihygiénique d'ailleurs, et on va, dans le « bon pays », chercher « une place », « un petit emploi », qui « gagne ».

Dans de récentes et fort belles études sur l'exode montagneux en France, M. L.-A. Fabre (2) attribue cet abandon de la montagne à « une cause matérielle et physique indiscutable, qui lui est toute spéciale, l'appauvrissement, la dégénérescence, l'exode même du sol..., cause partout consécutive à la jouissance abusive. » Pour cet auteur, c'est « la faim et le torrent », celle-là conséquence de celui-ci, qui provoquent cette dépopulation. Il y a là, qu'il nous soit permis de le dire, une généralisation excessive, une exagération certaine, des cas, plutôt spéciaux et localisés, de Chaudun, Châtillon-le-Désert, Mariaud, ces villages alpins vendant ou offrant à l'État tout leur territoire et émigrant en entier en Algérie. Déjà, avant M. Fabre, d'éminents forestiers comme lui, MM. Guinier et Cardot (3), ont soutenu la même thèse et voulu établir que la dépopulation montagneuse s'est produite « en raison de la dégradation plus ou moins avancée du sol ». A notre avis, c'est là, nous le répétons, une exagération.

M. W. Kilian a dit plus justement que « l'envahissement des vallées par les alluvions modernes est *une* des causes du dépeuplement croissant des départements des Hautes et Basses-Alpes ;

---

(1) Cf. Henry BORDEAUX, *Le Village endormi, Paysages romanesques*, Paris, Plon, 1905.

(2) L.-A. FABRE, *L'Exode montagneux en France*. Voir aussi du même auteur : *L'État et la dépopulation montagneuse en France* (*Revue internationale de Sociologie*). Paris, Giard et Brière, 1909; *L'Exode du montagnard et la transhumance du mouton en France* (*Revue d'Économie politique*, mars 1909); *La Fuite des populations pastorales françaises* (*La Réforme sociale*, décembre 1909), etc...

(3) E. GUINIER, *La Question des montagnes*, Grenoble, 1890.

ce phénomène est intimement lié au déboisement des Alpes Françaises ».

Que la dégradation du sol ait contribué et contribue à cette dépopulation, nous n'y contredirons point. Qu'elle en ait été un facteur très important dans les régions ravagées par les torrents, comme les Basses-Alpes et les cantons méridionaux des Hautes-Alpes, c'est très vraisemblable. Mais, d'une façon générale et dans l'ensemble, cette dégradation n'est pas la cause déterminante et primordiale de l'exode montagneux. Celui-ci est avant tout et surtout l'effet d'une modification mentale et morale du montagnard (1). La preuve en est fournie par le Briançonnais où cet exode sévit, bien qu'il n'y ait ni de Chaudun, ni de Mariaud, ni de dégradations du sol comparables à celles de l'Embrumais et des Basses-Alpes. Le Queyras n'est pas une contrée ravagée par le torrent; les pâturages n'y sont pas très dégradés, beaucoup sont encore dans un état assez satisfaisant; et cependant cette contrée est particulièrement atteinte par l'émigration qui y grandit de façon continue, sauf dans les communes de Molines ou de Saint-Véran qui sont précisément celles où l'industrie pastorale se trouve être le plus rémunératrice. De même, nous avons vu tout à l'heure que ce sont les communes briançonnaises les plus haut situées et les moins fertiles qui se dépeuplent le plus. Et si l'on envisage les communes les plus dégradées par les phénomènes torrentiels : Le Monêtier, Puy-Saint-André, les Vigneaux, Val-des-Prés, on voit que la première seule est en dépopulation continue, et que les autres ont eu ou ont encore des accroissements de population. Dans ce pays, c'est donc bien l'infertilité, ordinairement conséquence de l'altitude, qui règle, d'une façon générale, l'exode montagneux (2). Saint-Véran

---

(1) Sur la généralité de l'exode rural, ses causes multiples, la prédominance de la cause morale et l'impossibilité de la rattacher à une cause physique générale, voir : *La Population du département de l'Isère* ; *La Dépopulation dans l'Yonne, dans la Creuse*, et les divers mémoires sur *La Désertion des campagnes*, in *La Réforme sociale*, 1907, 1908, 1909.

(2) Pour M. BRIOT, c'est aussi d'après l'altitude que s'accroît la dépopulation dans les Alpes : « Les villages au-dessus de 1.000 mètres ont perdu

même n'y fait qu'une apparente exception, pour la raison donnée tout à l'heure et parce que cette commune, si elle est la plus élevée, est très ensoleillée et a un sol plus fertile de ce fait que celui de bien des communes inférieures (1).

Il n'y a pas à faire entrer en ligne de compte parmi les causes de l'exode montagneux les emprises de l'État pour ses périmètres de reboisement. Certains auteurs l'ont fait, émus par les doléances intéressées et les exagérations des montagnards hostiles au reboisement (2). On peut admettre et nous reconnaîtrons volontiers que la constitution de ces périmètres cause une gêne parfois sérieuse aux montagnards; mais cette gêne n'est pas généralement allée jusqu'à provoquer leur exode. La preuve en est encore fournie par le Briançonnais, où les emprises de l'État sont fort réduites; par le Queyras surtout, où elles n'existaient point jusqu'en 1910, et qui sont pourtant des foyers importants d'émigration.

Peut-être, puisque cet exode a pour principale cause la recherche du mieux-être, pourrait-on l'enrayer par la meilleure exploitation du sol, la restauration des forêts, l'implantation d'industries locales, familiales, toutes choses qui augmenteraient les ressources pécuniaires et amélioreraient l'existence.

Depuis longtemps, il se produit dans le Haut-Dauphiné une immigration annuelle de Piémontais, surtout garçons et filles, venant seulement pendant la belle saison s'employer comme pâtres et ouvriers de culture (3). Mais cette immigration n'est guère devenue notable que depuis que se fait sentir la dépopula-

---

12 % de leurs habitants, et les autres 8,8 seulement. » (*Études sur l'économie alpestre*, p. 28.)

(1) Nous lisons avec grand plaisir dans la *Revue des Eaux et Forêts*, 1911, p. 129, sous la signature autorisée de M. Schæffer, inspecteur des Eaux et Forêts : « Le besoin de mieux-être est encore ici (Alpes) le sentiment psychologique qui détermine l'exode. » Cet exode « n'est-il pas plutôt un phénomène inéluctable, une évolution naturelle qu'il serait sage de ne pas vouloir entraver » ?

(2) Abbé Margot-Duclot, *op. cit.*

(3) Les Briançonnais assimilent plaisamment les migrations saisonnières de ces Piémontais à celles des hirondelles.

tion locale et le manque de travailleurs. Elle leur est proportionnelle. Actuellement c'est « surtout près des frontières, l'envahissement par le Piémontais. Les vallées de Saint-Véran, de Molines en reçoivent de 60 à 80 par commune. Les jeunes filles gagnent de 100 à 150 francs, les hommes jusqu'à 200 francs et chacun reçoit, en plus, une paire de souliers, un chapeau ou un mouchoir et un kilo de laine. C'est pour le Queyras une perte moyenne de 30.000 francs au minimum » (1). Plusieurs Piémontais se sont même établis en Queyras et ailleurs comme artisans, fermiers, voire propriétaires. A Abriès il y a presque autant d'Italiens que d'indigènes. D'autres travaillent à l'usine de Briançon. Il y a donc une infiltration piémontaise importante.

Le nombre des étrangers en résidence était dernièrement de 961, soit 3,6 % de la population. L'établissement des nouvelles usines de l'Argentière et de La Roche-de-Rame va faire hausser cette proportion qui est déjà de 7 %.

§ 11 — *Mouvement touristique*

Longtemps ignorées ou négligées, les Alpes briançonnaises sont enfin de plus en plus visitées par les touristes, simples oisifs en quête de beaux spectacles, amateurs de villégiatures saines et pittoresques, ou grimpeurs convaincus et alpinistes intrépides, tous amoureux, non d'une « Suisse d'opéra-comique », mais d'une « nature forte, violente, nue, avec toute sa sauvagerie poétique, mais rudimentaire », tous désireux de « vivre recueillis dans une nature splendide, pure, où les hommes et les choses ont gardé leur primitive écorce (2) ». Leur nombre peut s'évaluer à 20.000 par an.

Ce mouvement spécial est favorisé par l'action du Club-Alpin, dont une section a son siège à Briançon même, du Touring-Club et des syndicats d'initiative de la région, notamment des syndicats du Briançonnais et du Queyras nouvellement créés. Quel-

---

(1) Abbé Margot-Duclot, *op. cit.*
(2) Joseph Pradelle, *En Provence*, Paris, Lemerre.

ques hôtels se sont installés sur les plans et avec le confort modernes, mais ils sont encore en nombre insuffisant. Dans certaines vallées reculées, des chalets-hôtels, à installation sommaire mais hygiénique, ont été construits. Dans la montagne, le Club-Alpin et le Touring-Club ont édifié plusieurs refuges, précieux pour les ascensionnistes.

Des services de cars alpins, aujourd'hui presque tous automobiles, multiplient dans tous les sens les communications journalières : entre Briançon et le Bourg-d'Oisans, entre Briançon et Oulx (Italie), entre la gare de l'Argentière et la Vallouise, entre la gare de Mont-Dauphin-Guillestre et Abriès, entre le Lautaret et Saint-Michel-de-Maurienne. Des voies nouvelles s'ouvrent ou s'ébauchent. Le Club-Alpin ou le Touring-Club font établir des sentiers de la Bérarde (Oisans) à Vallouise, autour du Pelvoux, et surtout la « Route des Alpes », qui traverse le Briançonnais du col du Galibier à Mont-Dauphin (1). La municipalité de Briançon s'occupe d'améliorations dans la ville et dans ses abords, notamment de la création d'un tramway entre la gare et la ville avec prolongement éventuel sur le Montgenèvre et Oulx.

Les sports d'hiver, encouragés vivement par les deux puissantes associations précitées, concourent encore à faire connaître, aimer et visiter les Alpes briançonnaises.

Tout ce mouvement augmentera les échanges, mais aussi l'exode rural.

§ 12 — *Garnison*

La place de Briançon renferme 2.600 hommes de garnison (infanterie, artillerie, génie, intendance, services auxiliaires). En outre, dans plusieurs villages et postes le long de la frontière, des détachements de chasseurs alpins séjournent toute l'année

---

(1) Cette route suit, dans le Briançonnais, la route de Saint-Michel-de-Maurienne au Lautaret, puis la route nationale de Grenoble à Briançon, enfin celle de Briançon à Mont-Dauphin par le col d'Izoard et le Queyras ou par la vallée de la Durance.

ou viennent passer l'été. Ces troupes donnent à tout le pays une animation et une activité commerciale et pécuniaire qui lui sont éminemment profitables.

C'est également à la population militaire que l'on doit la propagation toute récente du ski, cet instrument de locomotion emprunté à la Norvège et si utile pendant les longs mois d'hiver (1). Le Club-Alpin et le Touring-Club aident d'ailleurs efficacement à cette propagation qui s'étend de jour en jour dans les régions montagneuses de France.

---

(1) Le second concours international de ski a eu lieu au Mont-Genèvre, en février 1907.

TROISIÈME PARTIE

ÉTUDE DU TRAVAIL

CHAPITRE IV

PROPRIÉTÉ RURALE, CULTURES ET BÉTAIL

---

§ 1 — *Répartition générale du territoire*

D'après la statistique agricole, le territoire de l'arrondissement de Briançon (canton de la Grave compris) se répartit comme suit entre les diverses natures de culture :

	Hectares	Soit :
Superficie agricole : 19.285 hectares		
1. Terres labourables.	8.543	5,2 %
2. Vignes	64	
3. Prés naturels	10.549	6,5
4. Cultures diverses non dénommées ci-dessus.	129	0,1
Superficie non agricole : 144.534 hectares		
5. Pâturages et pacages.	55.962	34,1
6. Bois et forêts	29.472	18
7. Landes et incultes.	24.484	15
8. Parties du territoire non comprises dans les catégories ci-dessus.	34.616	21,1
Superficie totale	163.819	100 %

En somme, territoire exploité : 104.719 hectares ou 64 % ; territoire non exploité : 59.100 hectares ou 36 %.

Nous n'avons pas les mêmes données à l'égard du Briançonnais géographique (arrondissement moins le canton de la Grave), mais on peut sans erreur sensible lui appliquer les pourcentages ci-dessus.

Le chiffre de la superficie boisée figurant à la statistique qui précède est inférieur à celui qui résulte de la statistique de l'Administration forestière et que nous donnerons plus loin. Cela peut s'expliquer par ce fait que la statistique forestière englobe tous les bois, tous les terrains soumis au régime forestier, dont une partie est formée de zones de protection supérieures peu ou mal boisées, que la statistique agricole a plutôt classées dans les incultes et le surplus non utilisé du territoire.

§ 2 — *Répartition de la propriété*

Par nature de propriétaire, le territoire se répartit ainsi, pour l'arrondissement :

		Hectares	Soit :
État	Forêts	1.589	1 %
	Génie militaire	20	
Communes.		109.166	66,7
Établissements publics		100	
Particuliers.		52.944	32,3
	TOTAL.	163.819	100 %

Le domaine forestier de l'État comprend des bois de création récente et des incultes, rochers et terrains vagues (n°s 6, 7 et 8 ci-dessus). Le domaine militaire se compose des mêmes catégories de terrains.

Les communes possèdent des bois, des pâturages, des incultes et terrains vagues (n°s 4, 6, 7 et 8 ci-dessus).

Les établissements publics ne possèdent guère que des pâturages, des prés naturels et quelques cultures (n°s 3, 4 et 1 ci-dessus).

Enfin les particuliers possèdent les terres labourables et

les vignes avec des prés, des pâturages et quelques bois et incultes (nos 1, 2, 3, 4, 5 et 6 et 7 ci-dessus).

§ 3 — *Consistance de la propriété rurale*

La propriété particulière rurale est très morcelée et cela depuis des siècles. L'étendue d'une tenure moyenne est de 2 à 3 hectares. Il y aurait une tendance à la constitution de moyennes propriétés. Mais les conditions physiques et géographiques du pays s'opposeront toujours à la formation de tenures un peu considérables. Et, somme toute, à part certaines possessions ecclésiastiques disparues, la constitution de la propriété rurale est à peu près telle qu'elle était au quinzième siècle, peu après la charte de 1343, tout le territoire étant cadastré et allivré et tous les paysans étant, peu ou prou, propriétaires (1).

L'indivision est assez fréquente dans le pays. Mais elle ne porte que sur des surfaces peu importantes, en nature de pâturages, de bois ou de fruits. Elle tend d'ailleurs à disparaître.

L'exploitation est à peu près en entier familiale. Le montagnard, petit propriétaire, fait valoir lui-même son petit domaine. On peut estimer que 90 % des propriétés sont en exploitation directe, 8 % en fermage et 2 % seulement en métayage.

Le partage égal entre les enfants est généralement appliqué. Dans certaines régions toutefois, notamment le canton de l'Argentière, existe encore une ancienne coutume qui avantage d'un quart en sus des biens immeubles le fils ou la fille qui reste dans la maison paternelle. Son but est, naturellement, de conserver le patrimoine familial et d'en empêcher l'émiettement. C'est presque toujours le fils aîné, rarement une fille, qui est ainsi favorisé. Mais cette excellente coutume tend à disparaître.

Les notaires, maires, hommes d'affaires insistent, depuis quelques années, auprès des paysans, pour que l'émiettement du patrimoine soit évité et que les parents prennent les mesures né-

---

(1) Cf. FAUCHÉ-PRUNELLE, *op. cit.*

cessaires compatibles avec le Code civil. Ils y réussissent assez bien. Après une crise assez sérieuse, et parallèlement au développement de l'industrie dans le pays, les petites propriétés familiales tendent à s'augmenter ou au moins à se conserver intactes, beaucoup plus que par le passé. Les progrès de l'agriculture, qui devient plus prospère et plus rémunératrice, y aident aussi. Une autre cause aussi — cause fâcheuse — nous paraît favoriser ce mouvement heureux, c'est la dépopulation, l'émigration qui emporte et retient loin du pays plusieurs enfants d'une famille et permet alors la transmission à peu près intégrale de la propriété aux enfants ou à l'enfant restant dans la montagne.

Souhaitons que la récente loi sur le bien de famille ait dans le Briançonnais une prompte application. Les résultats n'en pourront qu'être excellents.

§ 4 — *Objectif de la propriété. Cultures, bétail*

1. Situation actuelle

Nous étudierons plus loin le domaine forestier de l'État et le domaine sylvo-pastoral des communes. Pour celles-ci, nous noterons simplement qu'elles exploitent leur propriété, tant forestière que pastorale, d'abord pour la satisfaction des besoins et intérêts des habitants, ensuite seulement dans l'intérêt de la collectivité. On satisfait d'abord la somme des besoins individuels, considérés *ut singuli*, et c'est seulement s'il reste des bois à prendre et des pelouses à utiliser qu'on les exploite pour la caisse communale, pour les besoins considérés *ut universi*.

La propriété a pour objectifs : l'agriculture et le pastorat. L'agriculture (principalement la culture des céréales et des pommes de terre), parce que les montagnards briançonnais produisent dans chaque vallée, dans chaque village, tout ce qui est nécessaire à l'alimentation, à la vie (sauf peut-être le chanvre pour la toile), comme au temps où il n'y avait ni chemins de fer, ni bonnes routes, et où chaque groupement d'habitants devait se suffire à lui-même. Le pastorat, parce que, dans ces hautes montagnes, l'industrie pastorale est la seule exploitation rémunératrice et la seule utilisation rationnelle des vastes surfaces gazonnées mises par la nature à la disposition de l'homme. Une preuve, entre autres, en est fournie par ce fait que les communes de Molines et de Saint-Véran, qui résistent le plus à la dépopulation générale, sont précisément celles où l'élevage rapporte le plus aux habitants. On voit de suite combien, dans ce pays qui a la vocation *pastorale* ou mieux *sylvo-pastorale*, l'économie agricole des montagnards est arriérée et constitue un véritable anachronisme. Elle se justifiait pleinement et s'imposait aux siècles écoulés, où il n'y avait que des moyens de communication rudimentaires, souvent totalement supprimés en hiver et auxquels les troubles et les guerres ajoutaient souvent une grande insécurité. Elle s'est maintenue telle ou à peu près, depuis, au lieu de se modifier au fur et à mesure des progrès de la civilisation et du développement des communications et des échanges. On continue à cultiver aujourd'hui des céréales à des altitudes beaucoup trop élevées pour que ces cultures soient rémunératrices. Le rendement est minime; souvent la récolte ne mûrit pas; il faut la lever hâtivement en octobre, au moment où la neige va revenir (1), ou bien il faut lui laisser passer un second hiver et la laisser mûrir au deuxième été. En septembre, nous avons vu, sur des versants ensoleillés pourtant, des avoines et des seigles encore verts et hauts de 20 centimètres à peine ! Les gelées tardives, les orages d'été détruisent souvent avant terme ces misérables moissons. Et au prix de quelles peines énormes et de quelles pertes de temps les obtient-on ! Les champs sont souvent très haut placés, parce qu'on a voulu mettre en culture des replats de bonne terre, des terrasses bien exposées; ils nécessitent alors de longues et pénibles ascensions. C'est à dos de mulet, à dos d'homme même, qu'il faut monter le fumier et descendre la récolte. Le montagnard ne compte ni son temps, ni sa peine, ne

---

(1) « Le blé de trois mois », *triticum trimestre*, « la gaîté des montagnes neigeuses » (DESJARDINS, *op. cit.*; C. JULLIAN, *op. cit.*).

se doutant pas de la valeur qu'ont l'un et l'autre, surtout de nos jours. Il ne se rend pas compte que ces cultures agricoles, de céréales principalement, sont ingrates et frustatoires; qu'il aurait infiniment plus d'avantage à faire venir de l'extérieur sa farine, ses grains et à conserver ses efforts, son temps et ses terres à une culture convenant au pays. Dans l'arrondissement, 4.000 hectares sont consacrés aux céréales, soit la moitié de la surface labourable !

Dans ce pays, il faudrait produire, comme dit excellemment M. Briot, « non plus les denrées de toutes sortes qui concourent à l'entretien de la vie, mais seulement celles que le sol est plus apte à fournir aux *moindres frais, en plus grande quantité et de qualité supérieure* (1) ». Étant donnés le climat, l'altitude, le relief du pays, la flore, la raréfaction de la main-d'œuvre, c'est évidemment l'industrie pastorale qui répond le mieux à ce desideratum. Elle existe déjà; il s'agit de l'améliorer et de la perfectionner. Ce sont donc les prairies qu'il faudrait multiplier dans les vallées, parallèlement aux améliorations sur les hautes pelouses, d'autant que les prairies donnent dans le Briançonnais plus de bénéfices que toute autre culture. Or, les prairies artificielles, bien qu'on commence à en faire (2) sont beaucoup trop rares. Elles n'occupent que 800 hectares.

« La question de la propagation des prairies artificielles, dit encore excellemment M. Briot, est d'importance capitale, car il faut toujours *chercher la cause des abus pastoraux dans la pénurie des substances fourragères.* »

Certains montagnards se rendent bien compte des avantages de cette transformation de l'économie agricole, mais de puériles raisons les arrêtent. Tel ce maire, à qui nous signalions l'exagé-

---

(1) *Études sur l'Économie alpestre,* p. 21.

(2) En 1909, à Meyriès, hameau de Château-Ville-Vieille, situé sur un versant, à 1.672 mètres d'altitude, les habitants, aidés par une subvention de 250 francs du Touring-Club, convertirent en prairies des cultures en pente, d'un rendement médiocre.

(3) D'après B. CHAIX, *op. cit.,* p. 239, il y aurait eu autrefois plus de prairies artificielles et moins de cultures de céréales.

ration des cultures de céréales et l'utilité de les restreindre pour faire des prairies artificielles et qui nous répondait : « Vous avez raison, mais pour faire cela, il faut des avances, de l'argent, et nous n'en avons pas; du fumier, et nous n'en n'avons pas assez. Puis, au lieu d'acheter du blé ou de la farine avec l'argent produit par les prairies et le bétail, on le dépenserait, on le gaspillerait. Tandis qu'en faisant venir son blé soi-même, on est sûr d'avoir du pain. » (!)

Cependant le manque de bras réduit l'étendue des cultures agricoles. Nombreux sont les champs abandonnés et, dans beaucoup de vallées, on ne cultive plus que ce qui est le plus près des agglomérations habitées.

L'outillage agricole est généralement très défectueux et primitif, même en ce qui concerne les outils manuels et aratoires, car pour les machines agricoles elles sont en général exclues du pays par le relief et par le morcellement de la propriété.

Le fumier de ferme est peu abondant, même augmenté de celui qu'on descend des chalets de montagne. Les engrais chimiques déjà très répandus dans la région de l'Argentière, commencent à pénétrer un peu dans le pays; mais ils sont encore bien négligés. Les assolements seraient aussi à améliorer.

En 1906, lors du concours agricole de l'arrondissement, le président de la Société d'Agriculture des Hautes-Alpes, M. Queyras, terminait ainsi le discours dans lequel il résumait la situation agricole de l'arrondissement et traçait le programme des améliorations à réaliser :

« Étendre et améliorer les prairies naturelles et artificielles afin de pouvoir engranger du fourrage en abondance, multiplier les bêtes à cornes des meilleures races, puisqu'on aura de quoi les hiverner, enfin renoncer à la location des pâturages et les peupler durant l'été avec les troupeaux du pays. Tel doit être l'objectif constant de tout bon cultivateur.

« La vente du bétail, du beurre et du fromage lui assurera un revenu régulier, exempt d'aléas... »

L'agriculture est développée et florissante surtout dans les communes de la Roche-de-Rame et de l'Argentière, en raison de leur basse altitude, de leur climat moins rude et de l'abondance de leurs eaux d'irrigation; ensuite entre Prelles et Briançon, puis en Vallouise et enfin dans la basse vallée de la Guisanne. En 1863 celle-ci passait pour l'une des plus riches des Alpes. « Il y règne généralement, dit un document administratif de l'époque, une grande aisance, résultat du travail agricole et industriel des habitants. » La vallée de Cervières et le Queyras sont surtout adonnés au pastorat.

2. Limites d'altitude

Naturellement la répartition des plantes cultivées varie avec l'altitude. Certaines restent localisées dans la partie basse du pays, la région de l'Argentière, qui jouit du double et précieux bénéfice de la chaleur solaire et d'eaux d'irrigation abondantes et qui peut cultiver tout ce qui n'exige pas une température douce en hiver. C'est, par exemple, la vigne qui ne dépasse pas, en amont, Prelles (altitude : 1.150 mètres) (1); divers légumes; les pommiers, poiriers et pruniers, qui réussissent bien dans la vallée de l'Argentière et de la Roche, et n'atteignent Briançon et les villages immédiatement environnants (1.350 mètres jusque vers Saint-Chaffrey) que dans des situations d'exposition et d'abri particulièrement favorables. Le noyer s'arrête à Briançon. Les haricots verts ne mûrissent pas ou gèlent ordinairement à Briançon (1.320 mètres). Le cerisier atteint facilement l'altitude de 1.350 mètres (Briançon et Château-Queyras). Mais il n'y mûrit ses fruits qu'en septembre. Les pommes de terre et les choux atteignent aisément les grandes altitudes (Saint-Véran, 2.000 mètres) et réussissent de façon assez satisfaisante dans tout le pays. Le seigle, l'orge, l'avoine, le froment atteignent aussi ces mêmes hauteurs (2), mais donnent des récoltes souvent faibles et aléatoires.

---

(1) La commune des Vigneaux (de *vignes*) était, il y a peu d'années encore, riche en vignes (altitude 1.123 mètres).

(2) Dans le Valais, à Findelen, le seigle et l'orge sont cultivés jusqu'à

Ils sont généralement sur les versants de l' « endroit » au soleil, le blé surtout; l'avoine et le seigle, moins exigeants en chaleur, sont semés parfois sur les « envers » qui ne sont ni trop élevés ni trop dans l'ombre.

On voit souvent de petits jardinets auprès des habitations les plus élevées (Saint-Véran). Mais ils renferment bien peu de choses et des choses bien éphémères : quelques salades, quelques choux.

La nature du terrain s'ajoute souvent à l'exposition pour permettre à certaines plantes cultivées de dépasser leur limite ordinaire d'altitude. Les fertiles dépôts glaciaires (ou torrentiels anciens) permettent souvent des cultures qu'un autre terrain ne porterait pas (1).

Les cultures agricoles du Briançonnais occupent naturellement d'abord les fonds de vallées (moindre altitude, sol meilleur); elles s'élèvent ensuite sur les versants jusqu'à une limite d'altitude maxima de 2.000 mètres, en profitant des terrasses, des arrêts de pente, des « clos » de bonne terre, et des expositions favorables. Par vallées, on relève actuellement les limites supérieures suivantes :

	Endroit mètres	Envers mètres
Vallée de la Clarée (alt. 1.400-2.700 mètres, long. 30 kil.).	1.800	1.500
Vallée de la Durance (alt. 910-1.860 mètres, long. 31 kil.).	1.900	1.450
Vallée de la Guisanne (alt. 1.206-2.640 mètres, long. 29 kil.)...............	1.700	1.800
Vallée de Cervières (alt. 1.200-2.900 mètres, long. 22 kil.).	1.900	1.800
Vallouise (alt. 1.000-3.306 mètres, long. 25 kil.).	1.850	1.600
Vallée du Guil (alt. 1.200-2.796 mètres, long. 40 kil.). .	1.950	1.650
Vallée d'Arvieux (alt. 1.270-2.500 mètres, long. 13 kil.).	1.800	1.650
Vallée de Molines-Saint-Véran (alt. 1375-2.700 mètres, long. 17 kil.)................	2.000	1.450

2.100 mètres sur le versant exposé au midi (prince Roland BONAPARTE, *La Géographie*, t. I, 1905). A Tchendon, dans le Tibet, les premiers champs d'orge apparaissent à 3.500 mètres (*Zeitschrift der Gesellschaft für Erdkunde zu Berlin*, 1908, p. 377-395).

(1) Cf. dans la vallée de Barcelonnette, J. LEVAINVILLE, *La Vallée de Barcelonnet'e*.

La moyenne est 1.850 mètres à l'endroit, 1.700 mètres à l'envers. Le Queyras, où nous avons trouvé les habitations les plus élevées du Briançonnais, du moins à l'endroit, a, sur ces mêmes versants, les cultures les plus élevées.

3. Production

Les tableaux suivants donnent la nomenclature et l'importance des principales plantes de culture du Briançonnais.

D'après la statistique agricole, les principales cultures occupent, dans l'arrondissement, les surfaces suivantes (1) :

	Hectares		Hectares
Froment	712	Betteraves	24
Méteil	81	Rutabagas	12
Seigle	2.562	Carottes	6
Orge	346	Chanvre	15
Avoine	591	Prairies trèfle	72
Haricots	14	artifi- luzerne	203
Lentilles	20	cielles sainfoin	386
Pois	10	Prairies temporaires (sain-	
Fèves	25	foin et fenasse)	177
Pommes de terre	892	Fourrages annuels	38

La production moyenne en argent est :

Céréales, légumes, fourrages	718.739 ^{f}	
Animaux de rapport	916.605	1.995.265 ^{f}
Lait, laine	359.921	

Le revenu agricole à l'hectare (pour les 19.285 hectares) est de 40 francs.

Une statistique, établie pour le Queyras seulement (2), donnait

---

(1) La statistique agricole ne donne pas, à tort, les quantités récoltées.

(2) *Archives de l'Inspection des Eaux et Forêts*. Pareille statistique manque pour le Briançonnais.

pour ces dernières années les moyennes suivantes, pour les surfaces cultivées et la production annuelle par hectare (avec indication des communes ayant donné le maximum) :

	Surfaces Hectares	Production en hectolitres
Froment.	93	13,8 (Arvieux, 25)
Seigle.	916	10,8 (Arvieux et Château, 13)
Orge	238	13,14 (Château-V.-V., 26)
Avoine.	185	13,14 (Arvieux, 23)
		Quintaux
Pommes de terre.	168	94,14 (Ristolas, 120)
Trèfle.	13	70,6 (Abriès, 100)
Luzerne.	14	60,2 (Arvieux et Château, 65)
Sainfoin.	86	48,5 (Aiguilles, 51)
Prés naturels	4.283	22,8 (Toutes, 25, sauf Arvieux)
Herbages	3.823	4,5 (Abriès, 7)
Pacages.	2.522	2,25 (Abriès, 4)

Nous avons dit que les particuliers possèdent une partie des pelouses de la montagne. Aussi ces pelouses sont-elles souvent fauchées (Lautaret, Montgenèvre, Gondran, divers points du Queyras, etc.). Les fourrages ainsi récoltés sont descendus aux villages. Il en faut de grandes quantités pour nourrir le bétail durant la longue stabulation hivernale, surtout dans les hautes vallées (Molines, Saint-Véran, Ristolas) où cette stabulation dure huit mois. Sur les pelouses non fauchables, par nature du sol ou par l'éloignement ou par l'altitude (en général celles-ci sont les prairies alpines, à partir de 2.400 mètres), on fait pacager.

4. Irrigations

L'agriculture ayant besoin d'eau, sous le climat sec des Alpes, les habitants se sont ingéniés depuis des siècles à avoir les eaux d'arrosage nécessaires au moyen de canaux de dérivation amorcés sur les rivières et portant les eaux à de grandes distances, suivant une pente douce, à flanc de coteau. L'invention de ces canaux ou « béals », ou « béalières », est attribuée par certains aux Sarrasins. Rien n'établit qu'ils ne soient pas plus anciens. Le « canal de ville » de Briançon, ou « béal Gaillard », branché sur la Guisanne, existe tel depuis le treizième siècle et apportait alors l'eau potable à Briançon. Autrefois, et aujourd'hui dans une moindre mesure, on donnait les plus grands soins à l'entretien de ces canaux, distributeurs de la fécondité des terres. Des règlements communaux répartissent entre les habitants la charge de cet entretien et la distribution et l'usage des eaux. Des gardes spéciaux (*prayers*) ont la mission de relever les contraventions à ces règlements.

Un *béalier* ou directeur du canal a le pouvoir de réprimer ces contraventions par l'imposition d'amendes ou de journées de prestation. Il dirige les réparations d'entretien, sert d'arbitre en cas de litige. La jouissance des eaux est répartie entre les habitants d'après les titres acquis par ceux qui prirent part à la construction du canal, mais elle est indépendante de la terre et se transmet à part. Elle s'évalue en heures, ou jours de seize heures en moyenne. Le laps de temps nécessaire à l'irrigation de la surface arrosable, appelé *cours*, dure de une à deux semaines.

L'irrigation est trop négligée actuellement, au moins dans les parties basses des vallées — car sur les hauts versants elle cause souvent des infiltrations ou écoulements, d'où naissent des glissements ou des ravinements torrentiels. — Elle fait merveille à l'Argentière et à la Roche-de-Rame et elle aiderait puissamment à la mise en valeur du Briançonnais par l'extension des prairies, qui sont l'avenir du pays et qui, dans les vallées, se trouvent tout à fait à leur place.

5. Bétail

En général, le montagnard garde pour l'hiver tout le bétail qu'il peut nourrir avec les fourrages engrangés. L'été, il envoie les animaux à la montagne et y ajoute souvent du bétail acheté ou loué au printemps. Sur l'alpe, les bêtes s'engraissent et « ne coûtent rien », point important. A l'automne, on vend une partie du troupeau, les bêtes âgées de préférence, puis le cycle recommence.

Les bovins appartiennent à des races locales dérivées de la tarine, généralement petites et ayant grand besoin d'être améliorées. Les vaches sont assez bonnes laitières.

Les ovins, au nez busqué, à laine grosse et longue, sont de la race bergamasque. Les chèvres sont petites et grêles.

Les existences actuelles sont (d'après la statistique agricole) :

Bovins (8.695)	Taureaux	68
	Bœufs	10
	Vaches	6.272
	Élèves	2.345
Ovins (21.679)	Moutons	760
	Brebis	14.841
	Agneaux	6.078
Caprins		1.846
Porcins		2.094
Chevaux		561
Mulets		1.411
Anes		614

Le nombre des ovins est en décroissance depuis longtemps, celui des bovins est à peu près stationnaire (1). Le Briançonnais est encore un pays de moutons. Or, les pays qui vivent du mouton sont des pays encore arriérés; ceux qui vivent de la vache, tels la Suisse, sont plus policés, plus avancés. Il y a là deux stades de civilisation bien distincts.

Si l'on fait le rapport entre les existences en bétail ci-dessus et la superficie territoriale, on trouve que le Briançonnais renferme 6,9 bêtes aumailles (bovins, mulets, chevaux et ânes) et 14,4 ovins ou caprins par 100 hectares. En comptant comme équivalents : 1 bovin, 1 cheval ou âne, 10 ovins ou caprins et 4 porcs, on trouve 8,6 têtes par 100 hectares. M. Briot, qui a trouvé pour tout le département des Hautes-Alpes, 26 unités (la moyenne

---

(1) Sur le bétail du Briançonnais et les améliorations qu'il comporte, voir les magistrales *Études sur l'Économie alpestre* de M. BRIOT.

nationale est 40), déclarait déjà cette proportion « un signe de culture très pauvre et épuisante (1) ». Le Briançonnais est donc encore notablement inférieur à la moyenne du département.

6. Impositions

En 1906, pour les vingt-cinq communes du Briançonnais (canton de la Grave non compris) le montant total des centimes était de 1.272, dont 581 extraordinaires pour une durée de plusieurs années allant jusqu'en 1935 pour quelques communes. Par commune, cela donne une moyenne de 31 centimes, dont 23,2 extraordinaires. Le montant de la dette en capital pour ces mêmes communes était de 443.225 francs, soit en moyenne 17.729 francs (Briançon, la commune la plus endettée, pour 62.132 francs).

7. Associations d'exploitation

Les associations entre propriétaires pour l'exploitation agricole, syndicats, mutuelles, caisses de crédit agricole, ne sont guère encore qu'à l'état d'ébauche. Signalons toutefois : la « Mutuelle-Incendie » de Val-des-Prés, créée dans cette commune en 1904; une société d'assurance mutuelle contre la mortalité du bétail qui fonctionne très bien et groupe presque tous les propriétaires de vaches; enfin la « Société d'Élevage du Briançonnais » qui s'occupe d'améliorer la race bovine du pays.

§ 5 — *Enseignement agricole, pastoral, forestier*

L'enseignement agricole est encore fort peu développé. On ne peut citer de ce chef que quelques cours d'adultes organisés notamment à Briançon, des conférences des professeurs d'agriculture et les encouragements et leçons de chose distribués par la Société d'Agriculture des Hautes-Alpes.

---

(1) *Études*, p. 75.

Notons encore, quoique leur programme soit très général et tende plutôt à la vulgarisation scientifique, littéraire et industrielle, les conférences organisées par l'Université populaire de Briançon. Elles donnent des résultats appréciables.

Au point de vue pastoral et forestier, l'enseignement est à peu près nul. On ne peut guère compter à ce titre que quelques conférences faites par des agents forestiers.

CHAPITRE V

COMMERCE ET INDUSTRIE

1. Commerce

Le mouvement commercial dans le Briançonnais est très restreint et n'a rien de saillant à notre point de vue spécial.

Le tonnage annuel moyen des marchandises pour la gare de Briançon, qui est le suivant, fait ressortir l'importance relative de l'*importation* :

Colis postaux : 14.000 au départ, 30.000 à l'arrivée.
Messageries, grande vitesse : 300 tonnes au départ, 600 tonnes à l'arrivée.
— petite vitesse : 6.500 tonnes au départ, 20.000 tonnes à l'arrivée.

Le nombre total annuel moyen des voyageurs à la même gare est de 120.000 (150 par train dans chaque sens).

Avec l'Italie il se fait un petit trafic de bétail, de légumes et fruits (importation) et un peu de contrebande de sucre.

2. Industrie

Il y a lieu, dans les pays montagneux à hiver rude, de faire une distinction entre les industries permanentes et les industries d'hivernage.

Dans la première catégorie, on doit mentionner, d'abord, pour le passé, les « fusines » ou « martinets », petits fourneaux ou forges à la catalane qui, surtout au Moyen Age, fonctionnaient nombreux un peu partout (notamment dans la combe du Queyras, sous Montbardon) et dont l'approvisionnement en combustible causa de nombreux et importants dégâts dans les forêts voisines, au point d'avoir provoqué souvent des interventions et prohibitions de l'autorité delphinale, du Parlement, voire du Roi. Ces fusines disparurent complètement au début du dix-neuvième siècle.

Pour le présent, il y a à citer : une tannerie aux Alberts, une fabrique de draps à la Salle, une minoterie et quelques scieries à bois à Briançon, ainsi qu'une usine travaillant aux Toulousannes la plombagine extraite de la mine du Chardonnet près le Monêtier; puis, méritant quelques détails, qui vont suivre : la Laiterie briançonnaise, les mines de charbon, les mines et usines de l'Argentière, les usines électriques et de la schappe à Briançon, l'usine de la Roche-de-Rame.

La Laiterie briançonnaise, installée près de Sainte-Catherine, sous Briançon, recueille le lait d'une grande partie du Briançonnais, Queyras compris (12.000 litres par jour recueillis dans un rayon de 120 kilomètres) et le transforme en beurre et en fromages mous ou bleus (alpin, pelvoux) et gruyère, qu'elle expédie dans les villes du Sud-Est. Une très petite partie s'en consomme à Briançon. Elle occupe 107 personnes et engraisse 600 porcs avec les résidus de sa fabrication.

Les mines de charbon ont été ouvertes au dix-neuvième siècle (B. Chaix revendique le mérite d'en avoir donné l'idée et provoqué l'exploitation) dans la couche de terrain carbonifère qui traverse tout le Briançonnais du nord au sud. C'est surtout ou même presque uniquement dans la vallée de la Guisanne (versant de l'endroit), entre le Monêtier et Briançon, et dans celle de la Durance, au-dessus de Villar-Saint-Pancrace et de Saint-Martin-de-Queyrières et sous Puy-Saint-Pierre et Puy-Saint-André, qu'elles sont exploitées. Elles ne donnent qu'une anthracite inférieure, réduite en poussière, mêlée de quelques noyaux très durs (dits « gazons ») et qu'on ne peut employer, pour le chauffage des poêles, qu'en la pétrissant avec de l'eau. Cette anthracite n'est pas exportée, mais elle est consommée en grande quantité dans le pays par les ménages pauvres ou de petite aisance. Bien des habitants même trouvent profit à vendre leur part d'affouage de la forêt et à ne se chauffer presque qu'avec du charbon qu'ils achètent. Cette exploitation et le transport de la houille à Briançon font vivre la presque totalité des habitants de Villar-Saint-Pancrace.

Les mines de plomb argentifère de l'Argentière, qui ont donné son nom à la localité, et qui furent connues et exploitées au Moyen Age, peut-être sous les Romains, restèrent longtemps ensuite abandonnées (depuis le quatorzième siècle). La Société des Mines de Bormettes vient d'en reprendre l'exploitation et de construire une usine-laverie à l'entrée de la gorge du Fournel (1906).

L'usine de la schappe à Sainte-Catherine, sous Briançon, date du premier tiers du dix-neuvième siècle. Elle fut fondée par la famille Chancel. On y fait le peignage des déchets de soie (ou schappe). Elle occupe 1.000 à 1.200 ouvriers et ouvrières.

Dans ces toutes dernières années, le Briançonnais vient de recevoir sa part du grand mouvement industriel qui s'est développé et se développe encore rapidement dans tout le Sud-Est et les Alpes par l'utilisation de la houille blanche. Il y a là un fait économique très intéressant, dont on enregistre avec grande satisfaction la manifestation jusque dans le bassin de la haute Durance et qui est appelé à s'affirmer encore avec plus d'importance, au fur et à mesure des progrès que feront l'électro-métallurgie, l'électro-chimie et l'électrification des chemins de fer.

Trois usines hydro-électriques ont été établies dans le Briançonnais. La première date de 1895. C'est l'usine du Pont Baldy, sur la Cerveyrette, qui fournit l'éclairage à la ville de Briançon, aux casernes, et qui actionne les câbles porteurs des forts de la place. Les caractéristiques sont : hauteur de chute : 60 mètres; débit maximum : 1.000 litres; puissance maxima : 600 chevaux; puissance utilisée : 250 chevaux.

Les deux autres usines viennent seulement d'être achevées. L'une, près de la gare de l'Argentière, utilise les eaux de la Durance et de la Gyronde, par une chute de 150 mètres. Avec un débit maximum de 20 mètres cubes, la puissance disponible est de 30.000 HP et sera employée à l'électro-métallurgie de l'aluminium (Société électro-métallurgique française). L'autre, près de la gare de la Roche-de-Rame, d'une puissance maxima de 6.000 HP, utilise les eaux de la Byaisse par 200 mètres de chute; le débit maximum sera de 3 mètres cubes. Cette usine va exploiter le procédé Pauling pour la fabrication artificielle de l'acide nitrique ou des nitrates par fixation de l'azote de l'air (Société La Nitrogène).

Enfin, sur le Guil, une usine est projetée pour l'utilisation d'une chute de 200 mètres dont la puissance serait de 20.000 HP.

Rappelons, sans qu'il soit besoin d'insister, que l'industrie hydro-électrique vit de la houille blanche, a besoin de débits abondants et réguliers autant que possible; qu'elle demande par suite le reboisement pour l'amélioration du régime des eaux.

Les industries d'hiver, si florissantes et bienfaisantes dans le Jura et en Suisse, ne sont encore dans le Briançonnais qu'à l'état embryonnaire, malheureusement. Elles s'y réduisent, en effet, à la fabrication à Cervières de quelques boîtes à beurre et à fromage faites avec le bois blanc, léger et souple du pin cembro, à une lapidairerie à Saint-Véran, enfin à des essais de fabrication, dans le Queyras, de jouets, menus objets et bibelots, en bois de mélèze ou de pin. La taillerie de pierre de Saint-Véran est due à la louable initiative de M. Toy-Riont et la fabrication des jouets, à celle de MM. Bourcier d'Aiguilles. Il faut souhaiter que les industries d'hiver se développent et remplacent par une activité fructueuse l'oisiveté stérile dans laquelle les Hauts-Alpins s'enferment l'hiver.

CHAPITRE VI

CONDITION DU TRAVAIL ET DU PERSONNEL

La main-d'œuvre locale, surtout pour les travaux agricoles, est plutôt rare et se fait de plus en plus rare.

Pour ces travaux, les salaires journaliers sont : hommes, $3^f 50$, femmes, $2^f 75$; souvent la nourriture est comprise. Ils sont en augmentation notable sur les taux d'autrefois (2^f et $1^f 75$); un faucheur pour la saison « aux Italies » touche maintenant 300 francs au lieu de 180. Aussi, le propriétaire voit-il son bénéfice absorbé par les frais de main-d'œuvre. Seul se tire bien d'affaire celui qui peut travailler sa terre lui-même ou avec l'aide seule des siens. Cela se voit d'ailleurs en plaine comme en montagne.

Les salaires dans les chantiers et l'industrie sont : hommes, 4 francs; femmes, $2^f 50$.

La proportion de main-d'œuvre étrangère est : pour les travaux agricoles, 5 %; dans les chantiers et l'industrie. 20 %. Elle est surtout fournie par les Piémontais.

Les travaux de reboisement n'ont plus d'importance dans la région et leur part dans les questions de travail et de salaire est négligeable.

Il a été fondé à Briançon deux syndicats professionnels ouvriers : l'un, celui des ouvriers de l'usine de la schappe, qui a cessé de fonctionner après l'échec d'une grève en 1907; l'autre, syndicat des ouvriers du bâtiment, qui n'a jamais fonctionné réellement.

Comme œuvre de prévoyance sociale, il n'y a guère à signaler que la « Fraternelle briançonnaise », société de secours mutuels créée en 1902 et très prospère. Limitée d'abord aux hommes (300 membres), elle admet depuis peu les femmes. Elle donne les soins médicaux et pharmaceutiques et des allocations en argent aux membres malades. Elle paie les frais de funérailles.

Une mutualité scolaire a été depuis peu organisée.

Les usines hydro-électriques de l'Argentière et de la Roche sont trop récentes, celle du Pont-Baldy trop peu importante, pour qu'on puisse apprécier par elles le caractère de l'ouvrier briançonnais et les répercussions qu'aura dans le pays le développement de l'industrie. L'existence déjà ancienne de l'usine de la schappe permet mieux d'en juger.

Cette usine occupe, — occupait surtout, — un nombre très élevé d'ouvriers et ouvrières qui se recrutent non seulement dans la population de Briançon et des communes suburbaines, mais jusqu'à la Salle et au Monêtier. Ces ouvriers sont en même temps, personnellement ou par leur famille, petits propriétaires et cultivateurs à temps perdu. Au début et presque jusqu'à ces dernières années, la création de cette usine fut considérée par tous comme un immense bienfait rendu au pays par la famille Chancel, en raison de l'appoint qu'elle apportait aux ressources de chaque ménage. Puis vers 1905, soit par l'effet d'excitations plus politiques qu'économiques, soit aussi parce que les salaires restèrent longtemps médiocres et ne furent pas relevés aussitôt et autant que l'évolution économique de la France l'eût voulu, des mécontentements, même rétrospectifs, se firent jour, des plaintes et des « revendications » s'élevèrent. Beaucoup d'ouvriers en vinrent, suivant le cliché classique, à se croire exploités jadis et présentement encore, par l'industriel propriétaire de l'usine, puis par la Société qui lui avait succédé. Vinrent en 1906 les élections législatives où triompha le candidat socialiste. Durant l'hiver 1906-1907, une grève violente éclata et parut avoir transformé les braves montagnards patients et résignés de la veille en révolutionnaires farouches, pour lesquels plus aucune loi, ni aucune contrainte ne devait subsister. Ne déclarèrent-ils pas, un jour, à un garde forestier, qu'ils iraient prendre du bois en forêt et que, puisqu'ils étaient en grève, il faudrait bien les laisser faire ! Manifestations, meetings, drapeaux rouges, chants de l'*Internationale*, rien n'y manqua. Finalement, la Société de la schappe ayant tenu bon et fermé momentanément l'usine, la grève échoua.

Il n'apparaît pas que l'existence de cette usine ait sensiblement entravé l'exode rural dans la région.

Beaucoup d'économistes ou de sociologues pensent que l'exploitation de la houille blanche et le développement de l'industrie hydro-électrique provoquera une heureuse renaissance de la vie provinciale, « accroîtra le bien-être des régions de hautes altitudes », enrayera la « désertion des paysans » et amènera « un retour des villes vers les campagnes devenues plus attrayantes (1) ». Nous craignons qu'il n'y ait là bien des illusions.

Sans doute, l'installation d'usines dans les hautes vallées y ramènera des habitants avec l'aisance et en arrêtera le dépeuplement, mais elle n'arrêtera pas, à vrai dire « l'exode rural », la « désertion du paysan ». Elle créera dans la montagne de petites villes, de petites cités industrielles, mais ces cités n'en comporteront pas moins de grands ateliers, les grands ateliers industriels, et les terres voisines n'en resteront pas moins dépeuplées, les champs n'en seront pas moins abandonnés. L'habitant cessera d'être paysan et se fera ouvrier citadin; il se transformera sur place ou à peu de distance de la maison paternelle au lieu d'émigrer au loin; mais l'agriculture n'en sera pas moins délaissée pour l'industrie et la mentalité de l'habitant n'en subira pas un changement beaucoup moindre. Or, si l'ouvrier des villes, l'ouvrier de grand atelier, a, certes, des qualités, il a des défauts et de graves défauts et il ne paraît pas supérieur ni même égal, à tout prendre et surtout au point de vue moral, au paysan. L'exploitation de la houille blanche dans la montagne, si elle en arrête la dépopulation absolue, ne nous paraît donc devoir ni en arrêter la dépopulation relative, ni y résoudre la question agricole et sociale. Le problème sera simplement déplacé.

Ce qu'il faudrait pour une heureuse solution, ce serait la créa-

---

(1) Voir notamment les communications faites aux Congrès de la Société d'Économie sociale en 1904 et 1908, et la conférence de M. P. Bougault, à la Société de Géographie commerciale, en 1903.

tion de petits ateliers familiaux, l'utilisation de l'énergie à domicile, soit pour des industries d'hiver, soit pour des industries permanentes, de façon à ne pas absorber tous les bras de la famille, à permettre la culture simultanée du patrimoine et à augmenter les ressources pécuniaires du ménage. Mais l'orientation actuelle de l'industrie vers les grandes usines ne paraît pas devoir de longtemps permettre cette solution.

On a pensé que le développement de l'industrie dans la montagne aura un effet heureux sur sa restauration. D'éminents forestiers, comme Mathieu et M. Briot, déclarent qu'il ne peut y avoir de doute à cet égard. M. Broilliard écrivait de même, avec toute justesse : « La pauvreté engendre la misère et celle-ci ruine les Alpes. » (1) Ce développement industriel peut assurément provoquer la restauration *pastorale* de la montagne. En effet, d'une part, en occupant les habitants, d'autre part, en augmentant leurs ressources pécuniaires, l'industrie les détournera de l'exploitation abusive de la montagne. Celle-ci n'étant plus surchargée, épuisée, se refera d'elle-même et, pour peu que l'homme y contribue par des travaux et des aménagements intelligents, sa restauration sera rapide et sa productivité assurée. Toutefois « il ne saurait être question d'encourager directement l'installation en montagne de la grande industrie. Elle y viendra d'elle-même, lorsqu'elle y aura un intérêt évident... C'est donc de la petite industrie qu'il faut s'occuper », et ce, dans le but de « faire de la montagne un milieu économiquement favorable à la forêt et au reboisement (2) ». Au point de vue pastoral cette action bienfaisante, parce que dérivative, de l'industrie paraît assez probable. Au point de vue reboisement, elle paraît fort problématique parce que subordonnée à l'abandon par les populations des pâturages inférieurs. Or on ne peut guère escompter cet abandon. Nous y reviendrons plus loin (chap. VII-§ 7).

---

(1) *Revue des Deux-Mondes*, 1ᵉʳ avril 1877.
(2) Ph. BAUBY, *Le Reboisement et les conditions économiques en montagne*, 2ᵉ Congrès de l'Aménagement des montagnes, 1906, Bordeaux, Féret 1907.

PLANCHE VIII

Le flanc nord du Janus (2.514ᵐ au sommet) et le bois de Sestrières s'émiettant avec l'altitude.

Le village de Plampinet (1.480ᵐ); au premier plan, le lit torrentiel de la Clarée; en arrière, a droite, versant nu et cassé, paturage de printemps; a gauche, dépression du col de l'Échelle, Aiguille rouge (2.547ᵐ) et bois de Saint-Hippolyte (pins a crochets) (Cliché Bouillaud, a Briançon).

QUATRIÈME PARTIE

STATISTIQUE SYLVO-PASTORALE
SITUATION ACTUELLE

CHAPITRE VII

LES FORÊTS

---

§ 1 — *Superficie forestière*

La superficie forestière totale du Briançonnais (non compris le canton de la Grave) est de 35.107 hectares, soit 25,65 % du territoire. Elle se décompose ainsi par nature de propriétaire :

Particuliers : 1.142 hectares.
Communes : 32.376 hectares dont 30.187 soumis au régime forestier.
État : 1.589 hectares, y compris les périmètres de reboisement.

Le Briançonnais apparaît donc ici comme relativement boisé, puisque le taux moyen de boisement de la France n'est que de 18 %. Mais on ne doit pas oublier que le taux désirable de boisement dans les pays accidentés est de 33 %. Dans la haute montagne, à relief très âpre, du Haut-Dauphiné, il faudrait atteindre près de 50 %.

Une statistique de l'Inspection de Briançon, en date du 26 septembre 1844, nous donne les contenances des forêts communales et particulières en 1791 et 1844, pour le Briançonnais proprement dit (sans le canton de la Grave et non compris le Queyras qui appartenait alors à l'Inspection d'Embrun). Le tableau suivant rapproche ces contenances des contenances actuelles pour le même territoire :

	En 1791	En 1844	En 1908
	hectares	hectares	hectares
Forêts communales (soumises au régime forestier)	12.058	19.793	20.949
Bois particuliers (ou communaux non soumis)	637	1.629	2.630
Total	12.695	21.422	23.579

Il en résulterait qu'une augmentation considérable de la superficie boisée, allant du simple au double de 1791 à 1908 et atteignant presque cette proportion déjà en 1844, aurait été réalisée au cours du dix-neuvième siècle, au moins pour le Briançonnais proprement dit. Il faut se défier des statistiques, surtout anciennes, et rien ne garantit l'exactitude des chiffres ci-dessus de 1791. Cependant il est certain qu'il y a un mouvement marqué de reforestation, dû, d'un côté, à l'abandon de terrains agricoles ou pastoraux par suite de l'exode rural, d'un autre côté, à la politique de reboisement suivie par l'État, politique qui se traduit par des soumissions de terrains communaux au régime forestier et par des constitutions de périmètres domaniaux de reboisement.

D'après Chaix, « l'Administration forestière parait compter encore sur une surface boisée de 25.575 hectares », à l'époque où il écrit (1840?).

§ 2 — *Aspect et répartition des forêts* (1)

A première vue les forêts, dans le Briançonnais, semblent cantonnées sur les versants de l'envers (N. et N.-E.), moins secs et chauds que ceux de l'endroit. De plus, sauf quelques massifs bien continus du Queyras (Gambarel, Bois-Foran, Marassan), elles se montrent rayées et déchirées par des couloirs d'avalan-

---

(1) Voir dans les *Nouvelles études sur l'Économie alpestre*, de M. Briot, d'admirables photographies des montagnes briançonnaises, forestières et pastorales.

ches et des ravins, trouées par des éboulements, morcelées et découpées de diverses façons. Quand on les parcourt, si l'on trouve ordinairement sous les mélèzes un vert et fin gazon, sous les pins on ne voit guère en revanche qu'un sol sec à peine vêtu d'une mince couverture morte, envahi par des sous-arbrisseaux peu fertilisants (busserole, amélanchier, etc.).

En descendant la vallée de la Guisanne, on ne voit d'abord, comme premiers représentants de la flore arborescente, que des saules bleuâtres et des aunes verts, à gauche, tapis en buissons dans les ravins descendant du Galibier, à droite, formant taillis au pied du versant du Combeynon. Toute cette région Lautaret-Galibier (et canton de la Grave) est si dépourvue de bois qu'autrefois les habitants faisaient sécher la fiente de vache pour en faire des mottes à brûler, et le font encore souvent aujourd'hui. Les premiers arbres, des mélèzes, n'apparaissent qu'au Lauzet, commençant la forêt. Celle-ci, mélèzes dominants avec quelques pins par endroits, se continue avec de courtes interruptions jusqu'en face de Briançon, revêtant tout l'envers, entre les vertes prairies et les champs de la vallée et du bas des versants, d'une part, et les têtes rocheuses nues, les hautes pelouses, les casses, d'autre part, au-dessus desquelles miroitent les glaciers. Mais, nées pour la plupart sur les pentes gazonnées supérieures, nombreuses sont les déchirures des couloirs d'avalanches, des ravins, principalement dans le haut de la vallée, à cause de la rigueur du climat et des intempéries des grandes altitudes. A gauche, le versant de l'endroit est nu, sec, pierreux, stérile, avec quelques mélèzes très vieux, isolés au-dessus des torrents de la Moulette et de Serre-Bardin, vestiges des anciens boisements. C'est le domaine du mouton, du mouton indigène. Et aussi celui des torrents. Ceux-ci font au moins la dizaine depuis la descente du Galibier jusqu'au Freyssinet. Plus bas, les « Pinées » de Saint-Chaffrey et de Briançon viennent enfin réjouir un peu l'œil. Mais elles portent la brèche énorme et inquiétante du torrent de Sainte-Élisabeth; et au-dessus d'elles les pelouses alpestres sont dégradées, rayées de ravins blancs, trouées de rocs et de places gypseuses dénudées.

Quoique beaucoup plus verte et fraîche dans la ravissante région du Val-des-Prés, la vallée de la Clarée présente à peu près les mêmes caractères. En la remontant, on voit, à gauche, versant de l'envers, des bois se suivant, mais déchirés par les ravins, les éboulis, les pointements rocheux ; à droite, sur l'endroit, ce sont de grands versants pierreux, arides, livrés au mouton, où les bois n'ont échappé à la destruction que par boqueteaux ou dans les parties peu accessibles. De tous côtés s'épanouissent des cônes de déjection, anciens ou récents, correspondant à autant de ravines ouvertes sur la montagne. Dans la haute vallée, en amont de Névache, à l'envers, les forêts sont ravagées par les avalanches, mais le sol reste encore protégé par un épais tapis d'airelles et de rhododendrons ; à l'endroit, il n'y a plus un arbre, sauf près des chalets, quelques mélèzes, rappelant les anciens boisements ; il n'y a même presque plus de verdure sur les éboulis, les rocs, les casses, c'est la complète nudité pastorale.

La vallée de Cervières, la Vallouise et le vallon du Fournel appartiennent au même type : du côté du soleil, la dénudation pastorale et les faits torrentiels très accentués, avec la forêt reléguée sur les pentes abruptes ; du côté de l'ombre, la forêt, s'étendant en grandes masses mais portant les stigmates des rigueurs climatériques et de l'instabilité géologique.

Des caractères accessoires les différencient. Dans la vallée du Fournel, étroite et profonde, les sombres sapins de l'envers font vis-à-vis aux pâtures nues et rocheuses de l'endroit que dominent les mélèzes d'Oréal et de la Pousterle. Dans la Vallouise, spacieuse, chaude, ensoleillée, les clairs mélèzes, les cultures et les vertes prairies alternent gaiement sur les pentes douces de Puy-Saint-Vincent, contrastant avec le farouche Pelvoux qui se dresse dans le fond.

La vallée de la Durance, orientée presque nord-sud, présente, il est vrai, des forêts sur ses deux versants ; mais, de Briançon à la Bessée, le côté droit, qui regarde plutôt le sud, est bien moins boisé, présente de vastes espaces nus et pâturés ainsi que, conséquence forcée, des ravinements torrentiels. De la Bessée à la Roche-de-Rame, les forêts, sur le côté gauche plus ensoleillé, restent fort au-dessus du thalweg dont les séparent de vastes espaces nus, pierreux, arides, consacrés au mouton indigène.

Dans le Queyras, en général, les versants de l'endroit, ou bien sont absolument nus (Molines et Saint-Véran), ou bien n'ont en fait de bois que quelques bouquets isolés ou de petits massifs abrités sur les envers de petits vallons secondaires (vallée du Guil, vallée d'Arvieux). Sur les envers, les forêts sont belles, continues, formées surtout de clairs mélèzes, bien moins déchirées et ravinées que dans le bassin de la Durance briançonnaise.

Ainsi, au premier abord, la répartition des forêts dans le Briançonnais paraît caractéristique et fonction de l'exposition : les envers sont boisés, les endroits sont nus. Mais ce n'est pas un fait général. On voit la forêt sur l'un et l'autre versant des vallées de la basse Clarée, de la basse Guisanne, de la Durance entre le Mont-Genèvre et Briançon, ainsi qu'entre Roche-Baron et la Roche-de-Rame, de part et d'autre de la basse vallée de Cervières, du vallon des Ayes, de la vallée d'Arvieux, des vallons de Souliers et de Péas, enfin de la vallée du Guil en amont de Ristolas, puis depuis Château-Queyras jusqu'à la sortie de la Combe. Si l'on examine ces versants de l'endroit où la forêt existe, on reconnaît : 1° que les uns appartiennent à des parties de vallées très élevées en altitude (Mont-Genèvre, versants de Roche-Baron à la Roche-de-Rame, les Ayes, Arvieux, Souliers, Péas, Ristolas) et que la limite inférieure de la forêt s'y tient très au-dessus du fond de la vallée; 2° que les autres présentent des pentes très déclives et des terrains très rocheux (basse Clarée, basse Guisanne, versants de Roche-Baron à la Roche-de-Rame, basse vallée de Cervières, les Ayes, vallée du Guil en aval de Château-Queyras); certains présentant d'ailleurs les deux caractères : pente abrupte et limite inférieure de la forêt élevée au-dessus de la vallée.

La cause de cette distribution de la forêt, cause unique, se révèle aussitôt : c'est l'action de l'homme. La forêt, jadis, couvrait tous les versants et verdoyait à toutes les expositions. Elle a été détruite pour faire place à la culture et aux troupeaux partout où la pente et la nature du terrain permettaient l'installation de ceux-ci et de celle-là. Il n'y a pas d'autre raison. Et elle se trouve corroborée par ce fait qu'actuellement la forêt envahit les champs et pâturages avoisinants que la dépopulation du pays a fait abandonner, et ce, quelle que soit l'exposition.

Ainsi le Grand-Bois, versant au-dessus du Mont-Genèvre, longtemps dénudé après qu'en 1845 les Piémontais en eurent incendié la forêt, se repeuple petit à petit depuis quelques années (1); les friches pierreuses du bas de la forêt de Villar-Saint-Pancrace se reboisent en mélèzes et voient descendre les boisés vers la Durance; de même se reboisent les champs abandonnés que l'on rencontre en Vallouise, aux Vigneaux, aux Ayes, etc., aussi bien à l'endroit qu'à l'envers; ces champs sont du reste plutôt à l'endroit.

Il est à noter que les érosions glaciaires et torrentielles et le surcreusement des vallées, en façonnant celles-ci en gorges plus ou moins étroites dans certaines parties et notamment à leur débouché sur la vallée principale, leur a donné, dans ces parties, des versants rocheux et abrupts d'où ni l'homme ni le bétail n'ont pu déloger la forêt, laquelle descend souvent fort bas, même à l'exposition sèche et chaude. Tels sont les versants de la Pinée de Briançon sous la Croix de Toulouse, de la Combe au-dessus des Alberts, où serpente la route du Mont-Genèvre, de Poët-Morand au-dessus de la Cerveyrette, de Pied-Sec au-dessus du torrent des Ayes, de la Pinée de l'Argentière au-dessus du Fournel, de Rocher-Roux au-dessus de la rivière d'Arvieux, du Rouet au-dessus du torrent de Souliers; telle est toute la combe du Queyras.

La morphologie des vallées ou, plus simplement, la configuration du terrain, exerce donc une influence indirecte sur la répartition des forêts. La constitution géologique et la nature

---

(1) Le village du Mont-Genèvre prenait son eau potable au pied de ce versant, à une source sortant du ravin. Mais cette source tarissait souvent (conséquence sans doute du déboisement, et il ne devait pas en être de même autrefois); aussi a-t-on capté, il y a quelques années, les eaux du Gondran. Probablement la source du ravin redeviendra pérenne lorsque le Grand Bois sera redevenu forêt.

minéralogique du sol sont, elles, sans aucune influence à ce point de vue. Elles influent seulement sur la répartition des essences et des espèces végétales, comme on l'a vu.

§ 3 — Limite supérieure d'altitude

1. Limite actuelle

La limite supérieure de la végétation forestière est relative et variable. Elle est fonction, dans les Alpes, de la latitude et de la hauteur absolue des massifs voisins (1). Elle dépend aussi du niveau où cesse la condensation des eaux météoriques. Elle est la limite supérieure normale de la zone subalpine (2). M. Flahault admet pour moyenne de ces montagnes 2.300 mètres (3). Ce chiffre moyen se vérifie dans le Briançonnais, où on trouve cependant le maximum de 2.650, au moins pour les arbres isolés (2.650 forêt de Névache, canton du Creuzet, et bois Foran ou Châtelard d'Aiguilles).

Il est assez difficile d'indiquer séparément la limite d'altitude de l'arbre en massif et de l'arbre isolé. A quel degré de consistance du peuplement les arbres cessent-ils d'être en massif?

Dans les forêts briançonnaises on peut faire les remarques suivantes :

1º Conformément à la loi générale, la limite supérieure de la végétation forestière s'élève avec l'altitude d'ensemble de la montagne;

---

(1) SCHÆFFER, *Alpes et Forêts* (*Revue des Eaux et Forêts*, 1911, p. 129).
(2) Cf. Ch. FLAHAULT, *Les Limites supérieures de la végétation forestière. Contra*, pour les Alpes orientales, voir Dʳ MAREK, in *La Géographie* du 15 août 1910, page 126.
(3) Ch. FLAHAULT, *La Flore de la vallée de Barcelonnette*. En Haute-Maurienne, M. P. MOUGIN indique 2.400 mètres (*Dégâts torrentiels en Savoie*, *Revue des Eaux et Forêts*, 1909, p. 609). Dans les Alpes-Maritimes le mélèze atteint 2.450 et 2.500 mètres (L. F. TESSIER, *La Distribution des essences forestières dans les Alpes maritimes*, *La Géographie*, 15 sept. 1910). Le chiffre de 2.000 donné par certains auteurs est certainement erroné et bien inférieur à la réalité.

2° La limite supérieure de la végétation forestière se tient au-dessous de la crête du versant qu'occupe la forêt, d'une quantité qui varie de zéro (dans la partie aval de la vallée principalement) à 1.000 mètres et plus (au Pelvoux par exemple); mais cette quantité est extrêmement variable, dépendant des conditions topographiques et — en fait — des conditions de l'exploitation humaine (pastorat); il n'y a pas de différence appréciable sous ce rapport entre l'endroit et l'envers;

3° Abstraction faite des parties aval des vallées où la forêt atteint la crête, sa limite supérieure (massifs ou arbres isolés) varie entre 2.000 et 2.650 mètres, suivant la topographie, l'exposition, l'abri, les vents, etc.; elle est le plus souvent 2.300, au moins à l'envers, et 2.200 à l'endroit; la forêt dépasse beaucoup plus rarement 2.300 à l'endroit qu'à l'envers.

(On relève :

Envers, 2.436 mètres à Ailefroide, 2.520 et 2.500 à Villar-Saint-Pancrace, 2.400 aux Ayes et à Queyrellet de Saint-Chaffrey, 2.500 au Monêtier, 2.400 et 2.650 à Névache, 2.500 au Janus [arbres épars], 2.650 à Bois-Foran [arbres épars], 2.600 à Marassan, 2.400 à Molines et Saint-Véran.

Endroit, 2.280 à Villar-Saint-Pancrace et Saint-Martin-de-Queyrières, 2.300 à la Vachette);

4° La limite supérieure de la forêt a une tendance (parfois peu marquée) à s'abaisser de 100 à 200 mètres, vers l'amont de la vallée, là où la forêt se morcelle en petits cantons isolés et entre en contact plus intime avec les pâturages (Exemples : Vallouise, de 2.400 à 2.300 et 2.100 mètres à l'envers, de 2.108 à 2.000 mètres à l'endroit; Villar-Saint-Pancrace, de 2.520 à 2.290 mètres à l'envers, de 2.280 à 2.230 mètres à l'endroit; le Monêtier, de 2.500 à 2.373 mètres à l'envers; Névache, de 2.650 et 2.400 à 2.100 et 2.000 mètres à l'envers, de 2.200 à 2.000 mètres à l'endroit; Arvieux, de 2.200 à 1.900 mètres à l'envers; Ristolas (Ségure), de 2.300 à 2.200 mètres à l'envers, de 2.350 à 2.250 mètres à l'endroit); ce fait est bien un résultat de l'action humaine;

5° La limite supérieure maxima des massifs atteint 2.400 mètres.

Si l'on représente schématiquement la vallée par un triangle, l'aire forestière y sera un triangle inscrit, ayant même base dans le cas de projection horizontale, ayant même base et un côté commun (celui du thalweg) dans le cas de coupe longitudinale.

SCHÉMA DE LA LIMITE SUPÉRIEURE DE LA VÉGÉTATION FORESTIÈRE

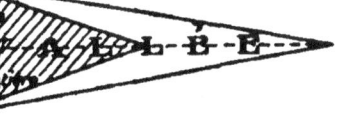 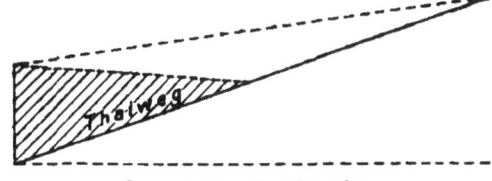

Projection horizontale — Coupe longitudinale

A leur limite supérieure les massifs forestiers ne cessent pas brusquement, mais les arbres s'éparpillent, la forêt se clairière, par suite des difficultés rencontrées par la végétation et par la régénération ; les mélèzes ou les pins s'égrènent sur la pelouse alpine ou sur des tapis de rhododendrons, ou parmi des buissons de saules alpestres et glacials et de sorbiers. Ils sont courts, trapus, tourmentés, mais non buissonnants.

2.° Abaissement de la limite

Ces massifs atteignent-ils actuellement la limite supérieure maximum que comporte la végétation dans la montagne ou restent-ils en dessous par suite des exploitations humaines et notamment du pâturage? Question fort intéressante, à laquelle il est difficile de répondre en toute assurance, faute d'observations précises et multiples et qui ne relève encore que de l'appréciation. D'éminents forestiers n'estiment pas à moins de 500 mètres, pour certains sommets, l'abaissement en verticale que le pâturage fait subir à la limite supérieure actuelle des forêts (1).

---

(1) A. MATHEY, *Au Pays du mélèze* (*Revue des Eaux et Forêts*, 1ᵉʳ mai 1908), et Conférence à Grenoble (*Bulletin Soc. forest. Franche-Comté*, 1911, p. 169). — M. Mathey se base, notamment, pour le Briançonnais, sur une observation faite par lui au Prorel. Or, ce sommet n'a que 2.572 mètres et l'arbre y atteint sensiblement 2.400 mètres. Donc, l'abaissement de 500 mètres est impossible.

Cette évaluation nous paraît fort exagérée. Un abaissement de 100 mètres en moyenne, de 200 mètres au maximum, nous semble plus proche de la réalité. Car un certain abaissement, une « usure des bordures », n'est pas niable.

Une question non moins intéressante que la précédente et, à notre avis, encore moins soluble, est celle de la régression naturelle de la limite supérieure de la végétation forestière. Cette limite s'abaisse-t-elle — ou s'est-elle abaissée — progressivement, indépendamment de l'action de l'homme et de ses troupeaux, par suite d'une modification de climat ou autre? La plupart des savants et des géographes l'affirment. Et, alors que les forestiers mettent sur le compte du pâturage l'abaissement — momentané et accidentel — de cette limite (1), les autres auteurs estiment que cet abaissement est général, permanent, provoqué par une cause climatique, ou au moins indépendant de l'action humaine. Ils y voient plutôt une conséquence d'une diminution des précipitations atmosphériques, concomitante de la régression des glaciers.

Le premier, en 1889, M. David Martin, a signalé cet abaissement, dont il trouve des preuves dans « l'état lamentable des forêts même vers 1.800 mètres », « forêts mourantes, forêts mortes, sans régénération », alors que vers 2.000, 2.200 et même 2.500 mètres, il a constaté sous le sol des prairies alpestres des vestiges d'anciennes forêts disparues (col du Lautaret, hautes prairies de Saint-Véran, col Longet, etc.) (2). M. Falsan rapporte les mêmes faits et en tire les mêmes conséquences (3). Enfin M. Kilian, rappelant les observations de M. D. Martin, ajoute : « Il est d'observation constante, dans le Briançonnais par exemple, de voir, dans des régions escarpées, *inaccessibles à l'homme et*

---

(1) Voir les articles de MM. BROILLIARD, BRETON, MOREL, DUCAMP sur *La Marche rétrograde de la végétation forestière*, dans la *Revue des Eaux et Forêts*, 1892, p. 268; 1893, p. 10 et 310; 1894, p. 210; 1908, p. 289.

(2) D. MARTIN, Congrès des Sociétés savantes de 1889, et *Bulletin de la Société d'études des Hautes-Alpes*, n° 34, Gap, 1890. — Toutefois B. CHAIX, dès 1845, avait signalé les mêmes découvertes et les mêmes faits et en tirait les mêmes déductions (*Préoccupations statistiques*).

(3) FALSAN, *Les Alpes françaises, op. cit.*

aux troupeaux, la limite supérieure des forêts marquée par une zone d'arbres morts que ne vient remplacer aucune nouvelle poussée forestière,.... on assiste pour ainsi dire à cette disparition de la végétation arborescente dans les hautes régions;... il est possible que ce *processus* ait son point de départ dans le déboisement intense que l'homme a fait subir, à une époque historique déjà reculée, à notre région alpine et qui a eu pour conséquence d'en modifier singulièrement le climat, mais il semble hors de doute qu'actuellement cette marche rétrograde de la végétation forestière alpine dans les Alpes dauphinoises se soit transformée en un phénomène naturel continu, qui se poursuit avec une inexorable régularité en dehors de l'intervention humaine (1) ».

On a même donné des chiffres, qui, à notre avis, n'offrent pas de garantie d'exactitude : le pin cembro et le pin à crochets seraient descendus de 2.300 à 1.800 mètres, le rhododendron de 2.350 à 2.000 mètres (2), etc. D'après M. Briot, « l'arbre s'étiole à partir de 2.000 mètres et ne dépasse jamais 2.300 mètres » (3).

Les altitudes observées dans le Briançonnais par les botanistes et par les forestiers, qui ont eu à en parcourir maintes fois les montagnes pour leurs études et leurs travaux, sont très supérieures à ces chiffres. Et ces altitudes, à très peu de chose près, ne sauraient être contestées. La thèse généralement soutenue maintenant sur le recul de la végétation arborescente nous paraît entachée d'une forte exagération pour le Briançonnais tout au moins, où une observation attentive lui découvre de nombreux démentis.

D'abord est-on bien sûr que tous les bois trouvés sous le sol des prairies alpines, près des cols, etc., fussent bien des arbres en place et non des bois transportés ? En second lieu, peut-on affirmer

---

(1) W. Kilian, *Les Glaciers du Dauphiné*, in *Grenoble et le Dauphiné et la Houille blanche*, octobre 1904. — Voir dans le même sens les observations de M. P. Girardin pour la Maurienne et la Tarentaise (*La Géographie*, 1905, t. II, p. 11), et de M. Ch. Rabot sur semblable régression dans les pays scandinaves et les mêmes régions (*Lecture pour tous*, mars 1904).

(2) L. Breton (*Revue des Eaux et Forêts*, 1893).

(3) F. Briot, *Nouvelles études*, page 189.

qu'ils datent d'une époque relativement récente et non pas d'une époque extrêmement reculée (on sait que les bois enfouis dans le sol se conservent indéfiniment), et que par conséquent l'abaissement qu'ils indiqueraient est bien récent et se poursuit de nos jours, au lieu d'être, par exemple, très ancien et non continu?

Même dans le cas de l'affirmative, cela n'établit pas que l'abaissement de la limite de la forêt et la destruction des anciens boisements ne soient point le fait de l'homme et de ses troupeaux. B. Chaix, en effet, en relatant les mêmes trouvailles (« Près du col du Galibier,... de grosses racines d'arbres, sur le col de la Croix du Queyras de même, dans tous nos lacs des grandes hauteurs, dans celui du col de la Poussonnière,... comme dans celui de Cristaouh,... de grandes tiges de bois forestiers dans l'eau »), parle de « souches de bois *coupés*, quelques-unes de bois *brûlés*, de racines de gros bois », ce qui indique évidemment l'intervention de l'homme dans la destruction de ces anciennes forêts ou de ces anciens arbres, intervention qui, continuée de nos jours, empêche la reconstitution de ces boisements (1).

Il est vrai que M. Kilian parle d'arbres morts et d'absence de régénération dans des lieux *inaccessibles* à l'homme et aux troupeaux. Nous nous permettrons de faire observer d'abord que, si ces lieux sont inaccessibles à l'homme, il est difficile d'affirmer qu'il n'y a pas de régénération, qu'il n'y a pas de jeunes semis, encore non visibles à distance, mais appelés néanmoins à remplacer les vieux arbres morts ou mourants.

Quant aux vieux arbres morts ou mourants, aux forêts mourantes et sans régénération, le fait n'est pas nouveau et ne doit pas étonner les forestiers. Ceux-ci le constatent à toutes les altitudes et sous toutes les latitudes, même en plaine, quand certaines conditions défavorables se réunissent. Ce fait est presque normal, oserons-nous dire, dans une région de haute montagne, à climat rude, où la végétation est lente et où la régénération

---

(1) Le lac de Christol n'est qu'à l'altitude de 1.850 mètres, que dépassent les forêts voisines de la vallée de la Clarée. Donc ici ce serait bien l'action de l'homme qui aurait refoulé la forêt, d'autant plus aisément que les vents passant par le col contrariaient la végétation.

demande beaucoup de temps (vingt ans, trente ans, cinquante ans même) parce que les conditions favorables ne sont réalisées qu'à intervalles éloignés. Cela ne veut pas dire du tout que la régénération soit impossible ni qu'elle ne soit pas obtenue au bout d'un certain laps de temps, *toujours long*. Nous en citerons plus loin de nombreux exemples pour le Briançonnais. Le mélèze reste des années, des siècles presque, avec sa flèche morte, et ce « mourant » continue toujours à vivre (1). Cela peut faire illusion à ceux qui ne sont pas très au courant de la vie des massifs forestiers, ou qui méconnaissent l'importance qu'a le temps dans le développement de ces massifs.

Nous voyons déjà, au début du dix-neuvième siècle, B. Chaix s'inquiéter de ce que « la reproduction se montre en défaut ou très faible sur beaucoup de points », de ce que « sur le plateau d'Auréas, commune de Saint-Vincent... en Vallouise, on n'observe plus de jeunes plantes de mélèze »; énoncer que « les mélèzes... ont en grande partie disparu des sites où il y en a eu anciennement », etc. Or, sur beaucoup de ces points où la régénération manquait de 1815 à 1840, sur le plateau d'Oréac (Auréas) notamment, et à la Pousterle, elle s'est produite depuis, par places, et se produit encore; de jeunes mélèzes ont remplacé les vieux et de tout jeunes s'y voient, mais *abroutis* pour beaucoup (2). De même voit-on en Savoie la régénération du pin cembro se faire à 2.430 mètres d'altitude sur un terrain soustrait au pâturage (3).

Nous n'assistons pas d'ailleurs à un recul de la forêt tel qu'il devrait être d'après les observations alarmistes, lesquelles, on le voit, datent du début du dix-neuvième siècle (B. Chaix était sous-préfet à Briançon sous le premier Empire).

---

(1) Voir Pierre BUFFAULT, *Notes sur les mélèzaies briançonnaises*.
(2) La voilà, la cause du défaut de régénération et de la régression de la forêt : c'est l'abroutissement par le bétail.
(3) P. MOUGIN, *Le Reboisement en Savoie*, Assoc. fr. pour l'avanc. des Sciences, Congrès de 1908. — M. Mathey, dans sa conférence de Grenoble (*Bull. Soc. for. st., F. C. B.*), a exposé de très intéressantes observations sur des régressions de forêts alpestres et la régénération aux hautes altitudes. Mais, à notre avis, en ces matières, il faut se garder de généraliser.

On parle de forêts existant anciennement jusque sur les cols. Mais n'y a-t-il pas à cela une impossibilité biologique? Si les forêts peuvent monter très haut dans les stations abritées (et l'on vient de le voir dans les pages qui précèdent), elles ne peuvent vivre, même à de basses altitudes, dans des stations, comme beaucoup de cols, exposées à des courants d'air froids, violents et prolongés.

On tire argument de la découverte dans les tufs calcaires du Lautaret de cônes et rameaux de pins à crochets (1). Mais cela ne prouve pas la régression, au moins générale, de la forêt. Le Lautaret n'est qu'à 2.075 mètres d'altitude et sur plusieurs points du Briançonnais on trouve aujourd'hui des pins à crochets à 2.600 mètres.

M. Charles Rabot se base sur ses propres constatations en Scandinavie et dans la Laponie russe et sur celles de divers observateurs en Norvège, Suède et Sibérie (2) pour déclarer qu'il y a une régression générale de la limite altitudinale supérieure des forêts, indépendante de l'action humaine, que le cas des Alpes françaises n'est qu'une manifestation locale de cette régression générale, que « le mouton n'est pas l'agent génétique du recul de la forêt. Le phénomène est d'ordre entièrement physique ». Nous ne saurions contester la valeur indiscutable des observations rappelées ci-dessus. Il nous sera toutefois permis de dire que la lecture de leur exposé n'impose pas la conviction qu'il s'agisse bien d'un recul permanent et non passager (comme en de nombreuses forêts), que l'homme y reste toujours étranger (par exemple en Laponie), et qu'il ne s'agisse pas seulement du recul d'une seule essence, le pin sylvestre (en Suède au moins) fuyant les froids trop rigoureux. Enfin, en admettant ces observations comme absolument concluantes, leur application à nos Alpes n'en paraît pas moins une généralisaiton très discutable.

---

(1) W. Kilian, Soc. Écon. du Dauphiné, t. XXII, 1896, Grenoble.
(2) Ch. Rabot, *Les Limites d'altitude des cultures et des essences forestières dans la Scandinavie* (*Revue générale de Botanique*, Paris, t. VIII, 1896; *Les Forêts du Briançonnais*, La Géographie, t. I, 1910); *Le Recul du pin sylvestre, dans les montagnes de la Suède* (*La Géographie*, t. I, 1911).

Comme l'a excellemment écrit M. Schæffer, il y a, à la limite supérieure des forêts, une zone douteuse dans laquelle les végétations forestière et alpine se pénètrent et alternent au cours du temps, selon les circonstances climatériques et l'importance de l'action humaine.

Bref, tout en admettant parfaitement la possibilité d'un abaissement, d'ordre physique, de la limite supérieure de la végétation forestière, nous ne voyons pas cet abaissement démontré dans le Briançonnais. Nous y reconnaissons un certain abaissement dû principalement, sinon exclusivement, à l'action directe ou indirecte de l'homme; mais cet abaissement ne nous paraît pas considérable.

3. Comparaison des différentes limites d'altitude

Le tableau suivant rapproche les limites d'altitude précédemment indiquées en les groupant par vallée.

TABLEAU.

	VALLÉE DE LA CLARÉE (altitudes 1.400-2.700 longueur 30 km.)		VALLÉE DE LA GUISANNE (altitudes 1.200-2.600 longueur 21 km.)		VALLOUISE (altitudes 1.000-2.300 longueur 25 km.)		VALLÉE DE CERVIÈRES (altitudes 1.310-1.900 longueur 21 km.)		VALLÉE DE LA DURANCE (altitudes 910-1.810 longueur 34 km.)		VALLÉE D'ARVIEUX (altitudes 1.270-2.500 longueur 19 km.)		VALLÉE DE MOLINES-S-VÉREIN (altitudes 1.375-2.700 longueur 17 km.)		VALLÉE DU GUIL (altitudes 1.300-2.700 longueur 40 km.)	
	Endroit	Envers	Endroit	Envers	Endroit	Envers	Endroit	Envers	Endroit	Envers	Endroit	Envers	Endroit	Envers	Endroit	Envers
	mètres	mètres	mètres	mètres	mètres	mètres	mètres	mètres	mètres	mètres	mètres	mètres	mètres	mètres	mètres	mètres
Chefs-lieux de communes.	1.641	1.420	1.470	»	1.260	1.410	1.620	»	1.860	1.240	1.560	»	2.050	»	1.552	1.633
Villages.	1.641	1.420	1.650	1.420	1.260	1.600	1.900	1.500	1.860	1.306	1.735	1.600	2.050	»	1.820	1.633
Chalets d'été.	2.160	2.040	2.390	1.850	1.820	1.780	2.060	2.050	2.000	2.200	»	2.100	»	»	2.016	1.920
Cultures.	1.800	1.500	1.700	1.800	1.850	1.600	1.900	1.800	1.900	1.450	1.800	1.650	2.000	1.450	1.950	1.650
Végétation forestière. .	2.200	2.650	2.200	2.538	2.108	2.436	2.270	2.300	2.300	2.520	2.200	2.200	2.300	2.400	2.350	2.650
Neiges persistantes . . .	»	»	»	2.200	1.900	1.900	»	»	»	»	»	»	»	»	»	»

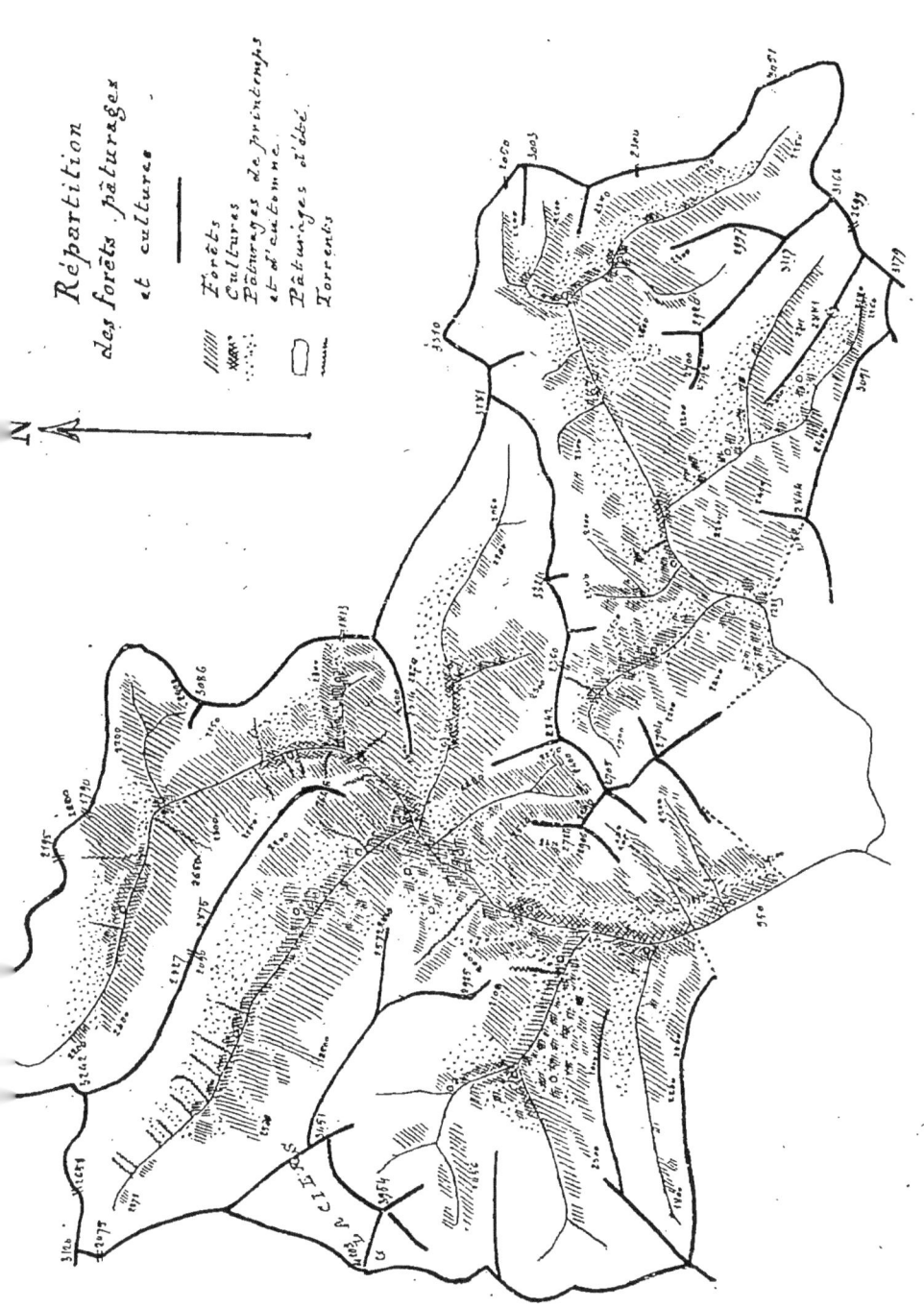

§ 4 — *Forêts particulières*

Dans le Briançonnais, les propriétaires particuliers ne possèdent que de petits bois ne dépassant pas chacun 5 hectares d'étendue au maximum. Ce sont de petites parcelles, le plus souvent très morcelées (moins d'un hectare), qui se trouvent en bordure des parties basses des forêts communales, principalement en Vallouise, au Monêtier et à la Salle, dans le Queyras. Elles sont peuplées de mélèzes ou de pins, sauf quelques-unes qui sont en taillis d'aunes, de saules, de trembles ou de chênes (Vallouise, basse Durance). Leur rendement moyen annuel a été évalué à 587 mètres cubes grume, pour les 1.141^{ha} 51^a qu'ils occupent, soit 0$^{m^3}$ 500. Ce chiffre n'est qu'approché; d'ailleurs ces bois ne sont pas l'objet d'exploitations régulières et ordonnées.

§ 5 — *Forêts communales*

1. Soumission au régime forestier

La propriété forestière, dans le Briançonnais, est, en somme, toute aux mains des communes et ce depuis plusieurs siècles. Elle occupe 32.375^{ha} 77^a, dont 30.186^{ha} 85^a sont soumis au régime forestier (1908) et 2.188^{ha} 92^a ne sont pas soumis à ce régime.

Ces derniers, ainsi laissés à la libre disposition des communes, sont, comme les bois particuliers, de petites parcelles peu étendues, de moins de 30 hectares (une cependant, à Cervières, atteint 59^{ha} 66^a), situées en bordure des forêts communales soumises au régime forestier, dans les parties d'altitude moyenne ou basse de ces forêts. Elles servent surtout de terrain de parcours pour le bétail, et les habitants y prennent souvent, sans règle ni limite, les bois utilisables qu'ils y trouvent. C'est dire que leur rendement est très faible. Il est évalué, approximativement comme pour les bois particuliers, à 495 mètres cubes grume par an, soit seulement 0^{m3} 220 par hectare. Mis en regard du rendement des bois particuliers et du rendement qui va être donné des forêts communales soumises, ce chiffre minime indique combien la jouissance de ces parcelles est abusive et quel avantage les communes propriétaires auraient à les laisser incorporer à leurs forêts soumises et à en abandonner la gestion aux agents de l'État.

Si ces parcelles ont été laissées en dehors des forêts soumises, c'est qu'on les avait, à l'origine, jugées — bien à tort d'ailleurs — sans importance et sans intérêt ou qu'on avait voulu, par mesure de conciliation vis-à-vis des communes qui acceptaient difficilement la tutelle du régime forestier, leur laisser quelques bois à leur libre disposition... et abus.

Ce régime, défini par le Code de 1827, confie, comme on sait, aux agents de l'État (Administration des Eaux et Forêts) la gestion complète des forêts communales qui y sont assujetties, ne laissant aux municipalités que le droit d'émettre leur avis sur tous les actes de l'Administration gérante et celui de disposer à leur gré des produits dont la réalisation est jugée possible par celle-ci. Son but est de conserver les forêts en les préservant de toutes dégradations et abus de jouissance, même de la part des communes propriétaires, et de les mettre en valeur tant dans l'intérêt des générations futures que de la génération présente. Ce but, il l'a toujours et partout admirablement atteint (1).

En somme, les forêts soumises du Briançonnais, dont la surface est de 30.186^{ha} 85^a, seules comptent.

La soumission au régime forestier des bois communaux du Briançonnais, décrétée en bloc en 1791, fut revisée et nommément déclarée par ordonnances royales ou décisions ministérielles de 1834 à 1837.

Un rapport du 12 septembre 1837 (pour le Briançonnais proprement dit, Queyras non compris) en évalue la contenance globale à 12.053 hectares et déclare qu'elles sont en bon état,

---

(1) Voir Pierre BUFFAULT, *Le Régime forestier*, 2e Congrès du Sud-Ouest navigable. Toulouse, Privat, 1904.

bien garnies, bien peuplées (on ne cite que 40 hectares de vides au Ban de Saint-André). Il ajoute que les communes ont assez de pâturages de montagne pour les bêtes à laine et qu'on ne laisse pas, en fait, pacager celles-ci dans les forêts, bien qu'on ne puisse officiellement l'interdire.

En 1840, dans son *Mémoire sur l'état des forêts dans les Hautes-Alpes* (1), M. Delafont, inspecteur des forêts de ce département, fait un tableau analogue de ces forêts qui, toutefois, dit-il, ont été réduites par l'effet du pâturage, l'abus des exploitations, les usurpations et défrichements, et épuisées par les délivrances de bois aux villages incendiés. Il en réclame une meilleure surveillance, les délits étant nombreux; la délimitation; l'aménagement («continuer le jardinage dans la plupart»), avec des éclaircies judicieuses et des « exploitations raisonnées » dans les cantons depuis longtemps réservés pour protection contre les avalanches et les torrents.

Une revision des forêts soumises eut lieu en 1854, motivée par le désir des pouvoirs publics de gagner au nouveau régime politique les sympathies des montagnards. Mais, à l'inverse de ce qui se passa dans les Pyrénées, cette revision ne se traduisit pas par des distractions importantes du régime forestier. Le déboisement était déjà trop accentué pour qu'on risquât de l'aggraver encore.

2. Rendement

Actuellement, toutes les forêts sont aménagées en coupes régulières (sauf deux en voie de l'être) et l'on a profité de ces aménagements pour placer sous le régime forestier bien des parcelles, non susceptibles de revenu, mais dont la conservation est nécessaire pour la protection des vallées, cultures et habitations inférieures et pour le régime des eaux. La surface des forêts soumises s'est ainsi peu à peu assez notablement accrue.

Dans toutes ces forêts, les aménagements distinguent, d'une

---

(1) *Op. cit.*

part, les « séries de coupes régulières » ou « aménagées », seules productives; d'autre part, les « séries hors cadre », c'est-à-dire laissées en dehors du cadre de l'aménagement, mais soumises au régime forestier comme jouant un rôle de protection climatérique, géologique et hydrologique et où l'on ne fait de coupes qu'accidentellement et de façon très restreinte.

D'après ces deux catégories, les forêts soumises du Briançonnais se répartissent comme suit en surface :

	Séries aménagées	Hors cadre	Total (1)
	hectares	hectares	hectares
Briançonnais proprement dit...	9.975,27	10.974,02	20.949,29
Queyras............	5.630,04	3.338,50	8.968,54
Briançonnais (total)....	15.605,31	14.312,52	29.917,83

On voit que, par le fait de leur situation en haute montagne, les forêts soumises briançonnaises ont la moitié seulement (exactement 52 %) de leur surface apte à la production, l'autre moitié jouant simplement un rôle de protection. Cette moitié productrice est aménagée, soit en futaie régulière, soit, plus généralement, en futaie jardinée (2).

Pendant la décennie 1898-1907, la production moyenne annuelle des séries aménagées a été, en matière ligneuse :

Briançonnais proprement dit.	7.057^{mc} grume, soit 0me 707 par hect.
Queyras............	3.816^{me} grume, soit 0me 677 par hect.
Briançonnais (total)	10.873^{me} grume, soit 0me 696 par hect.

La valeur en argent de cette production ligneuse annuelle (coupes de bois principales et accidentelles) a été :

Briançonnais proprement dit....	25.308^f, soit 2^f 53 par hectare
Queyras	13.291, soit 2 36 par hectare
Briançonnais (total)....	38.599^f, soit 2^f 40 par hectare

---

(1) En ajoutant à ces chiffres 269^{ha} 02^a de la commune d'Arvieux (Queyras) soumis au régime forestier pour reboisement et dont il sera parlé plus loin, on a le total de 30.186^{ha} 85^a, précédemment indiqué.

(2) Cf. Pierre BUFFAULT, *Notes sur les mélézaies briançonnaises.*

Dans plusieurs forêts, le taux de la production par an et par hectare s'élève progressivement. A Puy-Saint-Pierre, il est monté de 0^{mc} 6 en 1856, à 0^{mc} 9 en 1886, puis à 1^{mc} 1 en 1907.

Pour la même décennie 1898-1907, la valeur moyenne annuelle des produits de toute sorte (produits ligneux, menus produits, chasse, valeur du pâturage, bénéfice des travaux d'amélioration, condamnations civiles, etc.) a été, pour tout le Briançonnais, de 125.230^f 55, soit 4^f 18 par hectare; et le chiffre moyen des dépenses (frais de surveillance, de gestion, impôts, etc.) de 22.117^f 93, soit 0^f 74 par hectare; ce qui donne pour bénéfice net: 103.112^f 62, ou 3^f 44 par hectare. Le revenu (brut et moyen) varie forcément et considérablement d'une forêt à l'autre, la production variant avec la situation, l'âge des bois, et la fertilité du sol et les dépenses variant aussi. Ainsi le revenu net annuel est de 0^f 30 par hectare pour la forêt du Pelvoux, la plus pauvre; de 3 et 4 francs pour les forêts du Val-des-Prés et Névache; de 2 francs pour celle de Briançon; de 7 francs environ pour celles de la Salle, Saint-Véran, Saint-Chaffrey; de 3^f 50 pour celle de Château-Ville-Vieille. Dans le calcul de ces chiffres, nous tenons compte des frais de surveillance incombant réellement aux communes. Ces frais sont nuls ou très réduits; car, d'une part, les communes qui ont des périmètres de reboisement sur leur territoire (Briançon, Le Monêtier, Névache, Puy-Saint-André, Saint-Martin-de-Queyrières, Val-des-Prés, les Vigneaux), ne paient pas de gardes, ceux-ci étant payés par le Trésor (L. 4 avril 1882, art. 22); d'autre part, l'État, par une très judicieuse mesure prise en considération de ce que les forêts de montagne sont très peu productives, mais sont nécessaires à l'intérêt général, rembourse aux autres communes la totalité ou la majeure partie de leurs frais de garde. De ce chef, une somme annuelle de 4.287 francs, en moyenne, est versée par l'État à dix-neuf communes.

3. Utilisation des produits

Presque toutes les coupes annuelles sont affouagères, c'est-à-dire délivrées en nature aux communes et partagées entre les habitants. Très peu sont vendues en bloc et sur pied au profit de la caisse communale. Les habitants préfèrent se partager les bois des coupes, afin d'avoir leur bois de chauffage pour l'hiver et quelques bois d'œuvre pour la réparation des bâtiments, des instruments aratoires, des mobiliers, etc. Dans les communes ayant des mines de charbon à proximité, les montagnards font une petite spéculation : ils vendent leurs troncs de mélèze et de pin, susceptibles de fournir du bois d'œuvre, au commerce local, aux scieries, voire aux Italiens, et ils vendent aussi, pour Briançon principalement, leur bois de chauffage qu'ils remplacent par de l'anthracite. Dans ces conditions, la nouvelle disposition de l'article 105 du Code forestier, autorisant le partage entre les habitants de l'argent provenant de la vente de l'affouage, pourra recevoir d'utiles applications et être appréciée des montagnards briançonnais.

La part d'affouage est très souvent insuffisante pour les besoins de chaque ménage, tant l'hiver est rude et long. En outre, les communes s'imposent souvent des fournitures de chauffage relativement élevées pour les fruitières, pour l'école et l'instituteur, pour le curé ou le pasteur, si bien que la quotité restant à partager est par trop minime. On s'en plaint dans le Queyras surtout. Dans les vallées de la Durance et de la Guisanne, l'anthracite vient heureusement suppléer à l'insuffisance du bois. Les municipalités pourraient alléger ces charges trop lourdes en restreignant les fournitures imposées par l'usage, dans la mesure du possible. Il y a là, en tout cas, un argument très puissant pour la conservation des boisements existants et leur extension.

Mais en même temps, les habitants sont assez ménagers de leurs bois, bien que communaux, sachant qu'au double point de vue économique et physique, ils sont un élément essentiel de la vie dans la montagne. Dans certaines communes du Queyras dont les forêts sont de l'autre côté du Guil (Abriès) et auxquelles on accède par un pont, la municipalité fait tenir ce pont fermé lorsqu'est passée l'époque à laquelle on va à la forêt pour débiter et transporter le bois, les souches et autres produits. Parfois des municipalités ont refusé des aménagements proposés par les agents forestiers, parce qu'elles trouvaient qu'ils comportaient des coupes annuelles trop fortes et qu'elles craignaient l'épuisement de leurs forêts. Ailleurs, c'est par peur des avalanches qu'elles refusaient les coupes. Un habitant de l'Échalp se plaignit un jour à nous de ce qu'autrefois l'Administration avait fait faire des exploitations à Praroussin, au-dessus du village, ce qu'il estimait très dangereux (1).

Dans certaines communes riches en bois, les habitants, par égoïsme individuel, ne veulent pas laisser la municipalité vendre certaines des coupes annuelles, dont le prix, versé dans la caisse communale, servirait à améliorer surtout la vidange, si pénible et si onéreuse, de ces forêts et à pourvoir celles-ci de voies de desserte indispensables pour leur mise en valeur. Ils font maintenir pour toutes les coupes le partage en nature. Quelques communes cependant (Val-des-Prés, l'Argentière, la Roche-de-Rame, Château-Ville-Vieille) ont paru disposées à entrer dans cette voie où les pousse l'Administration forestière. Mais elles sont encore hésitantes et ont bien peu fait. Ainsi la routine égoïste et aveugle étreint encore le montagnard briançonnais et on n'arrive pas à l'en affranchir. C'est pourtant de ce côté qu'est l'avenir de celles des forêts briançonnaises dont la production est supérieure aux besoins de consommation des habitants. Il faut, de toute nécessité, pour les mettre en valeur, commencer par créer les chemins de desserte qui manquent complètement. Et cette mise en valeur s'impose d'autant plus qu'avec les progrès dans la région de l'industrie hydro-électrique et la raréfaction générale du bois d'œuvre, les beaux mélèzes et les pins si droits du Briançonnais trouveront des débouchés et un écoulement qu'ils méritent hautement, mais qu'on ne leur soupçonne encore point : bois d'œuvre, poteaux télégraphiques, etc. Le rendement financier de ces forêts s'élèvera alors considérablement et les communes ainsi que les habitants s'enrichiront (2).

---

(1) Voir de même pour Guillestre : Pierre BUFFAULT, *Les Forêts et pâturages du mandement de Guillestre*.

(2) Comme cela est déjà obtenu à Lus-la-Croix-Haute, dans les Alpes provençales et dans le Jura.

Le développement de l'industrie forestière, l'augmentation de la consommation ligneuse, dans les Alpes, ne pourront qu'y faire mieux apprécier les forêts et étendre les boisements existants. « Les forêts inutilisables disparaissent fatalement par un moyen ou un autre et la cause du déboisement général des grandes Alpes ne doit pas être cherchée ailleurs », disait, non sans raison, M. Guinier. « Les usines qui consomment le bois sont donc une condition de la conservation des forêts (1). »

En 1906 et 1907, neuf coupes, d'une production d'environ 2.055 mètres cubes grume, dont 1.440 de bois d'œuvre et 615 de bois de feu, se sont vendues ensemble 11.197 francs, soit 5^f 45 le mètre cube l'un dans l'autre, ce qui est un faible prix. Ce sont de petits commerçants de la région qui ont acheté. En général le mètre cube grume de mélèze, admirable bois d'œuvre, se paie 7 francs en forêt. A Sainte-Catherine, sous Briançon, il vaut 22 francs; mais il a payé 8 francs de transport par jour (depuis Névache, par exemple). Le bois de feu se vend 6 francs le stère à Briançon.

Le commerce local des bois est encore peu développé. Quelques scieries de Briançon, quelques magasins à Saint-Clément et Guillestre le constituent à peu près uniquement. Il se développera forcément, d'une part en raison des demandes croissantes de la consommation mondiale, d'autre part en raison des véritables richesses que renferment les nombreuses parties exploitables des forêts briançonnaises, richesses qui n'attendent que des voies de desserte pour être utilisées. Le jour où elles le seront et où le revenu des forêts briançonnaises (et des pays de montagne) sera rémunérateur, la question forestière aura fait un grand pas et l'œuvre du reboisement sera grandement facilitée.

4. Exploitation

Une amélioration très importante réalisée par le service forestier dans les forêts briançonnaises et qui doit être signalée, est

---

(1) E. GUINIER, *Les Forêts de la Savoie*, in *Revue des Eaux et Forêts*, 1906, p. 614.

la création de nombreux chemins muletiers ou sentiers de piéton. Cette création a été obtenue petit à petit, grâce à de longs et patients efforts, au moyen de redevances en argent ou en prestations fournies par les concessionnaires de menus produits (souches principalement) et de certaines taxes de pâturage. On a ainsi, à peu de frais, doté la majeure partie de ces forêts, si pénibles à parcourir, d'un réseau de petits chemins extrêmement utiles pour la surveillance et le contrôle et qui sont l'amorce de chemins plus larges et à pente plus douce utilisables pour la traite des bois.

La rigueur et la longueur de l'hiver, en interdisant l'accès des forêts, rendent l'exploitation de celles-ci difficile et pénible à cause de la brièveté de la saison pendant laquelle le montagnard peut vaquer à tous les travaux agricoles, pastoraux et forestiers. Le haut-alpin est d'ailleurs très en retard sur les autres montagnards de France pour la traite des bois. La moindre difficulté l'embarrasse. Il a des moyens tout primitifs et il ne fait preuve d'ingéniosité ni en les employant tels quels ni pour les perfectionner. En même temps, il est si peu ménager de son temps et de sa peine qu'on le voit, dans bien des communes, descendre à dos de mulet sa part d'affouage. La pauvre bête ne peut porter que quelques bûches à la fois, tant le voyage est long et la descente raide, et l'on se représente ce qu'un stère de bois de feu demande alors de voyages ! En Vallouise, à Puy-Saint-Vincent notamment, les habitants, plus actifs, profitent des gelées de l'hiver pour descendre le bois sur des traîneaux, rappelant un peu la schlitte des Vosges, qu'un homme guide et qui dévalent avec une rapidité inquiétante.

§ 6 — *Reboisements*

1. Historique

L'insuffisance en étendue et, pour certains points, en consistance des boisements existants, pour le maintien du sol et le régime des eaux, même dans le Briançonnais, a frappé dès long-

PLANCHE IX

Le versant sud du col Izoard avec les lacets de la route stratégique et où s'exécutent des travaux de gazonnement et reboisement ; a gauche, village de Brunissard, fond de la vallée d'Arvieux.

Dans la « Casse déserte » du col Izoard, versant exposé au nord. Travaux de gazonnement et reboisement, clayonnages.

temps les hommes éclairés. B. Chaix, au début du dix-neuvième siècle, ne se fait pas faute de la signaler, de déclarer nécessaires « le reboisement et un emménagement plus productif du territoire » et de réclamer pour y parvenir : la proscription des chèvres, la limitation de l' « exubérance des troupeaux de moutons », le repeuplement en « arbustes des sites qui ne peuvent plus espérer d'arbres », et enfin, ces mesures n'étant que provisoires, « l'établissement du régime phalanstérien ». Et il signale, en ces termes un peu dédaigneux, la publication du *Traité des torrents* de Surell : « L'écrit de M. Surel, l'ingénieur distingué..., fort bon résumé de tout ce qui avait été dit et redit par les préfets et sous-préfets de l'Empire. »

Un éminent forestier, M. Broilliard, garde général des Forêts à Briançon de 1854 à 1857, et qui travailla efficacement à l'assiette du régime forestier dans le pays, c'est-à-dire à la sauvegarde et à la mise en valeur des forêts existantes, a rappelé souvent les pluies diluviennes et la soudaine fonte des neiges du printemps de 1856, qui faisaient « descendre les Alpes à la mer ».

C'est à cette époque qu'eurent lieu les premiers reboisements dans le Briançonnais, sans doute à l'imitation du reboisement de Chorges fait vers 1840 (1). Dans la vallée de Cervières, un versant exposé au sud-ouest, face aux chalets du Laus, boisé au dix-huitième siècle, avait été exploité pendant les guerres du premier Empire, puis dépeuplé, raviné et dénudé. Les propriétés inférieures étaient envahies par les pierres et débris descendant de ce versant. Vers 1850, on commença à y planter des mélèzes, aujourd'hui très bien venus. On continua quelque temps. La commune avait une pépinière, l'État fournissait les graines, les habitants la main-d'œuvre. Plus tard, dans le Queyras, M. Tissandier, inspecteur des Forêts, fit faire des reboisements, dits encore « les semis », à Arvieux et Château-Ville-Vieille. Il y eut une pépinière avec un kiosque rustique en bois près de Ville-Vieille. Au-dessus d'Abriès, des gardes forestiers firent des semis sur

---

(1) DELAFONT, *op. cit.*

la montagne de Cros-la-Garenne, il y a cinquante ans. Ces semis ont partiellement réussi et donné des bois qui spontanément s'étendent peu à peu aujourd'hui. Malheureusement, tout cela fut abandonné. Désarmé d'ailleurs, sans pouvoirs ni crédits nécessaires, le Service forestier se bornait à lutter, dans la faible mesure possible, en interdisant le pâturage dans les cantons dégradés. Ces mises en défens, excellentes par elles-mêmes, n'étaient d'ailleurs guère respectées sur le terrain.

L'application de la loi du 28 juillet 1860 fit étudier la constitution de périmètres de reboisement autour des torrents alors les plus dangereux. Des enquêtes eurent lieu en 1863 et leurs dossiers nous conservent quelques détails intéressants sur l'état, à cette époque, des torrents et de la montagne.

Un premier périmètre embrassait le torrent de Malefosse, dangereux, ayant un énorme cône de déjections et qui provoqua en 1856 une débâcle de la Durance, laquelle dévasta les terrains cultivés du Fontenil, y détruisit quinze maisons et menaça l'usine de Sainte-Catherine; le torrent du Vallon, moins dangereux, mais très violent par moments; et le versant de la Lauze de Dormillouse, naguère boisé, dénudé par les abus de pâturage; au total : 774 hectares, entièrement sur terrain communal, comprenant quelques parties déjà boisées. Les habitants du Val-des-Prés protestèrent à cause des restrictions de pâturage qu'ils allaient subir et de l'impossibilité pour la commune de supporter aucune dépense. Le Conseil municipal de Briançon (28 juin 1863) déclara le projet « impossible », les terrains non reboisables, les barrages inutiles ou dangereux. La commission spéciale approuva le projet, le Conseil d'arrondissement aussi, mais en demandant que l'État supportât tous les frais. Le Conseil général donna aussi son adhésion. Un décret du 8 décembre 1874 (seulement!) déclara l'utilité publique du périmètre. En 1876, l'État acheta à l'amiable les 66^{ha} 58^a situés sur le territoire de Briançon et les travaux commencèrent.

Un second périmètre fut étudié au Monêtier. Il n'y a pas vingt ans, lit-on dans le dossier de 1863, la Guisanne et ses affluents ne donnaient aucune crainte; mais depuis quelques années, les choses ont changé (1); les habitants en abusant du pâturage ont déboisé et même dégazonné tous les versants de la rive gauche. De là des crues, des torrents, des charriages de matériaux, surtout en 1848 et 1856 où « de grandes étendues autrefois couvertes de riches cultures ont été transformées en plaines de graviers stériles », des usines ont été ruinées, des habitations et des routes menacées (2), etc. « Le mal n'est qu'à son début », il faut vite y remédier (3). Les torrents les plus mauvais sont en amont du Monêtier, on les appelle dans le pays « torrents blancs »; ils sont ordinairement à sec et leurs cônes de déjections s'étalent en « plages de graviers ». « Le Saint-Joseph est très dangereux. »

A l'enquête, au Monêtier, les habitants, puis le Conseil municipal, repoussent avec véhémence le projet, attendu que « les berges des torrents signalés sont, *de temps immémorial* et jusqu'à leur sommet, dénudées...; elles se refusent à recevoir ni plantations ni semis (4) »; que les autres parties du projet englobent des pâturages situés au-dessus des torrents et où il n'y a ni dégradation ni danger; qu'enfin le tiers des habitants n'a de ressources que dans « les propriétés de la montagne et l'élevage ». Le Conseil d'arrondissement reconnaît l'utilité des travaux, mais aussi l'opposition « fondée » de la commune et demande « que les reboisements ne soient faits que dans des limites très restreintes ». Le Conseil général se déclare « entièrement favorable » au projet. Plus tard, les habitants modifient sensiblement leur manière de voir et entrent dans les vues de l'Administration forestière, mais..., pour les contrecarrer. En effet, en 1872, le Conseil municipal du Monêtier demande que cette administration arrête

---

(1) Erreur d'appréciation, les phénomènes torrentiels et la dénudation dans la vallée de la Guisanne sont antérieurs de plusieurs siècles à 1843. Cf. les documents historiques.

(2) A cette époque, le service des Ponts et Chaussées construit les tunnels pour faire passer la route sous les torrents qui la coupaient constamment.

(3) Même erreur d'appréciation de temps que tout à l'heure.

(4) C'est la contre-partie de l'affirmation des agents forestiers sur la date récente des phénomènes torrentiels; là, il y a exagération en sens contraire.

les éboulements de berges des torrents des Vers et des Reymondes (rive droite de la Guisanne), et le maire, M. Izoard, demande le regazonnement des berges du Tabuc et de ses affluents, plus dangereux, dit-il, que le Saint-Joseph (où sont projetés les travaux). Cependant, en mai 1875, l'adjoint du Casset se plaint vivement des dépôts du torrent de la Pisse « malgré les travaux que les habitants y font tous les ans ». Il semble, du reste, y avoir, à cette époque, une recrudescence de torrentialité. Un rapport du Service forestier de 1872 dit que le Saint-Joseph « a grandi démesurément », que la Pisse et la Moulette coupent souvent la route, que le Tabuc des Grangettes et ses affluents « ont pris des proportions énormes depuis peu ». De son côté, l'administration des Ponts et Chaussées déclare que le « mal est très général et le remède connu »; qu'il faut saisir l'Administration forestière, les digues au moyen desquelles les habitants luttent contre les divagations des torrents dans leur cours inférieur n'étant que des « palliatifs impuissants et ruineux ». Un décret du 24 juin 1876 déclare d'utilité publique le périmètre de 1.248 hectares projeté sur la commune du Monêtier. Les travaux commencent en 1878.

Un troisième projet intéresse la commune de Névache. Le rapport du Service forestier du 6 mars 1863 dit que la Clarée « n'avait jamais été dangereuse » et que son immense bassin de réception est « encore dans un parfait état de conservation » (ce qui paraît bien optimiste); mais que « depuis quelques années » le déboisement a ravivé les torrents du Creuzet, des Acles, de Robion, du Vallon. A l'enquête, les habitants et la municipalité repoussent vivement le projet : le pâturage leur est indispensable; la constitution d'un périmètre les exposera, lorsque leurs bêtes s'y échapperont, à des procès-verbaux ruineux; du reste, le pâturage est favorable et non nuisible au repeuplement naturel, parce que le bétail enterre la graine; ainsi, depuis vingt ans, on met en défens le quartier des Combes (1) sans aucun résultat, pendant que les cantons du Villard, de la Souchère et de la Poux, où

---

(1) Sous le col des Thures, bassin de réception du Robion.

l'Administration laisse pâturer, se repeuplent si dru « qu'on sera obligé d'en arracher (1) ».

Le Conseil d'arrondissement remarque que le reboisement dépossède la population de leurs droits de pâturage, « leur seule et unique ressource », et demande qu'au moins l'État supporte tous les frais.

Finalement, un décret du 5 mars 1874 déclare d'utilité publique la constitution d'un périmètre de 2.246 hectares, comprenant 1.383 hectares de bois déjà soumis au régime forestier, mais dégradés. Les travaux commencèrent en 1879.

Enfin, à la même époque, furent périmétrés 416 hectares autour du torrent de Sachas, dont les crues, les dégâts (route de Briançon souvent coupée) et le vaste cône de déjections, rappelaient les plus mauvais torrents de l'Embrunais. Le périmètre englobe, sur la rive droite (commune de Saint-Martin-de-Queyrières), une ancienne forêt, dite du Mélézet, ruinée par les abus de dépaissance, et sur la rive gauche (Puy-Saint-André) des terrains de transport en éboulement (2).

En 1884-1885-1886, eut lieu, par application de la nouvelle loi du 4 avril 1882, encore en vigueur, la revision de ces périmètres. On les réduisit considérablement, de 4.684 hectares à 1.352 pour l'ensemble, mais en laissant sous le régime forestier et incorporant ou réincorporant aux forêts communales les parties qu'on avait périmétrées pour les mieux conserver. On ne peut qu'applaudir à cette dernière mesure, même si l'on estime excessives les réductions faites. Mais il est regrettable que ces réductions aient replacé hors de l'action de l'État des torrents dangereux comme celui du Creuzet, du Vallon, de Sainte-Élisabeth, etc. Les communes refusant la vente à l'amiable des terrains périmétrés, ceux-ci furent acquis par expropriation.

A ces périmètres, actuellement appelés « séries » en langage administratif, il faut en ajouter un autre, acquis à l'amiable par

---

(1) Autre exagération évidente qui touche l'inexactitude absolue.

(2) Certains sont des marnes noires analogues à celles de l'Embrunais ou des Basses-Alpes.

l'État en 1894 et comprenant le bassin du Rif-Cros, mauvais torrent né dans les calcaires et schistes gypseux et dolomiteux de la chaîne de Montbrison « grandiose et triste », coupant la route de Vallouise et dévastant le village des Vigneaux qu'il traverse. Le Rif-Cros, en activité surtout depuis 1856, a eu des crues violentes en 1890, 1893, 1894, 1905. En 1894, la commune offrit à l'État de lui vendre 237 hectares de rochers, casses et terrains en mouvement pour 80.000 francs. L'Administration estimait ce terrain 5.000 francs (21f l'hectare); elle arrêta les offres à 11.866 francs, puis enfin l'acquisition eut lieu à l'amiable pour 25.758 francs.

2. Reboisements actuels par l'État

Actuellement, les « séries » de reboisement du Briançonnais, propriété de l'État, formant le « périmètre de la Haute-Durance », sont donc les suivantes :

DÉNOMINATION	TORRENTS ENGLOBÉS	CONTENANCE	MODE D'ACQUISITION et date des actes ou jugements	DÉPENSE d'acquisition	PRIX moyen de l'hectare
		hectares		francs	francs
Névache	Robion, le Vallon (partie).	238,91	Expropriation, 16 février 1887.	118.079,84	496,77
Val-des-Prés	La Lauze, Malefosse (partie).	296,59	— —	110.612,62	372,98
Briançon	Malefosse (partie).	66,58	Amiable, 7 octobre 1876.	2.090,70	31,40
Le Monêtier	Rifblanc, les Plattes, l'Etret, la Ponsonnière, le Pervou, le Chardoussier, la Pisse, le Saint-Joseph, la Moulette.	560,83	Expropriation, 16 février 1887.	113.155,93	201,76
Puy-Saint-André	Sachas (partie).	45,89	— —	34.841,73	759,24
St-Martin-de-Queyrières	Sachas (partie).	143,29	— —	86.029,86	600,39
Les Vigneaux	Rif-Cros.	236,73	Amiable, 30 avril 1903	25.758,07	108,80
Totaux et moyenne		1.588,82		491.168,75	309,14

On voit combien les expropriations sont onéreuses pour le Trésor et combien les jurys font payer à l'État les terrains très au-dessus de leur valeur et très au-dessus même des prix déjà forts que l'État paie dans les acquisitions à l'amiable.

Des projets de constitution de périmètres domaniaux ont été étudiés ces dernières années pour les bassins du Guil et de la haute Romanche. Une loi du 7 août 1910 vient de déclarer d'utilité publique la création du périmètre du Guil, 1.780 hectares, comprenant principalement les sommets des versants dénudés du Queyras.

A côté de ces séries domaniales, précédées par conséquent de l'acquisition du terrain par l'État, a été constituée en 1905, par une procédure des plus heureuses et que nous voudrions voir généralisée dans toutes les régions de montagne, la série communale d'Arvieux, appartenant au périmètre du Guil, en plus des 1.780 hectares précités. La route stratégique de Briançon à Château-Queyras, aussitôt après avoir franchi le col d'Izoard, descend en lacets sur les versants sauvages et dénudés, par suite de pâturage, de la Casse déserte et de Brunissard qui appartiennent au bassin de réception de la rivière d'Arvieux. Les terrains, calcaires dolomitiques, cargneules, schistes, se délitent et se désagrègent facilement, menaçant l'existence de la route. Sollicité par le Service des Eaux et Forêts, le Conseil municipal d'Arvieux a consenti à soumettre au régime forestier $248^{ha}\,97^a$ de communaux dénudés et en démolition superficielle, sous condition que l'État y ferait entièrement à ses frais tous les travaux de restauration et de reboisement nécessaires. On y a ajouté une parcelle, de $20^{ha}\,05^a$, de la forêt communale, qui était dégradée et la série communale de reboisement a été ainsi constituée avec une surface de $269^{ha}\,02^a$. En même temps, une pépinière était établie en aval de Château-Queyras, sur terrain loué.

Les travaux effectués au 31 décembre 1906, depuis l'origine, dans ces différentes séries, dont la contenance totale est ainsi de $1.857^{ha}\,84^a$, étaient les suivants :

TABLEAU

	Dépenses
	francs

Travaux forestiers

Semis : 386 hectares, 7.230 kilos de graines résineuses.	32.885	
Plantations : 1.562 hectares (1), 15.157.000 plants résineux; 751.000 plants feuillus.	180.950	
En herbement : parties des surfaces ci-dessus.	17.447	347.715
Pépinières : (y compris la valeur des graines).	56.630	
Ouverture et entretien de chemins : 103.364 mètres.	59.803	

Travaux de correction

Barrages : 5 grands en maçonnerie, 1.077 petits en pierre sèche.	135.805	
Clayonnages, 48.383 ; fascinages, 3.110.	58.482	
Curage de lit des torrents.	28.212	230.052
Drainages, 3.834 mètres	7.553	
Divers, frais de surveillance, etc.		62.459
TOTAL.		640.226

Par série, la situation était la suivante au 31 décembre 1906 :

	Restant à reboiser	Non boisable	Dépenses effectuées
	hectares	hectares	francs
Névache.	100	9	87.727
Val-des-Prés	14	60	103.418
Briançon.	2	8	43.402
Le Monêtier (2)	82	50	229.646
Puy-Saint-André.	10	»	88.446
Saint-Martin.	»	25	35.858
Les Vigneaux.	57	128	12.334
Arvieux.	216	45	39.395
TOTAUX.	481	325	640.226

La plantation est le mode de reboisement le plus généralement adopté et de beaucoup préférable. Les essences employées sont, en première ligne, le pin à crochets et le mélèze, accessoirement le pin cembro (la réussite de cette essence est difficile). Les plants,

---

(1) Y compris 966 hectares réfectionnés.

(2) Le bassin du Saint-Joseph, à peu près entièrement repeuplé, est un bel et intéressant spécimen de reboisement.

mis en place à l'âge de trois ans en moyenne, sont élevés dans des pépinières établies dans les séries mêmes, à proximité des terrains à reboiser, sauf dans le Queyras où une seule pépinière centrale existe, un peu en aval de Château-Queyras. On plante, en outre, sur les berges des torrents, dans les boues glaciaires, sur les éboulis, des feuillus : aunes, saules et surtout l'hippophaé. Le saule se bouture plutôt qu'il se plante.

Les semis, en pin à crochets ou mélèze, ne sont faits que sur de petites surfaces, à titre d'essai ou dans des circonstances spéciales : semis sur la neige, semis dans des casses.

D'ordinaire on peut planter immédiatement le terrain à reboiser. Mais lorsque ce terrain est dénudé, très déclive et qu'il se délite facilement à la surface, il faut passer par l'intermédiaire préalable de l'enherbement. Cet enherbement s'obtient par des semis en cordons horizontaux de sainfoin et fenasse, des plantations, en cordons également, de touffes de bauche. On les complète au besoin par des plantations de feuillus, ou des boutures, ou encore par des clayonnages. Quand ces cordons se sont développés et que le terrain a pris un peu d'assiette, on peut planter les résineux.

Le reboisement des diverses séries, sauf de celle toute récente d'Arvieux, est presque terminé. Mais le travail de réfection, par plantation, des parties manquées restera encore longtemps assez notable. Il a été très considérable pendant la période précédente. C'est jusqu'à sept et huit fois qu'il a fallu revenir sur certains points pour y réinstaller la végétation. Les parcelles qui restent à regarnir sont plutôt des vides dans les semis ou plantations déjà faites, surtout dans les parties élevées des séries, où, comme l'a recommandé M. Bénardeau dans sa tournée d'inspection générale de 1906, doivent porter les efforts du service. Là, il y a à lutter contre les rigueurs d'un climat excessif de haute altitude, où l'on est tout proche de la limite de la végétation forestière. Cependant le reboisement de ces parties importe parce que c'est souvent là que naissent les premiers ravinements qui engendrent le torrent. Parfois aussi il peut y avoir lieu d'y combattre les avalanches à la suite desquelles des ravinements se forment aisément (1). Dans les autres parties des séries, ce sont aussi des vides ou des taches de terres gypseuses (Névache) ou des boues glaciaires (Puy-Saint-André) ou des schistes (La Pisse) sur lesquelles la végétation est à réinstaller. Les cordons d'herbes (fenasse, sainfoin, bauche) y précéderont au besoin les plantations de résineux; pour les terres gypseuses ou schisteuses, les semis de bugrane ou lasers, plantes qui y sont spontanées, sont tout indiqués. Des bouturages et marcottes de feuillus traçants et drageonnants, des clayonnages, et, dans les petits ravins, des garnissages de rameaux de pin permettront d'en vite venir à bout.

En 1906 et 1907, nous avons fait mettre à l'essai dans différentes séries des essences exotiques, introduites par plantation. Il est encore trop tôt pour juger des résultats. *Abies Nordmarmiana, Picea Alcokiana, Menziesii, Engelmanni, Pseudotsuga Douglasii, Pinus Banksiana* sont assez bien venus jusqu'ici. *Chamæcyparis Lawtsoniana* semble avoir réussi. Au surplus ces essais demandent à être suivis avec méthode et continuité, ce qui n'a pas toujours lieu.

Dans le périmètre de la haute Durance, les travaux forestiers (enherbements, semis, plantations) sont et doivent rester prépondérants. Les travaux de correction (maçonnerie et hydraulique), notamment l'établissement de barrages, ont eu une importance bien moindre, en raison de la nature des torrents périmétrés, qui sont surtout des torrents à casses (Malefosse, Lauze, Rif-Cros) ou des torrents à affouillements donnant peu (Sachas, Ponsonnière, Pervou, Chardoussier, ravin d'Izoard). Dans les premiers, la raideur du profil en long fait que les grands barrages n'auraient qu'une utilité très restreinte et momentanée, parce que la moindre crue suffit pour les atterrir (ainsi les deux barrages du Rif-Cros en 1906) et que, d'autre part, la source des matériaux est inépuisable, puisque c'est le pan de montagne lui-même d'où descend le torrent. Dans de tels ravins, il n'y a qu'à reboiser le

---

(1) Des banquettes contre les avalanches ont été établies en 1907 dans le haut du Rif-Blanc.

plus possible et attendre que la montagne atteigne un état d'équilibre relatif, à l'abri de tout pâturage et de toute exploitation. Mais si un jour vient où l'on entreprenne l'extinction de tous les torrents du Briançonnais, il y aura, en dehors des torrents à affouillements déjà périmétrés et non encore corrigés, dans lesquels des barrages en maçonnerie seraient justifiés (Rif-Blanc, la Moulette), des barrages à établir dans la plupart des autres torrents à affouillements (Creuzet, torrents de Val-des-Prés, du Vallon, de Sainte-Élisabeth, de Queyrières, de Parcher, des Meyries).

Les travaux de correction et barrages, contre l'abus desquels on s'est élevé récemment non sans quelque raison, mais non aussi sans exagération, s'imposent souvent dans les ravins à berges instables et affouillables des Alpes ou lorsque, comme il arrive souvent, la forêt est prise à revers par un ravin né, soit au-dessus d'elle, soit dans une clairière ou un vide intérieur (1). Nous en avons vu précédemment (I, II, 7) la preuve dans les cas du torrent de Sainte-Élisabeth et des ravins de Queyrières, de Sainte-Marguerite et de Maratra.

Mais à côté des travaux de main d'homme, il y a, dans toutes les régions et même dans les Alpes sèches et si promptes à la dégradation, une force puissante pour la restauration des terrains dégradés et la reprise de la végétation forestière. C'est la force de la nature, qui agit dès que l'homme, en lui assurant le repos, ne la contrarie plus. Dès qu'un terrain, en montagne comme en plaine, quel qu'il soit, pourvu que non placé dans des conditions spéciales impropres à la végétation (sommets, cols ou crêtes non abrités), est abandonné par l'homme et ses troupeaux, les plantes, herbacées et ligneuses, ou herbacées d'abord, ligneuses ensuite, s'en emparent et s'y propagent. Ce repeuplement spontané est parfois long, surtout aux hautes altitudes, mais il n'en est pas moins réel. C'est la raison d'être de cette mesure de conservation et de restauration forestière, vieille comme le monde,

---

(1) Voir E. Thiéry, « Réponse à M. Briot » (*Revue des Eaux et Forêts*, 1906, p. 1).

si pratiquée par nos aïeux : la mise en défens (*embannement*, en Briançonnais, *bedat* en Béarn, *defensum, devesum* en bas-latin, d'où *Devèze*). L'achat d'un terrain par l'État, la soumission au régime forestier, en assurant le respect du défens par une surveillance rigoureuse, fournissent un premier élément certain de restauration, quelquefois suffisant même pour l'extinction de torrents peu importants.

Plusieurs de nos préposés, depuis longtemps dans le pays, nous ont affirmé qu'ils constataient un changement dans l'aspect et l'état de nombreuses parties des séries de reboisement. Ainsi le versant gauche du torrent du milieu des Plattes (série du Monêtier) s'enherbe peu à peu et se montre moins dénudé. Le bassin du Saint-Joseph s'est de même beaucoup regazonné dans le haut depuis l'expulsion des moutons. De même à la Lauze de Val-des-Prés. Nous avons, au surplus, rappelé ici et ailleurs (1) les exemples de reboisement naturel du Grand-Bois du Montgenèvre, du Clot des Gamattes de la même forêt, du bas des forêts du Villar-Saint-Pancrace et de Saint-Martin-de-Queyrières, du cône de déjections de Malefosse, des délaissés du Guil, de la partie incendiée du Bois de France de l'Argentière, de la montagne du Cros-la-Garenne d'Abriès, reboisement consécutif à une simple diminution dans l'exercice du pâturage.

« La suppression du pâturage suffirait au regazonnement et au reboisement spontanés en-dessous de la limite climatérique de chaque plante (2) ».

3. Reboisements communaux et particuliers

Il n'y a pas à compter, pour le moment, de reboisements en dehors de ceux de l'État. Les communes n'en ont fait aucune (sauf quelques parcelles à Cervières) ou les ont depuis longtemps abandonnés. Les particuliers en ont fait quelques-uns, mais ne

---

(1) Pierre BUFFAULT, *Notes sur les mélézaies briançonnaises*. — M. BRIOT cite des faits semblables dans ses *Nouvelles études*.

(2) Ch. BROILLIARD, *Les Alpes pastorales* (*Revue des Eaux et Forêts*, 1896, p. 351).

PLANCHE X

Hameau de la Vachette, près Briançon; types d'habitation (au centre, ancienne manufacture de draps, aujourd'hui maison de préposés et sécherie forestière); au fond, paturages de printemps et col du Mont Genèvre.

Le vallon du Fournel et les chalets des Glaizas, vus du chemin de la Pousterle (1.960ᵐ); a gauche, le Grand-Bois-la-Sapée (sapins); a droite, versants dénudés, paturages de printemps.

portant que sur de minimes surfaces. Notons cependant les jolies plantations de résineux indigènes et de sapins Pinsapos à M. le Dr Bompard, près de la route de Briançon à Saint-Chaffrey.

§ 7 — *Appréciation de la situation actuelle*

1. La situation actuelle et son origine

Le déboisement ou, si l'on préfère, le faible boisement actuel du Briançonnais, remonte à une époque fort ancienne, multi-séculaire. A part la disparition, au dix-neuvième ou au dix-huitième siècle, de quelques cantons ou parties de cantons boisés, d'ailleurs peu étendus, près des crêtes ou en haut des vallées, comme au fond de la vallée de Cervières, la physionomie forestière du pays ne semble pas avoir changé depuis bien longtemps.

B. Chaix nous parle bien de déboisements, mais sans préciser, et comme effectués à une époque reculée. « La destruction des bois, dit-il assez justement, a commencé ici au besoin de la destruction des bêtes féroces, ensuite au passage des armées gauloises et romaines, au séjour des Sarrazins. »

Tous les anciens textes nous montrent les forêts là où elles sont aujourd'hui, et non ailleurs.

En 1553, les habitants de La Salle, en procès avec ceux du Villar-la-Madeleine, déclarent qu'ils « ont tousjours heu et ont, dans leurs terroyr et parroisse leurs boys en l'envers, de l'autre cousté, oultre le ruysseau *seu* rivière de Guisane, notoyrement, en grand habondance (1) ».

Par des actes de 1276 et 1296, il est cédé à bail des prairies à la Pousterle et à Oréac, au-dessus de l'Argentière, aux Aiguilles au-dessus de la Roche-de-Rame (enclave dans la forêt communale) (2).

En 1287, la Pinée de Briançon a les mêmes limites qu'aujour-

---

(1) Archives départementales des Hautes-Alpes.
(2) P. GUILLAUME, *Documents inédits relatifs à L'Argentière*. Gap, 1884.

d'hui (1). Les chartes et textes de 1166 à 1314 parlent de montagnes pastorales qui sont celles d'aujourd'hui, à Cervières, Vallouise, Arvieux, Saint-Véran, Ristolas, Névache, La Salle, le Monêtier, etc.

Dans son testament, le patrice Abbon, grand seigneur qui, en 739, lègue ses propriétés du Briançonnais à divers monastères, mentionne ses « affranchis, colons et serfs » du Briançonnais et de Vallouise; ses « colonies » de Vallouise, ses « champs, prés, pâturages, forêts, alpages, montagnes, rifs », description qui, bien que sommaire, s'appliquerait encore aujourd'hui.

Donc le déboisement actuel du Briançonnais ne date pas d'hier, comme beaucoup l'ont cru, affirmé, écrit; mais il est réalisé depuis le haut Moyen Age et sans doute depuis l'occupation romaine (2). Comme l'hydrologie — et réserve faite des ravins et torrents qui naissent ou s'éteignent d'un moment à l'autre sous l'influence ou en l'absence de l'action de l'homme — comme l'hydrologie, le taux de boisement du pays n'a pas sensiblement changé depuis près de dix-neuf cents ans.

Le mal torrentiel dont souffre le Briançonnais et dû à un boisement insuffisant, y est donc fort ancien lui aussi; et il y a exagération à déclarer qu'il est de la *dernière urgence* d'y remédier. Mais il importe évidemment de ne pas trop attendre et de ne pas laisser s'aggraver telle dégradation qui, facilement corrigible aujourd'hui, le sera difficilement demain.

Il faut reboiser pour réparer ou maintenir l'armature végétale du sol; il faut reboiser pour améliorer le régime des eaux, pour empêcher le ruissellement, pour augmenter le débit des rivières et entretenir la houille blanche.

Le reboisement se présente donc dans ce pays, non comme une mesure urgente de salut public (3), mais comme une amélio-

---

(1) Archives municipales de Briançon. Transaction-règlement du 25 septembre 1287.

(2) Nous sommes arrivés à la même conclusion pour le mandement de Guillestre (Voir notre étude précitée). Cf., dans le même sens, C. JULLIAN, *Histoire de la Gaule romaine*.

(3) Ce qui est le cas dans d'autres régions. Il ne s'agit ici que du Briançonnais.

ration de premier ordre, une mise en valeur qu'un grand pays comme la France ne doit pas trop différer et que réclament l'intérêt général et l'intérêt local.

Les forêts briançonnaises sont insuffisantes en consistance : elles couvrent souvent mal le sol, ne le protègent pas assez et présentent d'innombrables lacunes et déchirures (ravins et torrents) qu'il faudrait réparer.

Elles sont insuffisantes en étendue : n'occupant que le quart du territoire (en projection horizontale, donc moins encore pour la surface réelle ou développée), étant absentes d'un nombre considérable de versants déclives et dénudés où le ruissellement s'exerce sans retenue (pâturages inférieurs).

Les séries de reboisement actuellement constituées ne sont qu'un bien faible palliatif à cette situation. Que sont leurs 1.857 hectares sur les 100.000 hectares de landes, pâturages et incultes, c'est-à-dire de terrains nus, situés au-dessous de la courbe de 2.500 mètres, limite pratique de la végétation forestière? Pas même 2%! Et ces séries sont morcelées, émiettées. Celle du Monêtier est en neuf parcelles. A côté de certaines bien comprises (bassins du Pervou, du Saint-Joseph), d'autres (la Moulette, 4 hectares) sont si exiguës qu'elles ne peuvent jouer aucun rôle; elles n'embrassent même pas toute la surface dégradée !

D'éminents forestiers, comme M. Cardot, frappés surtout des dégradations de la zone alpine, leur attribuent la majeure partie des dégâts torrentiels et pensent qu'avec une bonne réglementation pastorale on arrivera à supprimer à peu près tous ces dégâts. Mais, dans le Briançonnais et dans bien d'autres pays montagneux, les dégradations de la zone alpine sont bien moindres que celles de la zone subalpine, et la restauration pastorale ne guérirait qu'une faible partie du mal.

Les reboisements actuellement réalisés sont donc tout à fait insuffisants. Il faudrait les étendre sur les « adroits » dénudés des vallées de la Clarée, de la Guisanne, de la Cerveyrette, du Guil, du Fournel, de la Durance, qui fournissent une part si importante du ruissellement, cause des débordements de la Durance.

Il faudrait reboiser les pâturages de printemps et d'automne, pâturages inférieurs, et former un rideau continu de forêt sur tous les versants, entre le fond de la vallée où seraient concentrées les cultures et les prairies, et la zone alpine où seraient exploités les hauts pâturages (1).

Pour avoir des résultats hydrologiques appréciables, une amélioration réelle du régime des eaux, ce sont, en effet, de *grands*, d'*immenses* tènements qu'il faudrait reboiser et non de petits morceaux décousus.

Réparations au sol forestier actuel, extension efficace des boisements, restauration pastorale, il y a là une entreprise démesurément vaste, formidable, et, de prime abord, déconcertante. Elle est tellement vaste qu'on se demande s'il est raisonnable de l'entreprendre.

Mais, en matière sylvo-pastorale, c'est l'accumulation des infiniment petits qui produit les grands résultats.

Pour le moment, cette œuvre est irréalisable dans son ampleur en raison de deux obstacles qui ne permettent que de réaliser de petites restaurations très localisées. Ces deux obstacles sont : la législation actuelle, l'opposition des montagnards.

De la législation en vigueur (L. 4 avril 1882), à laquelle nous devons les périmètres de reboisement actuels, étriqués et morcelés, la critique a été faite déjà maintes fois (2). Cette législation, à l'égard du mal torrentiel, n'est que curative et non préventive ; elle attend que le danger soit né et actuel pour permettre à l'État d'intervenir. De plus, pour le reboisement, elle ne laisse celui-ci faire des travaux qu'après qu'il a au préalable acquis le terrain,

---

(1) « Aucune opération ne serait plus fructueuse » que le reboisement de ces pâturages de printemps, dit M. BRIOT (*Études*, p. 48).

(2) L. TASSY, *La Restauration des montagnes*. Paris, Rothschild, 1877. — Pierre BUFFAULT, *Insuffisance de notre législation en matière de conservation et de restauration des forêts ; Nécessité de réformer nos lois forestières ; L'Obstacle au reboisement*, Congrès du Sud-Ouest navigable, 1902, 1904, 1905. Toulouse, Privat, etc. — L. A. FABRE, *La Lutte pour et contre l'eau*, Congrès du Sud-Ouest navigable, 1902, et ses nombreuses et remarquables études postérieures : *L'Exode montagneux en France ; L'Achèvement de l'œuvre du reboisement ; L'Évasion contemporaine des montagnards français ; Législation protectrice du sol montagneux en France ;* (Journal des Économistes, 1910), etc., etc.

« nationalisé » le sol; et, quant à la réglementation et aux améliorations pastorales, elle institue une procédure qui est restée lettre morte et inappliquée, tant l'État est désarmé vis-à-vis des représentants des intérêts locaux aussi bien pour les travaux à effectuer que pour les prescriptions à faire observer. L'État, à qui elle donne mission de réparer les dégradations, une fois qu'elles sont « nées et actuelles », est donc « paralysé » : d'un côté, parce qu'il est limité étroitement dans la constitution des périmètres, qu'on réduit aux « berges vives », et qu'il ne peut donner aux travaux techniques l'ampleur nécessaire pour être efficaces; d'un autre côté, parce que son action est subordonnée à l'achat du terrain et à la question des ressources budgétaires.

La modification qui vient d'être votée par la Chambre, sur la proposition de M. Fernand David, sera de portée restreinte et ne changera pas considérablement la situation, parce que, si elle ne limite plus l'action de l'État aux « dangers nés et actuels », si elle lui permet de reboiser un terrain simplement parce que dénudé, elle maintient toujours le principe paralysant de l'acquisition préalable, de la « nationalisation spoliatrice » du sol.

Il en résulte que, en fait, l'œuvre du reboisement est très restreinte sur le terrain et n'avance pas, dans le Briançonnais comme ailleurs. L'État, gêné d'abord dans la constitution des périmètres qu'on ne lui permet que réduits aux terrains dégradés, aux lits des torrents, est ensuite empêché par la question dépense. Les acquisitions par expropriation lui sont tellement onéreuses, en raison des prix formidables qu'imposent les jurys, qu'il y a renoncé depuis longtemps à peu près complètement. Il attend que les montagnards lui consentent la vente amiable de leurs terrains dont ils ne tirent plus profit; mais, ce faisant, il institue une prime à la dégradation, au déboisement. Cela n'arrive pas souvent, à vrai dire, sauf dans quelques régions en proie plus particulièrement aux dévastations torrentielles et à l'exode rural. Cela n'arrive pas, en tout cas, dans le Briançonnais. Et quant à la réparation des dégradations dans les forêts communales, elle est impossible. L'État ne peut rien faire puisqu'il n'est pas propriétaire et les communes sont trop pauvres pour pouvoir affronter les dépenses nécessaires (1).

Le second obstacle que rencontre l'œuvre du reboisement est l'opposition du montagnard. Certes, cette opposition se comprend aisément, et, si elle est aveugle, elle est justifiée en soi. Il est naturel que le montagnard ne consente pas, de gaieté de cœur, à se priver de ses terrains de pâturage, soit particuliers, soit communaux, qui sont ses principales ou uniques ressources. D'autant qu'avec la législation de 1882 on l'en dépossède à jamais. Il est vrai qu'on lui paie son terrain et fort cher. Mais ce n'en est pas moins pour lui un bouleversement, souvent total, de son existence, de son genre de vie. En outre, lorsque l'État achète des communaux, il en verse le prix à la commune, mais les habitants, *ut singuli*, n'en reçoivent aucun dédommagement. Ils jouissaient auparavant des communaux. Ils en sont évincés maintenant sans aucune compensation. Leur groupement, la commune en est indemnisée, et largement; mais eux-mêmes, personnellement, ne reçoivent rien (2). Il y aurait, à cet égard, quelque chose de plus juste à faire.

Il faut dire, pour rester dans la réalité, que, souvent, l'opposition au reboisement n'émane pas de toute la population, mais de cette « aristocratie pastorale » justement dénoncée par Tassy (3) et qui existe dans plusieurs communes du Briançonnais comme du reste des Alpes. Ce sont seulement quelques propriétaires de troupeaux qui jouissent de la montagne, des pâturages communaux et qui, naturellement, ne veulent pas voir restreindre cette jouissance et les ressources qu'ils en retirent. Mais, à côté d'eux, bon nombre d'habitants, n'ayant pas les mêmes intérêts, ne verraient pas souvent de mauvais œil le reboisement et y trouveraient même au contraire profit dans la main-d'œuvre que les travaux nécessitent.

---

(1) L'État pourrait subventionner les communes; mais son budget ne le lui permettrait sans doute pas.

(2) Cf. à ce sujet la réclamation, partiellement fondée, de M. Toy-Riont, député de Briançon, lors de la discussion du budget de l'agriculture à la Chambre des Députés, 1911.

(3) L. Tassy, *op. cit.*

2. Les remèdes

Pour sortir de cette fâcheuse situation, il faudrait d'abord armer suffisamment l'État, compléter ce qu'a commencé la Chambre des Députés sur l'initiative de M. Fernand David, en modifiant plus profondément la loi du 4 avril 1882, en supprimant l'obligation d'acquérir pour l'État, en lui permettant de faire les travaux, sur terrains particuliers aussi bien que sur terrains communaux, après simple soumission au régime forestier. C'est à peu près ce qui se pratique en Italie, en Suisse, en Autriche-Hongrie, en Allemagne (1). Ainsi l'État réserverait tout son argent pour les travaux et ne le gaspillerait pas en acquisitions coûteuses qui poussent à la dépopulation de la montagne au lieu de l'enrayer. Nous avons eu déjà à exposer et préconiser ce système (2). Il pourrait réparer les dégradations dans les forêts existantes aussi bien que restaurer les terrains dénudés. On réaliserait ainsi au mieux « l'idée sociale de protection des sols pauvres (3) ». C'est cette même procédure qu'on a appliquée à Arvieux pour la constitution de la série communale de reboisement, qui fut — plus ou moins explicitement — appliquée à Chorges en 1843, qu'on était sur le point d'appliquer dernièrement à Val-des-Prés. Elle serait féconde en résultats. Elle serait rationnelle puisque souvent — et cela condamne la loi de 1882 — le repos, la mise en défens suffit à restaurer les terrains dégradés. Pourquoi, dès lors, déposséder le montagnard quand l'imposition seule d'une restriction de jouissance, d'une servitude, peut suffire à satisfaire l'intérêt public et ménager les intérêts privés?

La récente constitution du périmètre du Guil montre tout le vice de la procédure actuelle. La majeure partie des 1.780 hectares appartient à la zone alpine et n'est pas reboisable. L'État

---

(1) Pierre BUFFAULT, *Solutions du problème forestier à l'étranger*, Congrès du Sud-Ouest navigable, Toulouse, Privat, 1906.
(2) Dans nos études précitées et, notamment : *Nécessité de réformer nos lois forestières ;* Cf. le projet de M. L. A. FABRE, in *Législation protectrice du sol montagneux*.
(3) L. A. FABRE, *L'Évasion contemporaine des montagnards français*.

va donc dépenser des sommes relativement énormes pour acquérir des terrains sur lesquels il ne pourra à peu près rien faire et qu'une simple réglementation efficace de jouissance restaurerait !

Une fois l'État armé de pouvoirs suffisants et mis à même de vaincre, lorsqu'il le faudrait, l'opposition des montagnards, il faudrait s'attacher à faire cesser ou atténuer celle-ci. Sans doute, elle serait déjà moins vive avec une procédure comportant, non plus la dépossession perpétuelle, mais une simple suspension de jouissance avec indemnité, s'il y avait lieu, qui laisserait au propriétaire la perspective de jouir à nouveau, plus tard, mais sagement, des produits de son terrain restauré. Mais cette opposition ne cesserait pas néanmoins, il ne faut point s'illusionner à cet égard. D'autant plus que les reboisements devant se faire dans la zone subalpine et ne pouvant se faire que là, c'est aux dépens des pâturages de printemps et d'automne et, souvent, des cultures, qu'il faut les effectuer. Là gît la difficulté. Et elle est telle que beaucoup d'économistes et de forestiers la jugent invincible et pensent que le reboisement des montagnes, lequel doit être intensif pour être efficace, ne pourra se réaliser que le jour où ces montagnes seront à peu près dépeuplées. Il heurte trop, disent-ils, les intérêts immédiats des habitants, pour que ceux-ci puissent s'y convertir.

Néanmoins la difficulté peut être vaincue ou tournée à la longue par la transformation de l'économie pastorale du montagnard, par la substitution de la vache au mouton, au mouton indigène. Cette substitution, depuis longtemps préconisée, serait, en effet, un des meilleurs moyens de rendre le reboisement possible en supprimant pour le montagnard la nécessité d'avoir des pâturages de printemps et d'automne.

Certains ont espéré que l'installation de l'industrie dans la montagne, par l'exploitation de la houille blanche, pourrait résoudre le problème (1). Nous avons déjà examiné la question (chap. VI) et indiqué ce que ce développement industriel ferait contre la dépopulation et au point de vue pastoral. Dans la ques-

---

(1) Ph. BAUBY, *op. cit.*

tion strictement forestière, pour le reboisement, il agirait fort peu. Il n'aurait d'effet qu'à condition d'être assez considérable pour absorber toute la main-d'œuvre de la montagne, pour empêcher que les habitants, hommes et femmes, aient le temps de s'adonner si peu que ce soit à l'exploitation du sol pastoral et spécialement des pâturages inférieurs. Or cela ne peut être. Si importante, si absorbante que devienne l'industrie, elle n'empêchera pas qu'il ne reste des hommes ou des femmes pour exploiter le sol et *surtout les parties basses* des versants où, justement, la dégradation torrentielle est fréquente. Du reste, on voit, par l'existence de l'usine de Briançon et de l'industrie locale actuelle, que la question forestière et pastorale n'a pour cela rien perdu de ses difficultés.

Pour réduire l'opposition du montagnard, il faut changer sa mentalité à l'égard de l'exploitation du sol (1). Il faut lui faire renoncer à la culture extensive, lui faire adopter la culture intensive et là seulement où elle peut être rémunératrice et lui faire transformer son économie agricole et pastorale selon le plan déjà indiqué : multiplication des prairies irriguées surtout dans les fonds de vallée, élevage intensif du bétail sur de moindres espaces, substitution de la vache au mouton, amélioration des hauts pâturages. Ce n'est — et cela se conçoit — qu'en lui montrant qu'il peut, en faisant autrement, obtenir autant et mieux, qu'il renoncera à ses errements actuels. « Dans l'œuvre du reboisement entendue dans son sens le plus général…, on n'aura pour soi véritablement et décidément les populations que quand leur intérêt actuel sera engagé dans la question aussi bien que l'intérêt des générations à venir (2). » L'intérêt lui fera faire ce que la coercition ne pourra réaliser. A cette œuvre d'éducation devront coopérer et les agents forestiers et les professeurs d'agriculture et les hommes éclairés du pays qui y constituent les « autorités sociales » dont Le Play a montré le rôle considérable.

Les sociétés forestières, telles que l'Association pour l'aména-

---

(1) Cf. Ph. BAUBY, *op. cit.*
(2) Lettre de M. FARÉ à M. BRIOT, *Études sur l'Économie alpestre*, Introduction.

gement des montagnes, pourront beaucoup dans le même sens. Cette éducation du montagnard doit être même leur principal, leur unique objectif, le seul pour lequel elles ont toutes les aptitudes et tous les moyens de réalisation.

Il ne faut pas compter que dans des pays de hautes montagnes, à climat rigoureux, comme le Briançonnais, l'initiative privée puisse exécuter des travaux, tant soit peu notables, de reboisement. Celui-ci y est trop difficile, trop coûteux et sans aucun profit pécuniaire, au moins de longtemps. L'État seul peut s'en charger et en supporter les frais. Mais ce que peut et doit faire l'initiative privée, c'est la propagande en faveur des idées forestières, des améliorations pastorales et de la transformation nécessaire de l'économie agricole et pastorale du pays, transformation d'ailleurs possible et réalisée ailleurs en France (1).

---

(1) Voir F. Nœtinger, *La Suisse niçoise* (*Annuaire du Club-Alpin français*, 1896).

CHAPITRE VIII

LES PATURAGES

§ 1 — *Statistique pastorale*

La surperficie pastorale du Briançonnais comprend les pâturages découverts ou pelouses et, en outre, mais très accessoirement, une partie des forêts communales.

La surface des pâturages découverts du Briançonnais est évaluée approximativement à 65.000 hectares, dont 41.000 pour le Briançonnais proprement dit et 24.000 pour le Queyras (Ces chiffres sont douteux, mais on n'en a pas de plus approchés).

On peut compter *environ* 18.000 hectares de pâturages inférieurs dits de printemps et d'automne (soit une surface égale à peu près à la moitié de la superficie boisée), et 47.000 hectares de pâturages supérieurs, dits d'été, ou alpages.

La majeure partie des uns et des autres est communale; le reste appartient aux particuliers. Les pâturages particuliers ne sont pas cantonnés dans les parties basses ni les communaux sur les hauteurs. Il y a un peu partout des uns et des autres, et, notamment, des pâturages particuliers au Lautaret et sous le Galibier, au mont Genèvre, au Gondran, dans les vallées du Queyras; c'est-à-dire que, souvent, les meilleures montagnes ont été l'objet d'appropriation individuelle.

Les pâturages inférieurs, dont le rôle est de fournir la subsistance des moutons indigènes au printemps et à l'automne, sont situés au bas des versants ou sur leur moitié inférieure et généralement à proximité des villages. Existant depuis des siècles, ils sont dans un état de ruine complète, ne se présentant plus que sous l'aspect de pentes dénudées, arides, où ne se voient que des pierres ou la roche sous-jacente, avec quelques brins d'herbe clairsemés, quelques tiges minuscules et rampantes de cotonéaster, de mahaleb, de nerprun, qui se collent dans les fentes du' roc, pour échapper à la dent du mouton.

Ce sont de véritables « ruines » (1) où l'on s'étonne souvent que même un ovin trouve à brouter. Tous ces pâturages inférieurs appartiennent à la zone subalpine, la zone des forêts. C'est au détriment de celles-ci que les premiers exploitants du pays les ont créés. Ils sont fréquemment le siège de ravinements torrentiels. Les types les plus nets en sont les pentes au-dessus de Ville-Vallouise, celles au-dessous de Puy-Saint-Pierre et tout autour de Briançon, le versant de rive gauche de la Durance au-dessus de La Roche-de-Rame, les versants de rive gauche de la Guisanne et de la Clarée, au-dessus de La Salle et du Monêtier, au-dessus de Névache, le versant de rive droite du Guil au-dessus de la vallée, de Château-Queyras à Abriès (2).

Les forêts n'apportent qu'un faible appoint aux ressources pastorales du pays, soit comme superficie, soit comme quantité et qualité de fourrage.

Les pineraies sont très pauvres en herbes. Seuls les clairs mélézeins ont un gazon fin qui constitue un aliment passable mais non à rechercher. « L'herbage du mélézein, dit M. Mathey (3) est formé de 6/10 de graminées, 3/10 de plantes diverses, 1/10 seulement de légumineuses. Ce n'est pas très nourrissant... » M. Briot a vérifié que le lait des bêtes se nourrissant dans les forêts de mélèze du Queyras ne renferme pas plus de 8 % de crème, tandis que celui des bêtes nourries sur les pâturages découverts en renferme 17 % (4).

Le Service forestier n'admet le bétail en forêt que dans les parties « défensables », c'est-à-dire dans celles où le bétail ne peut causer de dégradation notable ni aux peuplements, ni au

---

(1) BROILLIARD, *Les Alpes pastorales*.
(2) Voir des vues de ces pâturages dans BRIOT, *Études*, p. 48, et *Nouvelles études*, p. 224, 225, 226.
(3) A. MATHEY, *Au Pays du mélèze*.
(4) BRIOT, *Études*, p. 147.

sol lui-même (le piétinement favorise les éboulements et ravinements). La surface ouverte au pâturage des bêtes aumailles est, en moyenne, pour ces dernières années, de 14.400 hectares sur lesquels sont admises 7.050 bêtes, soit 1 bête par 2 hectares. La surface ouverte au parcours des bêtes ovines est de 6.450 hectares, sur lesquels on admet 11.550 bêtes, soit 1,8 tête par hectare ou 56 ares par mouton. Suivant les forêts et leur situation, le bétail y est admis de mai-juin (20 avril en Vallouise), à septembre-novembre (15 juillet à Saint-Chaffrey, 15 décembre à La Roche-de-Rame et en Vallouise). Ces forêts ne jouent souvent que le rôle de pâturages de printemps et d'automne, avant et après l'inalpage.

En 1906, on avait, pour les communes faisant pâturer leurs bêtes à cornes en forêt, les chiffres suivants (bêtes de cheptel, bêtes de commerce) :

	Briançonnais	Queyras	Total
Nombre d'habitants.	13.600	4.400	18.000
Nombre de bêtes possédées	5.712	3.757	9.469
Nombre de bêtes admises en forêt	4.227	2.731	6.958
	hectares	hectares	hectares
Étendue de forêt ouverte au parcours	12.049	2.844	14.893
Étendue des pâturages communaux découverts	39.100	15.292	54.392

Le nombre des vaches est en augmentation légère.

Pour les moutons, les statistiques du Service forestier nous permettent les rapprochements suivants :

	1873			1880			1906		
	Briançonnais	Queyras	Total	Briançonnais	Queyras	Total	Briançonnais	Queyras	Total
Population des communes	13.238	»	»	10.463	3.249	13.712	13.600	4.400	18.000
Nombre de bêtes ovines possédées (y compris les transhumants)	24.541	»	»	23.105	10.299	33.404	24.687	8.757	33.444
Nombre de bêtes ovines admises en forêt	17.687	»	»	12.576	3.854	16.430	8.061	3.160	11.221
Nombre d'hectares livrés en forêt	4.870	»	»	3.584	1.060	4.644	4.614	1.836	6.450
Nombre d'hectares de pâturages communaux découverts	41.092	»	»	35.102	12.554	47.656	39.100	15.292	54.392

N. B. — Les chiffres du Queyras manquent pour 1873.

En faisant la part des erreurs auxquelles n'échappent pas les meilleures statistiques, il ressort du tableau ci-dessus, qui comprend les transhumants en outre du bétail de cheptel et de commerce, seul compté probablement dans la statistique agricole (Voir chap. IV, § 4), que, contrairement à l'opinion actuelle, le nombre des moutons n'est pas, dans l'ensemble, en décroissance marquée, du moins depuis 1873, sauf dans le Queyras (1). Mais c'est le nombre des moutons venant pâturer en forêt qui a notablement et constamment diminué, ce dont on doit se réjouir et ce qui indique une certaine amélioration dans les procédés d'élevage du pays.

Des moutons transhumants viennent, depuis un temps immémorial, estiver dans les montagnes briançonnaises, notamment dans celles des communes suivantes : L'Argentière, Pelvoux, Ville-Vallouise, Le Monêtier, La Salle, Val-des-Prés, Puy-Saint-André, Aiguilles, Ristolas, Saint-Véran. Ils n'entrent pas dans les forêts, ne les traversent même qu'exceptionnellement et se cantonnent sur les hautes pelouses. Les statistiques nous donnent à leur égard les chiffres ci-dessous :

	1895	1899	1907
Contenance affermée... hect.	11.156	7.332	7.098
Prix annuel de location.. fr.	9.871	11.370	11.450
Nombre de moutons admis...	11.162	11.235	11.800

Là encore, mais depuis 1895 seulement, nous ne trouvons pas de diminution dans le nombre des ovins montant de Provence. Ce nombre augmenterait plutôt. Mais ce qui se réduit, c'est la surface affermée aux troupeaux provençaux et en même temps le prix de location s'élève. Si ce dernier résultat est heureux pour les communes propriétaires, les deux premiers (augmentation des moutons, réduction des surfaces louées) peuvent devenir regrettables, car l'augmentation aveugle de la possibilité pas-

---

(1) Cependant la diminution du troupeau français est considérable. Voir L. PERRUCHOT, *Le Mouton de France et ses produits* (*La Géographie*, 15 déc. 1909).

PLANCHE XI

Village du Mont Genèvre (1.860ᵐ); au fond, le versant du Grand-Bois, déboisé après 1815, en voie de repeuplement naturel (pins a crochets); sur le même plan, a gauche, le bois de Suffin (pins a crochets); a droite, le Chaberton (italien) (Cliché Bouillaud, a Briançon).

Le vallon des Acles et ses forêts de mélèzes, vu de la Cléda, près Plampinet; au fond, la Pointe du Clouzeau (2.855ᵐ).

torale est susceptible de provoquer des dégradations non encore produites pour le moment.

§ 3 — *Exploitation*

En outre de son bétail propre, bétail de cheptel, le montagnard souvent tient du bétail de commerce (qu'il ne garde que l'été) ou prend en location des animaux de pays voisins (l'été seulement).

Sur la frontière italienne, certains envoient du bétail hiverner dans les vallées piémontaises, sans autre rémunération que l'abandon des produits.

Le bétail indigène passe les longs mois d'hiver (en moyenne du 1er novembre au 15 mai) à l'étable, dans des conditions aussi peu hygiéniques pour lui que pour ses propriétaires. Dès que la neige fond sur les « endroits », on l'y conduit. Puis, en été, entre le 1er et le 24 juin, on le mène à la montagne. Là les vaches passent la nuit dans les chalets, où on les trait et où l'on manipule le lait. Les bœufs et veaux sont rentrés avec elles, ou couchent dehors dans des parcs. Les ovins sont envoyés plus haut et parqués, le soir, auprès de la cabane du pâtre. Dans les hautes vallées du Queyras, notamment à Ristolas et à Molines, les vaches n'inalpent pas; elles montent le matin au pâturage et redescendent le soir au village. Vers le début d'octobre, le bétail quitte les hautes pelouses et passe les deux ou trois dernières semaines du mois sur les pâturages de printemps, avant de reprendre la stabulation hivernale.

Les moutons de Provence inalpent, en général, de la mi-juin à la fin de septembre ou jusqu'au 15 octobre, soit de trois à quatre mois. La redevance qu'ils paient est en moyenne de 1 franc par tête.

Plusieurs communes ont des règlements pour leurs montagnes pastorales, règlements qui affectent tel canton aux bovins, tel autre aux ovins et aux chèvres, qui donnent les dates du commencement et de la fin de l'inalpage, mettent en défens les quartiers fatigués, etc. La mise en défens successive et à tour de rôle des différents quartiers de la montagne, qui serait si nécessaire pour la restauration et l'amélioration de celle-ci et que préconise M. Cardot, n'est pas encore admise par les montagnards.

Même l'Administration forestière ne peut la faire accepter des communes assujetties à la réglementation des pâturages par la loi du 4 avril 1882 et celle-ci ne lui donne pas les moyens de l'imposer.

On sait que les articles 12 à 14 de cette loi et les articles 23 et suivants du décret du 11 juillet 1882 portant règlement d'administration publique pour l'exécution de ladite loi, obligent les communes sur le territoire desquelles des périmètres de reboisement ou de mise en défens ont été constitués, à établir, chaque année, un règlement pour l'exploitation de leurs pâturages communaux.

L'article 24 du décret donne les éléments de ce règlement qui est soumis à l'approbation du préfet après avis de l'Administration forestière. Si les communes n'établissent pas de règlement ou en établissent d'insuffisants, le préfet, après avis d'une commission spéciale, leur en impose un d'office [En pratique, dans le Briançonnais, c'est le Service forestier qui élabore ces règlements (1)]. Une telle mesure est excellente en principe. Dans

---

(1) Voici quelle est la disposition schématique des règlements de pâturage élaborés par le Service forestier dans le Briançonnais.

Le règlement se compose de deux parties essentielles :

A) Un tableau en une vingtaine de colonnes, donnant :

1° La désignation des cantons ouverts au parcours (noms, limites, étendue, avec, s'il y a lieu, mention des parties non défensables de ces cantons);

2° Les chemins que les bestiaux pourront fréquenter (ordinairement les « drayes » existantes);

3° Pour chaque espèce bovine, chevaline, ovine, caprine, le nombre total de bêtes existant et le nombre à introduire (*colonnes m à n*);

4° Les périodes pastorales, pour les espèces bovine et chevaline d'une part, pour les espèces ovine et caprine d'autre part, sauf pour les animaux transhumants (les dates de ces périodes varient avec les cantons; elles sont, par exemple : dans le canton A, 15 mai au 1er juin et 15 octobre au 1er novembre pour les bovins et les chevaux, 1er mai au 1er juillet et 14 octobre au 10 novembre pour les moutons et les chèvres; dans le canton B, 29 août

l'application, elle reste malheureusement illusoire pour les raisons suivantes : le Service forestier, représenté par un seul agent dans la commission spéciale de cinq membres, ne peut faire prévaloir facilement les mesures nécessitées par l'intérêt général; même s'il y parvient, et dans tous les cas, le règlement reste lettre morte et n'est pas observé par la commune, en raison des sanctions tout à fait insuffisantes prévues par l'article 15 de la loi pour les contraventions.

Quant à la mise en défens des pâturages en voie de dégradation

au 15 octobre pour les bovins et les chevaux, 10 septembre au 15 octobre pour les moutons et les chèvres; dans le canton C, réservé exclusivement aux bêtes aumailles, 10 juin au 20 octobre; dans le canton D, réservé exclusivement aux ovins et aux chèvres, 1er juillet au 10 août, etc.);

5° Le nombre des troupeaux de chaque catégorie (gros et petit bétail);

6° Les noms, prénoms et domiciles des pâtres des divers troupeaux;

Ce tableau est divisé, s'il y a lieu, en plusieurs paragraphes : inalpage des bestiaux transhumants, inalpage de tel groupe de hameaux, inalpage de tel autre hameau;

B) Les conditions d'ordre et de police pour l'application des règlements, rédigées par articles, dont les principaux sont ainsi conçus :

« Art. 1. — L'introduction des bestiaux sur les parties non défensables désignées au tableau qui précède est formellement interdite. Sur les parties défensables cette introduction aura lieu : 1° de proche en proche en commençant par les parties basses; 2° jusqu'au moment où les animaux introduits ne trouveront plus une nourriture suffisante, sans parcourir en un seul jour une trop vaste étendue de terrain.

« Art. 2. — Les chiffres de la possibilité pastorale par canton, portés dans les colonnes n^{os} .. (m à n)... ne seront dépassés sous aucun prétexte.

« Art. 3. — L'inalpage des bestiaux transhumants résulte d'une adjudication faite le... au profit de M..., demeurant à Arles (Bouches-du-Rhône), pour les six années allant du 1er janvier 19... au 31 décembre 19... Aucun autre troupeau que le sien ne pourra pénétrer dans les montagnes louées, réserve faite (*s'il y a lieu*) des bêtes ovines des habitants de la commune, qui pourront pâturer dans le quartier de... seulement, du... au... (*période*), jusqu'à concurrence de... (*nombre*) bêtes seulement ensemble et marquées. Le bétail transhumant sera aussi marqué.

« Art. 4. — L'inalpage des troupeaux des... hameaux de la commune n'a lieu qu'au profit des habitants qui y sont propriétaires ou fermiers.

« Les chiffres portés dans les colonnes n^{os}... (m' à n') ... sont ceux du recensement des étables, fait en due forme, au mois de septembre précédent, par la commission des trois conseillers municipaux.

« Art. 5. — Les propriétaires des bestiaux portés dans les colonnes n^{os}... (m à n) ... seront tenus, avant l'inalpage de ces bestiaux, de les mar-

(art. 7 à 11 de la loi), l'Administration n'y a jamais eu recours dans le Briançonnais, soit crainte de ne pouvoir les faire accepter des montagnards, soit crainte de n'aboutir qu'au prix d'énormes indemnités. La difficulté de constitution des périmètres de reboisement lui avait suffi sans doute.

Les pâturages actuellement soumis à la réglementation nominale de la loi de 1882, sont les suivants :

	Hectares	
Névache	5.720	
Val-des-Prés	1.487	
Le Monêtier-les-Bains	4.943	15.486
Briançon	86	
Saint-Martin-de-Queyrières	2.316	
Puy-Saint-André	934	

quer conformément aux indications qui seront données par la commission de visite des étables susdite.

« ART. 6. — Le rôle d'inalpage est fixé sur les bases suivantes :

1° Transhumants :

Pour les bêtes du troupeau, par tête	1f	»
Pour les mulets ou ânes, par tête	3	»
Pour chaque bête à laine ou autre en plus, par tête	3f	»

2° Bétail des habitants :

a) Animaux hivernés ou d'usage,

Bovins, par tête	0	50
Espèce chevaline, par tête	»	
Espèce ovine, par tête	0	10
Espèce caprine, par tête	4	»

b) Animaux estivés ou de commerce,

Bovins, par tête	3	»
Espèce chevaline, par tête	»	
Espèce ovine, par tête	0	50
Espèce caprine, par tête	4	»

« ART. 7. — Seront notifiés au Service des Eaux et Forêts, aussitôt connus : 1° la répartition en troupeaux du bétail à inalper ; 2° les noms, prénoms et domiciles des pâtres de ces troupeaux.

« ART. 8. — Les infractions audit règlement seront pénalement poursuivies dans la forme prévue par l'article 15 de la loi du 4 avril 1882. Les réparations civiles, auxquelles ces infractions pourront donner lieu au profit de la commune, seront déterminées par la municipalité. »

(Dans les règlements de l'espèce les possibilités pastorales généralement adoptées sont, par hectare, 4 ovins et 1 bête aumaille.)

En moyenne et approximativement, dans le Briançonnais, une vache rapporte 70 francs par an; une brebis, 8 francs; une chèvre à peu près autant.

L'élevage des ovins qui avait autrefois surtout pour but la production de la laine, s'oriente de plus en plus vers la production des agneaux et du lait, qui s'exportent, conséquence de « l'échec du coton à la laine (1) ». Une brebis briançonnaise donne en moyenne 350 litres de lait par an; une vache 1.200, une chèvre 700. Depuis longtemps cependant on fabrique du beurre et du fromage. C'est en 1806 qu'on commença dans le Queyras à faire des imitations de Mont-d'Or, qui furent vite très estimées et recherchées (2).

Plus tard, vers 1840, deux Queyrassins, MM. Bertrand et Gorlier, entreprirent la fabrication de fromages façon Roquefort, au lait de brebis, et la continuèrent jusque vers 1884. D'après M. Briot (3), une brebis queyrassine rapportait 22^f 80, dont 15^f 80 revenaient au propriétaire (7 kilos de fromage à 2^f 20 = 15^f 40; 3 kilos de laine à 1^f 30 = 3^f 90; 1 agneau = 3^f 50; total : 22^f 80).

Maintenant encore les fromages bleus du Queyras, imitation de Gex, ont une certaine réputation; mais la qualité s'en est beaucoup abaissée par suite d'une fabrication moins soignée. Le prix de vente est descendu en même temps de 200 à 120 francs les 100 kilos. Quelques Queyrassins le font encore « à l'ancienne » et en trouvent 200 francs, mais ils sont rares. Dans la vallée de la Durance, on fait la « tome », fromage assez grossier et médiocre. La laiterie briançonnaise, dont nous avons parlé, fait des fromages fins. Tous ces fromages sont fabriqués avec les laits de vache et de brebis mélangés.

On n'a pas la quantité de fromages annuellement produite dans le Briançonnais. La statistique est muette à cet égard, alors

---

(1) L. A. FABRE, *L'Échec du coton à la laine* (*Bull. Soc. forest. Franche-Comté et Belfort*, 1909); Cf. L. PERRUCHON, *op. cit.*

(2) Abbé P. GUILLAUME, *L'Industrie laitière dans les Hautes-Alpes d'après les anciens documents* (*Annales des Alpes*. Gap, 1902).

(3) F. BRIOT, *Études sur l'Économie alpestre*, p. 95.

qu'elle s'occupe avec recherche du beurre ! La laiterie briançonnaise a la plus grande part dans la production. Les fromages, ainsi que ceux du Queyras, sont en majeure partie exportés, principalement dans les villes du Sud-Est. Ceux du bassin de la haute Durance sont consommés dans le pays.

La fabrication du beurre demanderait, en général, à être beaucoup plus soignée, de façon à relever la qualité. Mais elle est en progression continue comme quantité, et c'est là un fait heureux et significatif pour l'avenir du pays. En 1906 la production moyenne annuelle était de 75.000 kilos, dont 40.000 consommés sur place ou dans la région et 35.000 exportés; en 1910, elle a atteint 124.960 kilos, dont 40.730 consommés sur place et 84.230 (67 %) exportés (ces chiffres comprennent le canton de la Grave). L'exportation se fait dans les villes du Sud-Est et jusqu'en Algérie. Les principaux centres de production sont Briançon et Villar-d'Arène (laiterie briançonnaise : 50.000 kilos à Briançon, 22.000 à Villar-d'Arène, en 1910, soit, au total : 72.000 kilos ou 57,6 % de la production totale); vient ensuite Cervières (13.200 kilos en 1910, ou 10,5 %). Le Queyras a produit, en 1910, 10.110 kilos (soit 8 % de la production totale), dont 6.730 ont été exportés. Les principaux marchés locaux sont : Briançon, Le Monêtier, L'Argentière, Ville-Vallouise, Aiguilles, Château-Ville-Vieille.

Le lait, pour la production beurrière et fromagère, est manipulé, soit dans les chalets d'été par les montagnards eux-mêmes, avec un outillage primitif, soit dans des fruitières ou laiteries installées généralement dans les villages. Dans ce cas, la manipulation est faite par un ouvrier aux gages de la commune, ou de l'association, ou d'un industriel exploitant. Ces fruitières, dont la multiplication est à souhaiter et à favoriser, sont actuellement au nombre de 38 (plus une dans le canton de la Grave, à Villar-d'Arène). Les unes sont d'installation rudimentaire, les autres, les plus récentes et généralement subventionnées par l'Administration forestière, construites alors sur des plans contrôlés par le Service forestier, satisfont mieux aux conditions de salubrité et d'organisation modernes.

L'Administration forestière a jusqu'ici, dans le Briançonnais, dépensé de ce chef 47.880 francs, pour 11 fruitières, dont 9 dans le Queyras ayant absorbé 46.935 francs (Ristolas, 21.750 francs à elle seule; Fontgillarde, 10.735 francs).

D'après M. Briot (1), les 60 fruitières du Briançonnais, en 1896 (2), alimentées par 2.200 vaches, produisaient annuellement pour 300.000 francs de fromage, soit 136 francs par vache. En y ajoutant le produit des vaches des propriétaires non associés en fruitières, on avait une valeur totale de production de 320.000 francs, correspondant à une production de 57 francs par tête d'habitant (5.600 habitants). En 1821, Faure évaluait à 150 francs la vente du beurre et du fromage produits par un ménage queyrassin de six personnes. Aujourd'hui, dit M. Briot, cette vente donne 342 francs; « l'association a donc doublé l'importance des exportations du Queyras ». Mais cette appréciation est bien trop optimiste. L'association n'est souvent que nominale ou très imparfaite, ne comprenant pas la gestion de la fruitière; les habitants — du village ou de la commune — ou le Conseil municipal — se bornent souvent à réunir des fonds pour la construction de la fruitière, puis à consentir la vente du lait à prix déterminé (0^f 10 le litre en moyenne en 1906; 0^f 12 et même 0^f 135 actuellement) à un industriel qui s'installe dans la fruitière et l'exploite pour son propre compte.

§ 3 — *Situation pastorale actuelle*

Les hautes pelouses appartenant à la zone alpine, au-dessus des forêts, sont dans un état généralement satisfaisant. Des rapports du Service forestier en 1899 et 1902 confirment cette situation assez heureuse, dont on peut se rendre compte soi-même en parcourant les montagnes.

---

(1) *Études*, p. 133.
(2) Sans doute fruitières véritables ou chalets à installation sommaire, car il est loin d'y avoir soixante fruitières dignes de ce nom dans tout le pays.

Dans les portions de pâturages découverts des communes qui « depuis un temps immémorial » reçoivent des transhumants, lit-on dans ces rapports, on ne constate aucun dommage ou dépréciation causés par ce bétail; les cantons qui leur sont attribués sont « en assez bon état de conservation », grâce à leur grande étendue et à la faible possibilité pastorale généralement adoptée. Le bétail indigène et les chèvres viennent sur les parties non louées de la montagne et n'y causent point de dégâts. Dans les communes qui ne reçoivent pas de transhumants les moutons indigènes ont de vastes espaces à parcourir. Dans trois communes seulement du Queyras, Aiguilles, Ristolas, Saint-Véran, « l'état de la montagne dans les parties livrées aux transhumants laisse à désirer et porte des signes caractéristiques de dégradation (1) ».

Un classement, fait dans le Queyras et qui n'existe malheureusement pas pour le Briançonnais proprement dit, donne, sur les 23.805 hectares de pâturages découverts, 5.633 hectares bons, 8.026 médiocres et 3.836 mauvais; il y aurait 6.116 hectares à mettre en défens.

Pour le moment, dans le Briançonnais, il n'y a donc pas « surcharge » des hauts pâturages; les abus de dépaissance se concentrent dans la zone subalpine, zone des pâturages de printemps et d'automne du mouton — indigène. « Aucun *bayle* de Provence ne surcharge plus les montagnes (2) ».

Ce n'est pas à dire qu'il n'y ait point quelques ombres à ce tableau satisfaisant en outre des trois montagnes dégradées du Queyras. Par exemple, la montagne de Dormillouse de Val-des-Prés (3), où vont les transhumants, présente, du côté de la frontière des versants un peu dénudés, dégradés, où des taches terreuses apparaissent. D'ailleurs, en face d'elle, la montagne de Granon, réservée aux indigènes et portant aussi des prairies fauchables, présente également des lacunes et des taches.

Sur plusieurs points les dégradations, même légères, de la zone

---

(1) Notamment à Peinin.
(2) F. Briot, *Nouvelles études sur l'Économie alpestre.*
(3) Que M. Briot dit être « en état presque parfait ».

alpine donnent naissance, nous l'avons dit, à des ravins et torrents qui prennent la forêt par le haut et y ouvrent parfois de larges brèches; elles ont alors de graves conséquences. Dans ces cas la mise en défens et les améliorations pastorales doivent compléter dans le haut ce que le reboiseur exécute en-dessous. Il faut peu de chose souvent pour que, à ces hauteurs, le pâturage et le piétinement du bétail engendrent de graves dégradations. C'est un fait reconnu que les torrents de la rive gauche de la Guisanne ont dû à ces deux causes leur formation. Depuis que les moutons ne viennent plus dans le bassin du Saint-Joseph, par exemple, ce bassin s'est spontanément tout regazonné. Par contre, le Merdarel, près de là, même rive, doit sa lave de 1906 au séjour et au piétinement de nombreux moutons dans le haut de son bassin.

Mais, en somme, les hauts pâturages du Briançonnais sont en assez bon état. Cependant la composition de leur flore fourragère aurait besoin d'être améliorée. Il y a trop peu de bonnes espèces, beaucoup trop de médiocres.

Nous avons dit à quel degré de ruine en sont les pâturages de la zone subalpine, les pâturages de printemps et d'automne. Ils doivent au mouton et parfois à la charrue leur antique dénudation. Car si, comme on l'a vu, le parcours restreint et modéré du bétail n'empêche pas sur bien des points la reprise naturelle de la végétation forestière, il est hors de doute que le bétail s'attaque volontiers aux essences ligneuses. Tous les montagnards de bonne foi reconnaissent que le mouton mange tout, mélèze et pin. La vache est moins vorace et ne broute les jeunes plants résineux qu'à défaut d'herbes assez succulentes. Autrefois, quand les moutons étaient très nombreux et arrivaient (au moins les provençaux) en hordes faméliques, ils dévoraient tout ce qu'ils pouvaient happer et c'était vraiment la « surcharge » des surfaces pâturées qui y causait les dévastations que l'on sait, mais que nous ne voyons plus aujourd'hui, du moins dans le Briançonnais.

Les montagnards de ce pays n'effectuent dans leurs montagnes pastorales aucune amélioration; ils n'en soupçonnent même pas l'éventualité. La fumure y est inconnue. Le fumier des animaux inalpés est généralement abandonné sur place, même celui des parcs à moutons. Ou bien il est descendu, ainsi que celui accumulé par les vaches dans les chalets, aux cultures de la vallée (1). La seule mesure à laquelle ils aient recours, — encore bien rarement, car chaque village a d'ordinaire un quartier de montagne à lui attribué et où il ne souffre aucune restriction, — c'est la mise en défens des parties trop usées. Un éminent forestier, qui a attaché son nom au réveil pastoral des montagnes de France, avait étudié et tracé pour la commune de Ristolas tout un aménagement pastoral avec programme de restauration et d'amélioration. Il avait, avec de fortes subventions du Trésor, fait édifier un refuge à génisses en montagne et fait ouvrir une route d'accès. De toute cette intelligente et bienfaisante organisation, il ne reste plus rien que la route, parce qu'elle mène à la forêt et aux alpages. Mais le refuge est tombé en ruines et tout l'aménagement s'est évanoui. Là encore le montagnard n'a pas tenu ce qu'il avait promis et il est resté enlisé dans sa routine.

La situation des fruitières suscite les mêmes réflexions.

L'Administration des Eaux et Forêts, « sous l'inspiration de cette idée juste et féconde, préconisée par MM. Marchand, Calvet et Briot, que le développement de l'industrie laitière dans les Pyrénées et dans les Alpes amènerait peu à peu la substitution de l'espèce bovine à l'espèce ovine dans l'exploitation des pâturages et par là même favoriserait la restauration de ceux-ci (2) », encourage, par des subventions en argent assez élevées la création des fruitières. Ces fruitières, pour porter leurs fruits, devraient être administrées par les habitants eux-mêmes, qui, groupés en sociétés coopératives, recueilleraient tous les bénéfices de l'exploitation. Au lieu de cela, nous l'avons dit, la plupart du temps, et dans le Queyras notamment, les habitants, se méfiant les uns des autres, craignant d'être dupes de celui ou de ceux qui auraient

---

(1) On le nomme *mison*, souvent on le mélange à des aiguilles sèches de mélèze dites *bletton*.

(2) Broilliard, *Les Alpes pastorales*.

la gestion de l'entreprise ou en redoutant les soucis, s'empressent, dès que la fruitière est bâtie et la subvention de l'État versée, d'en passer l'exploitation à un industriel qui travaille pour lui seul et garde tous les bénéfices. La création des fruitières manque ainsi son but, et le montagnard ne tire pas parti des éléments de progrès qu'on met à sa disposition.

§ 4 — *Améliorations à réaliser. Transhumance*

1. Améliorations à réaliser.

En somme toute la question de la dégradation et de la restauration des montagnes se résume bien dans celle de « l'abus du pâturage (1) » et, spécialement, du pâturage du mouton.

Les améliorations à réaliser seraient d'abord l'aménagement pastoral dont M. E. Cardot a donné plusieurs fois la formule et dont M. Briot a fixé les détails. Il n'y a qu'à suivre ces deux guides éminents (2).

Rappelons, avec M. Cardot, que cet aménagement comprend essentiellement :

1° Une réglementation fixant la possibilité du bétail, les heures et périodes de parcours, et toutes mesures de bonne exploitation ;

2° Un plan général d'organisation indiquant : la classification des terrains, les travaux d'ensemble pour rendre l'exploitation facile et fructueuse, la division en coupons des surfaces à mettre en culture pastorale ;

3° Un plan cultural établissant le programme de ces travaux et des améliorations de détail, « améliorations pastorales » proprement dites, avec évaluation de la dépense ;

4° Un plan financier assurant les ressources nécessaires.

---

(1) M. GEORGE, président et rapporteur de la Commission des améliorations agricoles et forestières, 1899 (*Journal officiel* et *Revue des Eaux et Forêts*).

(2) E. CARDOT, *Restauration, aménagement et mise en valeur des pâturages de montagne* et *Aménagement des pâturages communaux* (*Bull. Soc. Franche-Comté et Belfort*, 1903). F. BRIOT, *op. cit.*, où l'on trouvera notamment les améliorations de détail à réaliser dans plusieurs communes du Briançonnais. Voir aussi BROILLIARD, *Le Reboisement des montagnes* (*Bull. Soc. Amis des Arbres*, 1909).

Mais pour que ces aménagements, si utiles, soient étudiés et appliqués, il serait indispensable qu'une modification à la législation en vigueur donnât au Service forestier les pouvoirs nécessaires pour saisir les municipalités, leur donner les directions dont elles auraient besoin et leur imposer même les mesures qui conviendraient. Il faudrait assujettir à la réglementation toutes les communes de montagne, sans se limiter à celles qui renferment des périmètres. Il faudrait renforcer les sanctions insuffisantes de la loi actuelle. C'est donc une revision complète du titre II de la loi du 4 avril 1882 qui est nécessaire. En un mot, il faudrait instituer un « régime pastoral » analogue au régime forestier et qui serait, comme lui, bienfaisant. Dans l'état actuel des choses, les communes n'étant obligées à rien, ne feraient rien (1).

Il ne faudrait cependant pas négliger les moyens de persuasion et d'éducation : conférences, exemples, encouragements, par les agents forestiers, les professeurs d'agriculture, les groupements agricoles. C'est par une semblable action de persuasion, durant sept années, qu'un jeune professeur d'agriculture est arrivé à transformer les habitudes agricoles et pastorales de la région de Saint-Martin-en-Vercors, très analogue au Briançonnais, et à en enrichir les habitants, misérables auparavant.

Il faudrait continuer à développer les fruitières et amener les montagnards à gérer celles-ci eux-mêmes ; on leur en démontrerait les avantages, et l'État pourrait subordonner, par exemple, à certaines conditions, le paiement des subventions qu'il accorde à ce sujet.

Du reste, il faudrait convertir les montagnards à l'idée d'association et les convaincre des bienfaits du groupement et de la mutualité pour tous les objets de leur exploitation : bétail, cultures, engrais, pastorat, vente des produits, etc.

La vente des produits est toute à organiser.

Le Briançonnais devrait, à ces points de vue, s'inspirer des

---

(1) Le régime pastoral a été préconisé par MM. Cardot, Broilliard et d'autres (Voir aussi J. MAITRE, Conférence à la Société forestière de Franche-Comté et Belfort, 1897, et vœu de cette société).

exemples suggestifs qui lui sont donnés par les laiteries coopératives des Charentes et du Poitou, par celles de la Haute-Italie, par la Laiterie du Haut-Var. Les laiteries charentaises groupent 47.000 sociétaires possesseurs de 113.000 vaches et vendent annuellement pour 15 millions de francs de beurre. Les produits de la laiterie, fromages et beurre, ont des débouchés énormes qu'attestent les progrès étonnants des laiteries charentaises et du Var et la concurrence que viennent faire aux beurres français et danois les beurres de la Lombardie. Il y a là tout un avenir pour nos montagnards alpins et pyrénéens, s'ils ne perdent pas trop de temps toutefois. Mais il semble que c'est surtout vers la fabrication des fromages, denrée moins délicate et plus transportable, qu'ils devraient s'orienter.

Un autre objectif préconisé depuis longtemps et qui doit être poursuivi dès maintenant et parallèlement avec les autres, c'est la substitution de la vache au mouton, au mouton *indigène*. C'est là, nous l'avons dit, à peu près le seul moyen de rendre possible le reboisement. Mais c'est aussi le meilleur moyen et le plus immédiat de rendre lucrative pour le montagnard l'industrie pastorale qui, telle qu'elle est pratiquée actuellement, suffit à peine à le faire végéter. « On peut dire que, par la vache et les fruitières, on retirerait des fourrages, dans les Alpes, un rendement double environ de celui qu'on obtient par le mouton (1). » En tout cas pourrait-on commencer par orienter l'oviculture vers l'engraissement d'hiver ou mieux l'élevage, partout où celui-ci sera possible.

Dans tous les cas, il est bien certain et l'on ne doit pas oublier que « rien ne se fera de sérieux et d'utile dans la montagne, en fait de reboisement et de regazonnement, sans le concours des habitants (2) ». Il faut les intéresser à la restauration projetée, il faut qu'ils y trouvent des compensations et des profits matériels, un « intérêt actuel » (3).

---

(1) F. Briot, *Études*, p. 148.
(2) J. Krantz, discours au Sénat, 1ᵉʳ juillet 1880.
(3) Lettre précitée de M. Faré.

2. La transhumance.

Nous insistons sur la suppression ou la restriction considérable du mouton *indigène*. Et il peut sembler qu'il y aurait d'abord parmi les améliorations pastorales à signaler la suppression de la transhumance, suppression si fort en vogue actuellement. Tel n'est pas notre avis, et nous estimons, au contraire, que s'attacher à supprimer la transhumance, c'est faire fausse route.

L'Administration centrale forestière avait pensé devoir entrer dans cette voie et en 1899 et 1902 avait demandé aux agents locaux de négocier avec les communes le rachat de la transhumance, soit la mise en défens des pâturages où elle s'exerçait, soit la location à l'État. Les agents répondirent que les pâturages loués étaient généralement en bon état (nous l'avons vu), et que l'État n'avait pas à s'engager dans la voie du rachat ou de la location ; il consentirait, en le faisant, « des sacrifices très lourds qui ne répondraient pas à une utilité bien démontrée ». A leur avis, cette méthode d'exploitation de la montagne par la transhumance est évidemment loin d'être irréprochable, mais elle n'a pas produit les effets désastreux qu'on pourrait craindre en raison des conditions dans lesquelles elle se pratique. Les communes tirent ainsi des vastes étendues de terrain qu'elles ne pourraient exploiter par elles-mêmes, à cause de l'impossibilité où sont leurs habitants d'hiverner un nombre de bêtes égal à celui qu'ils pourraient estiver, des revenus assez importants, mais peu avantageux cependant si on les compare à ceux qu'elles pourraient en obtenir par la mise en valeur directe.

Personnellement, nous ne pouvons que nous approprier cette manière de voir.

A Aiguilles en 1905, le Service forestier proposa à la commune de supprimer la transhumance dans sa montagne de Peinin, très dégradée, « totalement ruinée sur les deux tiers », moyennant une subvention de l'État. La commune, reprenant pour elle le *Timeo Danaos* des Troyens, refusa cette subvention, dans la crainte de ne plus être maîtresse de ses pâturages et de laisser l'État s'y créer des droits (1); mais, reconnaissant qu'il y avait une amélioration à réaliser, elle décida de supprimer la transhumance à Peinin et de mettre la moitié de la surface en défens, l'autre moitié restant ouverte aux seuls bestiaux de la commune.

D'autres communes, ainsi L'Argentière, à qui nous avons eu à faire en 1907 des propositions analogues, bien que ses montagnes pastorales ne fussent pas dégradées, acceptaient en principe les offres de l'État. Cette acceptation provenait d'ailleurs de l'intérêt qu'auraient eu à la chose trois ou quatre principaux propriétaires; ils auraient immédiatement augmenté le nombre de leurs moutons et eussent réalisé des bénéfices à les envoyer au lieu et place des transhumants. Ici c'est « l'aristocratie pastorale », c'est l'intérêt privé de quelques-uns qui se trouvait en concordance avec les vues de l'Administration. Mais la municipalité ne voyait que la question budgétaire; il fallait que la somme versée par l'État fût égale à la somme que payaient les Provençaux, et l'État n'entendait pas dépasser la moitié ou les deux tiers. L'affaire n'eut pas de suite pour cette divergence. La leçon qui s'en dégage c'est que les montagnards n'apprécient pas l'avantage qui résulterait pour eux d'un moindre nombre de bêtes sur leur montagne. Ils y envoient tout le bétail qu'ils peuvent hiverner mais qui n'occupe qu'une partie des pâturages. L'autre partie, peu leur importe qu'elle soit occupée par les transhumants ou inexploitée, pourvu qu'elle leur rapporte le revenu normal, et peu leur importe que ce revenu leur vienne de la caisse de l'État, quand ils n'ont pas de prévention à son égard, ou de celle des propriétaires d'Arles (2). Mais ils ne saisissent pas l'avantage de la mise en valeur directe, pour leur propre bétail, et ne sont pas disposés à consentir des sacrifices pécuniaires dans ce sens. Du reste, leur économie culturale actuelle, en raison de la question d'hivernage, ne le leur permet pas. C'est

---

(1) Idée absolument fausse d'ailleurs, au moins avec la législation actuelle.

(2) N'est-ce pas aussi le raisonnement des montagnards, auxquels les Associations pour l'aménagement des montagnes louent des pâturages? Peu leur importe que l'argent vienne d'Espagne ou de Bordeaux, pourvu qu'il vienne. Quant à l'amélioration de la montagne, ils n'en ont nul souci.

donc à transformer cette économie qu'il faut s'attacher d'abord.

Mais revenons-en à la transhumance. On en a depuis longtemps signalé les ravages et stigmatisé les vices intrinsèques ; cependant que des poètes la chantaient, des éconnomistes et des forestiers y ont vu un pâturage des plus primitifs, « biblique », une « inondation vivante », une « plaie d'Égypte ne laissant que le désert après elle », un « fléau pire que la guerre et l'incendie », etc. « Rien de plus inexact, répond M. Briot. Ces pâturages à transhumants sont en passable état, en assez bon état (1). » Et c'est en effet ce que nous constatons dans le Briançonnais, avec les agents forestiers locaux.

On dit que les transhumants, habitués à marcher en files formant des colonnes serrées, délittent plus vite le sol que les moutons indigènes qui marchent éparpillés, « en tirailleurs ». Ce peut être vrai, mais cette différence de « tactique » pastorale est sans importance ; tous les moutons ont le pied coupant et délittent le sol.

On critique le « nomadisme permanent » des transhumants, la perte de fumier, etc. Tout cela peut être fondé ; mais nous n'avons pas à nous placer à ce point de vue. C'est affaire aux propriétaires de Provence à voir s'ils ne pourraient trouver mieux. Nous devons voir la chose au point de vue forestier et hydrologique et au point de vue des communes de la montagne. Or, de là, la transhumance se montre comme une exploitation très rationnelle, ingénieuse et fructueuse.

Certes, elle a causé et cause encore bien des dégâts, voire, nous le concédons, des désastres. Aussi certains auteurs lui attribuent-ils quasi exclusivement la dénudation des montagnes, les faits torrentiels et même la dépopulation des régions montagneuses (2).

---

(1) F. Briot, *Études* et *Nouvelles études*, op. cit.

(2) Voir E. Cardot, op. cit. ; L. A. Fabre, *L'Exode montagneux en France* (*Bull. de Géogr. hist. et descript.*, 1908, nos 1 et 2); *L'Exode du montagnard et la transhumance du mouton en France* (*Revue d'Économie politique*, mars 1909); ainsi que les publications de M. Descombes, président de l'Association centrale pour l'aménagement des montagnes.

Et il y a là un beau thème à conférences et à publications. Mais si l'on observe les choses de près et sans parti pris, on reconnaît que la transhumance n'est pas la cause unique, pas même la cause primordiale des dégradations et désastres, malheureusement très réels, qu'on lui impute. Tous ceux qui font le procès de la transhumance ne reprochent rien au transhumant qui lui soit spécial et qui ne s'applique aussi bien au mouton indigène. Ils ne visent que celui-là et c'est aussi bien celui-ci qu'ils critiquent (1).

Demontzey, après Surell, a depuis longtemps affirmé que le transhumant était beaucoup moins nuisible que le mouton indigène, sans cesse, lui, accroché à la montagne durant toute l'année (2). Nous affirmons de nouveau, après ces maîtres, et avec beaucoup d'autres, forestiers ou écrivains (3), que le mouton du pays a la majeure part de la responsabilité de ces dégradations et désastres. N'est-ce pas lui, en effet, qui exige les pâturages de printemps et d'automne sur les versants ensoleillés et qui, depuis des siècles, en a chassé la forêt? N'est-ce pas lui qui surmène et dégrade ces pâturages qu'il parcourt aux premiers dégels, alors que le sol est encore détrempé par la fonte des neiges, et où les plantes ne peuvent fructifier, les premières fleurs étant broutées au printemps et les secondes à l'automne avant la dissémination des graines? Et ces pâturages sont toujours pris dans la zone des forêts, zone subalpine, de moyenne altitude, sur des versants très déclives où la végétation forestière serait nécessaire et dont la dénudation est la cause principale des ruissellements et inondations et une cause générale de désordres torrentiels. Et c'est le mouton indigène qui est l'obstacle, unique ou à peu près, et presque invincible, au reboisement de ces versants. Tandis que le transhumant, qui ne fait que traverser la zone des forêts et n'y demande ordinairement que des *drayes* ou passages peu con-

---

(1) Exagérant dans ce sens, dans certaines associations on finit par faire du transhumant un bouc émissaire, auprès duquel le mouton indigène est une bête tout à fait inoffensive.

(2) DEMONTZEY, *Traité pratique du reboisement.*

(3) Notamment : A. MATHEY, *op. cit.* ; E. CHABRAND, *Le Pâturage dans les Alpes*, Grenoble, Drevet, 1906.

sidérables, va estiver sur les hautes pelouses, dans la zone alpine, d'où l'altitude et le manque d'abri excluent la végétation forestière et où seule est possible la végétation herbacée. Il n'arrive qu'à l'époque où la végétation est en pleine activité et vigoureuse. Il n'exerce d'action nuisible que dans cette zone alpine et seulement lorsque, en nombre excessif, supérieur à la possibilité du pâturage, il dégrade celui-ci et provoque alors les ravinements et érosions de la limite supérieure des forêts. Mais à cela le remède est facile : il suffit de limiter le nombre des têtes de bétail, de réglementer leur dépaissance. Les transhumants peuvent, il est vrai, en pâturant à la limite inférieure des pelouses, refouler la forêt, contribuer du moins à l'« usure des bordures ». Mais cela n'est pas général, et, en tout cas, c'est encore une question de réglementation.

« La suppression même du pâturage n'est pas indispensable », dit le maître Broilliard du pâturage montagneux en général. « Ce qui est nécessaire, c'est d'en régler l'exercice sur chaque territoire communal (1). »

Rien n'est plus vrai, plus juste, plus sensé. Il est nécessaire, mais suffisant, de *régler l'exercice* du pâturage sur la montagne. *Est modus in rebus.* Ce n'est pas plus difficile que de faire respecter en forêt les restrictions de pâturage ou la réserve des baliveaux. Si on avait eu la force et les moyens de le faire autrefois, quand les transhumants venaient nombreux et affamés, on n'aurait pas vu les désastres qu'ils ont alors provoqués. Et la preuve en est que dans les régions où la transhumance s'exerce *modérément*, dans le Briançonnais notamment, elle ne cause aucune dégradation ni aucun effet désastreux.

Il n'est donc nul besoin de supprimer ce mode d'exploitation, très naturel et assez profitable pour les communes montagneuses, qu'est la transhumance. Il leur apporte de précieuses ressources pécuniaires. C'est la transformation de l'oviculture indigène, *la restitution à la forêt des pâturages inférieurs*, qu'il faut poursuivre.

---

(1) BROILLIARD, *Le Reboisement des montagnes.*

Sans doute il pourra être utile, dans certaines communes, de supprimer la transhumance pour permettre l'amélioration des pelouses communales et un meilleur élevage local, ou encore comme amorce à une meilleure réglementation pastorale. Mais si cette mesure n'est pas accompagnée ou suivie de la substitution de la vache au mouton et du reboisement des pâturages inférieurs, elle produira plus de mal que de bien et elle est à condamner. Elle ne fera que développer l'actuelle et routinière oviculture indigène, obstacle au reboisement et à la restauration générale de la montagne. Aussi estimons-nous que l'Administration forestière agit sagement en ne se lançant pas à corps perdu dans l'éviction des transhumants par la location à son compte des pâturages communaux; que les efforts faits dans ce sens par les Associations pour l'aménagement des montagnes resteront stériles ou peu féconds; que de telles locations, contrairement à certains vœux (1), ne sont pas à généraliser et doivent rester des solutions d'espèces. Encore une fois, dans le Briançonnais — et nous sommes tenté de dire : dans toutes les Alpes et les Pyrénées — l'obstacle à la restauration de la montagne n'est pas la transhumance, c'est l'oviculture indigène. C'est celle-ci qu'il faut supprimer ou modifier.

---

(1) J. Maître et Société F. C. B., *op. cit.* et d'autres.

CINQUIÈME PARTIE

CONCLUSIONS

Les conclusions qui se présentent à l'esprit au bout de cette longue et cependant bien incomplète étude sont sommairement les suivantes :

1º Dans le Briançonnais, la culture pastorale et la culture forestière, bien comprises et pratiquées, s'accompagnant d'un certain développement industriel par l'exploitation de la houille blanche, sont les seuls modes d'exploitation rationnelle et productive du sol;

2º Le reboisement y est, non une mesure urgente de salut public, sauf pour certaines dégradations très localisées, mais une opération de mise en valeur et de restauration économique et physique demandée par l'intérêt général et par l'intérêt local;

3º L'arrêt de la dépopulation de ce pays dépend de la productivité du sol et du mieux-être des habitants;

4º Aucun des résultats désirés, tant pour l'exploitation du sol que pour le mieux-être des habitants, ne sera obtenu si, au préalable, on ne fait pas l'éducation de ceux-ci, si on ne les convertit pas à l'association et si l'on ne transforme pas leur économie culturale, pour compenser par d'autres profits matériels ceux que la restauration sylvo-pastorale leur retirera pour un temps.

Enfin, l'on peut redire avec M. le député Maurice Ajam :
« Plus que jamais nous avons besoin d'unir toutes les bonnes volontés pour aménager notre pays, favorisé entre tous par la nature, et qui serait trois fois plus riche qu'il n'est s'il était mis en état de bonne exploitation. »

APPENDICE

CLIMATOLOGIE (Chap. II, § 5)

En 1629, il ne neigea ni ne plut; il y eut une régression marquée des névés et des glaciers; plusieurs sources tarirent; on vit « alpages et pasquerages bruslez de la sécheresse ».

Durant l'hiver 1634-1635 il y eut une si grande abondance de neige que toutes communications furent interrompues pendant deux mois (Froment, *Essais*).

PHÉNOMÈNES TORRENTIELS (Chap. II, § 7)
ET REBOISEMENTS (Chap. VII, § 6)

« L'année 1623, la communauté de Saint-Chaffrey fut, le jour de la Visitation (1), visitée du torrent qui y descend le long d'un ancien petit ruisseau à travers, ceste fois la si enflé et si impétueux que pesle-meslé avec les quartiers de rochers qu'il rouloit, il sembloit faire bransler toute la vallée...... Les Foresvilles bourgade de cette communauté de la mesme ravine ou lavace d'eau » virent le torrent de l'Adou déborder, ensabler les maisons et couper la route de Briançon au Monêtier (Froment, *Essais*).

En 1789, la communauté de la Roche-sous-Briançon (Roche de Rame) souffre de grands dégâts causés par la Durance et par les torrents de Pra-Reboul, la Fare, Géro et les Gillys (Réponses des communautés au questionnaire des Procureurs généraux des États de Dauphiné, 1789; Archives départementales, Hautes-Alpes, C 2 et suiv.).

En 1789, le syndic de Brunissard (vallée d'Arvieux) demande à

---

(1) 2 juillet.

l'Intendant une nouvelle subvention pour une digue contre le torrent qui descend du col d'Izoard, et qui menace le village et la « grande route tendante du Château-Queyras à Briançon ». Devis établi par l'ingénieur Rolland et s'élevant à 3.665 livres 11 sols 3 deniers, en 1789 [Archives départementales, Hautes-Alpes, C 129 (1)].

INSTRUCTION, MIGRATION (Chap. III, §§ 8 et 10)

L'instruction a été de bonne heure très répandue dans le Briançonnais et dans le Queyras en particulier. Il y a très peu d'illettrés. On lit et on s'instruit beaucoup dans les étables en hiver. Autrefois, en hiver, les jeunes gens descendaient dans la plaine en quête d'un emploi de maître d'école et ils se présentaient aux foires et marchés une plume d'oie passée dans la ganse de leur chapeau (J. Tivollier, *Monographie de la vallée du Queyras*).

ANCIENNE SITUATION ÉCONOMIQUE ET PHYSIQUE

(Chap. IV, § 4; chap. III, §§ 3 et 10; chap. II § 7; chap VII, § 5; chap. VIII, § 2).

A la réunion du grand Escarton (2), du 5 décembre 1671, le président expose :

Que le Bailliage « n'a aucuns deniers d'octroi, ni revenus communs ou patrimoniaux; que ce pays situé dans des montagnes fort hautes, froides et stériles, éloignées de tout commerce, composé de petits villages qui ne subsistent que par l'extrême frugalité, les soins et le travail des habitants, obligés d'aller en Italie ou autres pays, durant six mois de l'année, pour gagner leur vie et quelques sols pour le paiement de leurs tailles......; que les seuls biens qui leur

---

(1) Les digues étaient alors le seul moyen — simple palliatif — pour combattre les divagations et les débordements des torrents. Il fut usité dès le Moyen Age; le Dauphin percevait des *bans* au sujet des digues de la Durance (Ladoucette). Aujourd'hui encore les montagnards y ont parfois recours.

(2) Assemblée des députés des communautés. Le grand Escarton comprenait alors les cinq escartons de Briançon, Oulx, Valcluson, Queyras et Château-Dauphin, soit cinquante et une communautés. En 1713 il fut réduit à deux escartons et dix-neuf communautés.

restent en commun consistent en quelques montagnes, la plupart pelées et stériles, et les autres entièrement nécessaires pour nourrir, durant l'été, quelque peu de bétail qui leur fournit le moyen de subsister; de sorte qu'ils ne pourraient aliéner lesdites montagnes sans se mettre dans la nécessité d'abandonner le pays. D'autre part, qu'il n'y a, dans toute l'étendue du Bailliage, aucunes personnes exemptes, soit gentilhommes, officiers ou autres...... attendu que ce pays a été, de tout temps, cadastré et, par conséquent, en droit de faire payer la taille à toutes sortes de personnes (1)... » (In Dr CHABRAND, *La Guerre dans les Alpes.*)

Observations de la communauté de l'Argentière en réponse au questionnaire des Procureurs généraux des États de Dauphiné, en 1789:

La communauté est pauvre; il n'y a pas d'eau, les aqueducs ayant été détruits ou non entretenus; les maisons sont couvertes en chaume et souvent incendiées; depuis les encouragements accordés par le Roi, sept à huit habitants ont couvert en ardoise; la terre est légère et sèche; elle produit du foin, du seigle, des pommes de terre (2), peu de chanvre, fort peu de froment, du petit vin blanc; il y a quelques noyers, fort peu d'arbres fruitiers; les terres de la montagne (Alp-Martin) produisent du foin, quelque peu de seigle et tremesaille; il y a déficit de grains pour la consommation des habitants qui en font venir du Briançonnais et de Vallouise (3).

« Il y a quelques bois et forest dans la communauté, qui sont des peins, sapeins et mélèzes. Le plus près sont peins et réservés pour empêcher les ravins et coulées de neiges. Les mélèzes et sapeins sont situés dans les montagnes fort pénibles, éloignées et la plus part sur leur retour (4).

« Les rivières (5)... grossissent très souvent par la fonte des neiges et grosses pluyes, endommagent une partie de la Plaine.....

---

(1) Ce n'est que depuis 1343 que tout le pays était cadastré et la taille payée également par tous les habitants.

(2) La pomme de terre n'est employée que depuis le milieu du dix-huitième siècle; auparavant on consommait des raves et autres légumes. (Observations de M. P. Guillaume, d'après des documents du treizième au quinzième siècle.)

(3) La situation agronomique de la commune de l'Argentière est bien supérieure aujourd'hui. D'ailleurs elle était volontairement assombrie, en 1789, par crainte des impôts.

(4) Même répartition qu'aujourd'hui : les pins sont autour de la vallée, à la Pinée, au Bois de France, au Bois noir; les mélèzes et les sapins sont au-dessus et au loin, notamment au Grand Bois la Sapée, dans la vallée du Fournel.

(5) La Durance et la Gyronde.

« Ladite communauté se trouve encore traversée par le ruisseau ou torrent de l'Alp-Martin (1), qui prend sa source à ladite montagne,... ravageant et dévastant tous les terrains qui le bordent, depuis son commencement jusqu'à son embouchure, sans pouvoir le contenir dans ladite montagne... Ses débordements ou les torrents qui tombent dans ledit ruisseau au nombre de vingt-sept, des plus considérables, à la moindre pluye, forment des torrents qui dévastent toute la Plaine de ladite montagne...

« Dans le bas il y a plusieurs torrents, entre autres celuy des Feuillaras, de Bascoul, de la Peire-Taillac et des Rouyes, qui ont fait et font continuellement des grands ravages dans les fonds...; ils ont englouty une grande partie du terrain du meilleur...

« La communauté,... afferme, depuis quelques années, aux bergers de Provence, quelques sommités des montagnes, pour faire dépaître, pendant trois mois de l'été, quelques troupeaux; ce qui donne un petit produit. Mais les maladies que ces troupeaux transmettent au bétail indigène, les escarts qu'ils font dans les prairies ou pasquerages réservés, la fourniture des bois que la communauté leur fait, tout ce considéré, réduit ce revenu à la somme de quatre-cents livres. »

(Archives départementales, Hautes-Alpes, série C, 2, et série L, 16).

CULTURES, IRRIGATIONS (Chap. IV, § 4)

« Tout ce qui pouvait servir à un champ, à une vigne, quelle que fût son élévation, devint la victime, soit de la dent des chèvres, soit de la hache et de la pioche des habitans... On cultive dans ce département jusqu'à près de 2.200 mètres au-dessus du niveau de la mer. »

Il y a dans le Briançonnais 323 canaux d'arrosage pour 7.400 hectares, remontant aux treizième et quatorzième siècles.

(LADOUCETTE, *Histoire, topographie et antiquités des Hautes-Alpes*, Paris, Fantin, 1834.)

ANCIENNES SUPERFICIES FORESTIÈRES ET PASTORALES
(Chap. VII, § 1, et VIII, § 1)

Ladoucette ne compte en 1834, pour le Briançonnais, que 10.315 hectares de forêts communales en soixante-dix-huit forêts ou boque-

---

(1) Ou torrent du Fournel.

teaux et 22.000 hectares de pacages communaux (?) (LADOUCETTE, *Histoire, topographie et antiquités des Hautes-Alpes*).

INDUSTRIE PASTORALE ET LAITIÈRE
(CHAP. VIII, §§ 2 et 4)

L'élevage en Queyras se fait surtout par les moutons. Autrefois il y avait 40.000 moutons dans la vallée; des troupeaux allaient paître en Piémont. Aujourd'hui cela ne se fait plus; mais on reçoit des transhumants de Provence.

Jadis, chaque particulier fabriquait lui-même son fromage. Ensuite on établit des fruitières pour lutter contre la concurrence. Le fromage le plus fabriqué en Queyras est le bleu, dit *gavot*, en pièces de 6 à 7 kilos.

En 1690, d'après le consul Challe, le quintal de fromage, à Briançon, valait 3 livres 10 sols.

(J. TIVOLLIER, *Monographie de la vallée du Queyras*.)

La transhumance des troupeaux d'Arles dans le Dauphiné se pratique depuis des temps très reculés. Des actes historiques en attestent l'existence dès 1232. (J. FOURNIER, *Les Chemins de transhumance en Provence et dans le Dauphiné, d'après les journaux de route des conducteurs de troupeaux au dix-huitième siècle*, Congrès des Sociétés savantes, 1900.)

TABLE DES MATIÈRES

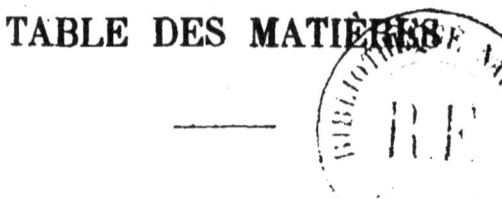

	Pages
AVANT-PROPOS	5

PREMIÈRE PARTIE

ÉTUDE DU LIEU

Chapitre I. — *Situation* 9
  § 1. Situation géographique. 9
  § 2. Situation administrative. 9
  § 3. Communications. 11

Chapitre II. — *Physiographie*. 13
  § 1. Aspect du pays. 13
  § 2. Hydrographie. 14
  § 3. Orographie et altitudes. 21
  § 4. Expositions. 25
  § 5. Climatologie. 25
  § 6. Géologie. 33
  § 7. Phénomènes torrentiels actuels. 43
  § 8. Hydrologie. 53
  § 9. Flore. 58
  § 10. Faune. 81

DEUXIÈME PARTIE

ÉTUDE DE L'HABITANT

Chapitre III. — *Démographie*. 87
  § 1. Ethnogénie. 87
  § 2. Population. 89
  § 3. Groupement. 90
  § 4. Costume. 100
  § 5. Mode d'existence. 100
  § 6. Alimentation. 102
  § 7. Hygiène, maladies. 104

§ 8. Mentalité, caractère 108
§ 9. Processivité, criminalité 113
§ 10. Migrations, dépopulation 114
§ 11. Mouvement touristique. 124
§ 12. Garnison. 125

TROISIÈME PARTIE
ÉTUDE DU TRAVAIL

Chapitre IV. — *Propriété rurale, cultures et bétail* 127
  § 1. Répartition générale du territoire... 127
  § 2. Répartition de la propriété. 128
  § 3. Consistance de la propriété rurale. 129
  § 4. Objectif de la propriété. Cultures, bétail 130
  § 5. Enseignement agricole, pastoral, forestier. 140

Chapitre V. — *Commerce et industrie* 142
Chapitre VI. — *Condition du travail et du personnel* 146

QUATRIÈME PARTIE
STATISTIQUE SYLVO-PASTORALE ET SITUATION ACTUELLE

Chapitre VII. — *Les Forêts* 151
  § 1. Superficie forestière. 151
  § 2. Aspect et répartition des forêts. 152
  § 3. Limite supérieure d'altitude. 157
  § 4. Forêts particulières. 168
  § 5. Forêts communales. 168
  § 6. Les reboisements. 176
  § 7. Appréciation de la situation actuelle. 189

Chapitre VIII. — *Les pâturages* 199
  § 1. Statistique pastorale. 199
  § 2. Exploitation. 203
  § 3. Situation pastorale actuelle. 209
  § 4. Améliorations à réaliser. Transhumance 213

CINQUIÈME PARTIE
CONCLUSIONS 223

Appendice 225

www.ingramcontent.com/pod-product-compliance
Lightning Source LLC
Chambersburg PA
CBHW060133170426
43198CB00010B/1140